经典生活论
——中国人自己的世界观

杨洪兴 著

中国社会科学出版社

图书在版编目(CIP)数据

经典生活论：中国人自己的世界观 / 杨洪兴著. —北京：中国社会科学出版社，2021.9
　ISBN 978-7-5203-9236-5

Ⅰ.①经… Ⅱ.①杨… Ⅲ.①世界观—研究 Ⅳ.①B

中国版本图书馆 CIP 数据核字（2021）第 197561 号

出 版 人	赵剑英
责任编辑	朱华彬
责任校对	谢　静
责任印制	张雪娇

出　　版	中国社会科学出版社
社　　址	北京鼓楼西大街甲 158 号
邮　　编	100720
网　　址	http://www.csspw.cn
发 行 部	010-84083685
门 市 部	010-84029450
经　　销	新华书店及其他书店
印刷装订	环球东方（北京）印务有限公司
版　　次	2021 年 9 月第 1 版
印　　次	2021 年 9 月第 1 次印刷
开　　本	660×960　1/16
印　　张	19.5
插　　页	2
字　　数	260 千字
定　　价	118.00 元

凡购买中国社会科学出版社图书，如有质量问题请与本社营销中心联系调换
电话：010-84083683
版权所有　侵权必究

生活就是按部就班的经典

序

西方哲学最通行的做法是把人定义为"有理性的存在者"。还有其他哲学家各自给出不同的关于人的定义，如"人是会说话的动物"，"人是会思想的动物"，"人是有宗教信仰的动物"，"人是符号动物"，"人是会制造并使用工具的动物"……凡此种种，这些定义在逻辑学规则上看都是"属加种差"的方式。我国哲学家高清海曾经指出，用这种"属加种差"的方式给"人"下定义，这个办法是不妥的，甚至是不符合哲学本性的，或者说至少不是哲学应有的方式。

现在看为什么不能用这种方法？按照康德的说法，形式逻辑的使用界限是经验知识，或者说是对"有限对象"的知性认识方式，而最基本的认知方式就是"下定义"。下定义就是对某一事物作出具体的"规定"，以便把该事物与其他事物区别开来。而"规定"就是有限的，也是有条件的。那么，现在看，如果把人理解为一种有理性的存在者，理性是其区别于其他动物的"本质规定"，那么这个定义说出了人的本质了吗？仍然没有。因为理性是被作为人所特有的一项"机能"被区别于动物的，这不能构成对人的本质的内涵式的把握。循此我们也可以说"老鹰是有千里眼的动物"，"老牛是会反刍的动物"，等等。在这些属加种差的定义中，我们仅仅是在某一具体规定中把人与动物区别开来，但也仅仅是说出了人与动物的"差别"，并没有真正说出人的本质。因此，下定义的方式，仅仅是对人的"形式的界定"，而不是"内涵的界定"。

除此之外，我们还会发现，"种差"是多种多样的，甚至可以无限地追加上去。前面提到的"会说话""会思想""有信仰""会制造使用工具"等，每一个规定都是一个特殊的种差。所以，我们也会发现，哲学史上诸多哲学家对人所下的定义都不尽相同，以至于我们反倒不知道究竟什么是人，对人的本质的理解进入最为复杂的境况。而这其中的原因就在于，试图用属加种差的方式来规定人的本质，是无法达到对人的本质的完全理解的，它仅仅找到了诸多"形式"上的差别，但没有触及人的本质。

人是有理性的存在者，这其中把定义的"属"界定为"存在者"而不是"动物"，这是有考虑的。这意味着把人界定为"动物"至少没有把人的本质凸显出来，虽然加上了"种差"，但也没有凸显人之为人的独特性。因为在西方人的观念里，除了动物还有"神"，这两个端点都可以作为对人的本质理解的参考系。比如，也可以把人理解为"人是向神而在的存在者"。因此，存在者这个属就高于动物。但尽管把属提到更加抽象的高度，但仍然属于属加种差的定义方式。因此，要想对人的本质作出更加内涵式的理解，就要进入到其各个种差当中。比如，康德和黑格尔要进入道德学和法哲学理解人的本质，马克思进入到了生产关系理解人的本质。但作为纯粹对人的本质的哲学思考，这一般在哲学中被称为"抽象人性论"，这一点中外古代哲学中都有诸多理论。比如中国的性善性恶说，天地性命之说，"三不朽"之说，君子小人之说，等等。西方有人是向神而在的理性存在者之说，有人是自由意志之说，有人是非理性之说，等等。凡此种种都是在最抽象的意义上理解人的本质。那么，如何在内涵的意义上理解人的本质？这便成为哲学家们永久不衰的话题。

中国古代哲学有"吾日三省吾身"之说，被作为提升自己生命境界的反思之道。人是会思想的，"成人""做人"等等是人的先天命运。高清海曾经最为直观地说，猫不用"做猫"，狗不用"做狗"，但人需要"做人"。原因是，猫和狗不用"做"，猫直接就是猫，狗直接就是狗。猫不会不是猫，狗不会不是狗。概言之，它们直接就"是其所是",它们从不会"不是其所是"。这一点对人来说变得复杂,因为人因为会思想,因此把自己作为思想的对象加以反思和认知,并且思想的先天倾向指向"理念",所以对于人来说,就被一分为二,一个是"有限的我",另一个是"无限的我",或者说,一个是"有缺陷的我",另一个是"完美的我"。所以古人也说"金无足赤人无完人",这里说的就是人的有限性和无限性的张力关系。但是,这样的生命结构,就把人变成了一个包含有限和无限的两个维度。所谓"做人",就是尽可能把有限性的"缺陷"减少一些,以便尽可能地接近"完美的人",这就变成了一条普遍的"做人之道"。这"无限性"的一端,其实质就是哲学家们早已定义的"真善美"。所以,可以这样说,做人之道就是通向真善美的过程。

根据上述分析,因为在人的本性中包含着否定性的一面,即作为有限性和无限性于一体的存在,我们就必须要在辩证法的意义上理解人的本质。这样,正题是:人"是其所是";反题:人"是其所不是";合题:人以扬弃其"是其所不是"的方式完成其"是其所是"。

所以需要"做",就在于,通向真善美的过程不是天然的必然之路,这其中会有各种艰难险阻,以至于很容易"半途而废"。现在问:是否可以不追求真善美的"完人"呢?答案是否。必须要追求且只能追求。因为对这些事物的追问在哲学中被称为"安身立命之本"。如果设定人的存在是有意义的,亦即有理由有根据的,而不是随意偶然的、可以存在也可以不存在的,那么,就必须有存在的理由,这就是人的存在论意义本身。如果没有真善美这些"公设"(它们确实作为"客观的真理"而不以人的意志为转移),人的存在确实是再也没有支撑了,而仅仅剩下了生物学法则的"趋利避害"和"种的繁衍"等自然原因。但显然,人类不是按照这一单纯的自然法则生存的。这是人之为人的独特的"内涵规定",而不同于"形式规定"。人被直截了当地作为真善美的思想行为追问者、自觉显现者或自觉践行者而存在，这便构成了人与其他存在者的区别。这是人之为人的命运。

现在看来，"做人"的过程是一项"永远在途中"的过程。这意味着人是不断从有限性趋向于无限性的存在，因此在时间中可能要用尽一生，所以才需要不断地去"做人"，这就是"吾日三省吾身"的必要了。在西方哲学中，这一无限性被称为"理念"，柏拉图和黑格尔最具代表性。"理念"是人类理性先天固有的形而上学倾向，而人的存在方式就是通向"理念"的方向，或者反过来在思辨的意义上，也就是使理念逐渐在人的思想和行动中被"实现"出来的过程。这理念就包含着真善美的三种形式（或许还有其他形式，暂且用这三种典型形式加以说明）。人的使命也就变成了显现真善美（西方人一般不称为创造真善美，因为只有上帝才是创造者）。而对于唯物主义者来说，即按照马克思的观点，人是真善美的创造者。因此，人的意义就在于他不仅要"认识"真善美，而且要在"实践"中"创造"真善美。所以，对真善美的追求——无论以认识的方式还是以实践的方式，就构成了人之为人的内涵规定。

人是需要自己在反思中确立自己存在意义和根据的存在者。正是在这个意义上，古希腊把"人，认识你自己"作为哲学的一项核心任务。其他动物不会追问自己存在的意义，更不会追问真善美。但是，它们直接与大自然法则相一致，而且从来不会也不可能会违背或超出自然法则的限制。在这一点上，人也被称为可以自己做出选择的"自由意志"的主体。这一生存法则在哲学家看来就是"自由法则"，以区别于"自然法则"。这种向着理念而前进的存在者，就理念的无限性而言，就使得人是追求无限的存在者，这一"无限"就生命的意义来说，就叫作"永生"。在这个意义上，人类寻求真善美、通往理念的无限性、自己寻求生存的意义且永远处在这条通往无限性的道路的过程，就是"做人"的实践。

这样与真善美同在的生命状态就叫作"永生"或"不朽"。这就是中国古人所谓的"三不朽"。无论是立言、立德、立功，它们都是真善美的认识者或践行者。因为，真善美是永恒的，而人则凭借这些理念而使自身成为"永恒者"，从而扬弃了肉身有限性，使自己上升到了永恒性。一般来说对逝者的最大赞扬就是"千古"，或者"死得其所"。这意思就是说，肉身承载的有限自然生命，完成了通向无限的使命，因此使有限的生命成为有意义的生命。可见，无限性是使有限性获得存在根据的绝对支撑，黑格尔因此把人称为"实体性存在"。

　　进一步，追求真善美的道路有多少条呢？可以说有千万条。就目前人类知识、信仰、艺术、宗教、伦理、政治等等，每一项都是通向真善美的道路。但是，马克思最关心的是如何在生产关系中使人成为人。这就是马克思用全部历史唯物主义和共产主义对人的本质的诠释。马克思反对单纯从"抽象人性论"的角度来理解人的本质。因为马克思从一开始就把人理解为实践的存在者。人成为"人"不仅是一个人自己的修养和认识问题，也不仅是纯粹的道德伦理问题，而且是一个社会生产关系问题。早期马克思提出"人是类存在"，但马克思没有止步于此，而是进一步把"类本质"扬弃在了社会关系之中。注意，这里是"扬弃"，而不是"抛弃"。这是辩证法思维的理解，而不是形而上学割裂了"类本质"和后来的"社会关系总和"的做法。因此，"做人"或者"使人成为人"这件事，在马克思看来是一个历史唯物主义的问题而不是一个抽象人性论问题。抽象地说，共产主义就是"把人的本质还给人"。但是，具体地说，怎样把人的本质还给人？要通过改变现存的生产关系。所以，马克思明确指出："人的本质不是单个人所固有的抽象物，在其现实性上，它是一切社会关系的总和。"此后，马克思开启了通往自由自觉的劳动、人类的自由和解放等历史唯物主义的路向，并诉诸公有制为基础的共产主义来探讨使人成为"人"的道路。

　　马克思为完成上述"使人成为人"这一人类性使命，集中批判

· 5 ·

了资本主义制度下人的"异化"现象。在这个意义上，对人在资本逻辑支配下的异化的生存方式的批判，直到今天仍然是马克思主义研究者们的一项重大事业。人如何超越或者摆脱一个片面的物质利益的"需求者"，如何摆脱"偶然无序的压迫"而过上一种有尊严的、向往真善美的"经典生活"？这是值得深思的重大哲学问题。

杨洪兴老师本科毕业于兰州大学哲学系，后任教于吉林大学马克思主义学院。杨老师多年不带任何功利性目的地从事哲学思考，已成为他的人生乐趣。他邀请我为本书作序对我来说是勉为其难的，因为我的学识或许在他哲学悟性所及范围之外。但抛开其具体的哲学观点不谈，在我看来他是具有哲学本性所希求的"爱智慧"天赋的学者，永远保持纯粹的"好奇心"，这不仅是他本人的生命之幸，也是哲学之幸。他多年坚持追问人的本质、人生的意义、人的生存方式等哲学问题，并形成了很多独到的富有启发的见解。这部《经典生活论》中有些观点是令人耳目一新的，比如人是面对"偶然无序的无限压迫"的存在，提出了"创造经典生活"的命题。这些创造性的和赋有灵感式的体验和思想，在我看来对于保持哲学本色的沉思天性来说，是非常有益的示范。

是为序。

吴宏政

吉林大学马克思主义学院南湖校区 210 室

2021 年 8 月 4 日

目 录

绪论 共同面对分离的新人类 ·· 1

上篇 人与存在

第一章 证明人存在的条件 ·· 33
 第一节 传统需求理论无法证明人的存在 ··························· 33
 第二节 人创造世界的前提是分离 ·· 43
 第三节 寻找本体 ·· 59
 第四节 三位一体的存在条件 ·· 65
 第五节 个人存在的心理和实践前提 ···································· 72

第二章 人的对象化 ··· 80
 第一节 人类理想新选择 ·· 81
 第二节 面向偶然寻找人的永恒 ··· 90
 第三节 经典使我们处处存在 ·· 97

第三章 经典与精致 ··· 106
 第一节 经典 ·· 106
 第二节 精致 ·· 118

下篇 经典与人类存在

第一章 经典与世界 ··· 131
 第一节 面向偶然才能创造世界 ··· 131

第二节　人不是需求的存在 …………………………… 139
　　第三节　世界是人本真的样子 ………………………… 145

第二章　经典与社会 ………………………………………… 161
　　第一节　需求者的悖论 ………………………………… 161
　　第二节　历史与经典 …………………………………… 167

第三章　经典与生活 ………………………………………… 182
　　第一节　生活就是按部就班的经典 …………………… 182
　　第二节　现代生活的弊端 ……………………………… 195

第四章　经典与个人 ………………………………………… 207
　　第一节　经典面前人人共在 …………………………… 207
　　第二节　个人的感情 …………………………………… 215
　　第三节　经典生活与快乐 ……………………………… 224
　　第四节　经典生活与世界 ……………………………… 233

第五章　思路设计与经典生活展望 ………………………… 250
　　第一节　思路设计 ……………………………………… 250
　　第二节　经典生活展望 ………………………………… 277

参考文献 ……………………………………………………… 300

后　记 ………………………………………………………… 302

绪论　共同面对分离的新人类

　　人类一定在创造世界中创造自己，没有了世界就没有了人类存在的依据。古人用万物有灵的神话赋予了个人活动的意义，但是这个意义最终是为了满足人的需要，人才服从自己幻想出的神话世界，因为那时的人类相信只有服从神的旨意人间才能生活富足，且深信是神创造了世界与人类。可是，近代科技兴起使人们无法相信存在一个神秘的外部世界，人们同时也相信科学能够满足人们的需要，但是人类存活的整体性与意义性丧失了。人类出现了信仰的焦虑，因此有必要重新审视世界与人类存在的依据与意义。

　　经典生活论是在否定人是需求者的基础上，建立了独特的世界观与人生观。它不再把万物当成满足人需要的对象，因人本性残缺，而是看见了万物与人是分离的，分离后，人就没有了可以适应的自然环境，一切对人而言都不是必然，而是偶然。以往的理论都是透过偶然发现必然，这样人就回到了必然性支配的环境中去了，人被支配，人就没有独立的价值和意义。如果我们直面偶然，不去发现偶然背后的必然，而是看见了分离，看见一切都是偶然，且在人的思维中形成了"偶然无序的无限压迫"，人是在用万物表征内心压迫的升华中形成了人与万物同在的世界，人成了世界的创造者，人因此而存在且有了行为的终极价值与意义——创造经典生活，形成人与世界。

　　经典生活论主要论证了世界的形成及人的自由和尊贵。

一　传统哲学的困境

　　《经典生活论》是面前21世纪人类的困境而撰写的一部关于人

与生活的专著。它从全新的视野，从哲学本体论的角度回答了人的起源、本质、主观能动性、存在、自由与尊贵。

以往的哲学都把人当成了需求者，这样人就是预先被规定的了，因此哲学家们都在人之外的客观寻找人类的秘密，形成了"人对人群的依赖，人对物质的依赖"。这个思路使人成为被外界决定的对象，因此无法真正回答"人的起源、本质、主观能动性、存在、自由与尊贵"的问题，人找不到独立存在的价值与意义。从预先的人的主观寻找人的秘密，结果也只是夸大了人类本身的自我肯定，即主观精神的作用，却无法协调不同的主观之间的关系，把人生当成了个人的人生，个人无法作为人类而存在，人类也只是个人因某种规则而统一的利益联合体，人还是需求者，这个需求就是如何实现人本身的自由与尊严。《正义论》就是把个人与规则统一起来形成了人类利益联合体。一切宗教学说都把人当成了利益需求者，或者是广泛意义的需求者。因此，人必须求助外界的力量，最终走向需求完全满足的境地（成佛或进天堂）。

需求论的视野看重的是需求如何满足，因此必须寻找需求物，它要么是主观精神需求的满足，要么是客观物质需求的满足，这样人就会有依赖性，就会有认识与做工等能力问题，就会有规律，就会有证明真假，就会有得失，就会有感情波折，就会有成败，就会有冲突，就会有结束，就会有虚无，就会有死亡。更加关键的这是自我折磨的奋斗史。

在需求论哲学指导下，人类进入21世纪，哲学完全失去了自己的合法性，让位给了科学，因为科学更能保障人的物质需求的满足，在虚拟的世界面前人的主观精神更容易得到满足。人类甚至可以完全被智能支配，在自动化的世界里实现需求的满足。也许我们不用担心人类的消失，但是，个人之间的尊敬一定没有了理由，因为没有一个人是真正的不可取代的创造者，所有的个人只是在被需要的时候才有价值，这种被需要的价值在强烈的欲望面前可能引起的是邪恶的侵害。因此，我们只能用善恶的道德来理解人活着的意义和价值，人本身没有了独立的意义和价值。

我们为什么成为需求者？

我们这个时代，是金融垄断资本统治的末期，新世界形成的早期，因此需要不同于需求论的新哲学。我们可以把新哲学称为共建哲学，旧哲学称为需求哲学。

金融垄断资本的本质就是利用垄断，不断掠夺社会财富，满足资本在竞争中如何生存下来的需要，因此资本是个需求者。资本主义社会把人当成需求者，就是为了通过不断推高消费实现资本对利润的需求。对更多利润的需求，使资本不断涌入金融领域，实体领域不断的枯竭了，人类的需求如何满足反而成为一个难题。需求者开始反对需求者。

为了满足人类需求，人类处处出现了分离：

首先，我们与自然环境发生了冲突，直接威胁到了人类的生存；其次，为争夺各自利益，人与人之间隔阂加剧了；最后，能力与需求的相悖，个人的内心世界分裂了。

为了解决这些难题，人类把希望寄托在科技进步、公平正义、道德互助的加强中，反而进一步强化了需求之路。假如真的在需求论指导下，人类各种需求满足了，没有了冲突与分离，那么人类就会变成社会自然人，就无法找到人存在的依据，也就无法获得自由与尊严。因为，人只有在创造世界中才有自由与尊严。也许有人会说，人类的需求的满足是人类自身努力的结果，因此人类的活动本身就包含价值与意义，但是，我们不要忘记，我们是在自然环境限定的范围内满足自己需要的，因此人没有真正的独立性，也就没有真正的自由与尊严。另外在需求面前，需求与能力之间，人与人是必然发生冲突的，必然是彼此相互限制的，因此也无自由与尊严可言。

怎样才能找到人本身呢？

本书深层次的理论逻辑是进一步阐释马克思主义的五个理论内

涵。它们是：劳动创造了人和人类社会；人的活动是对象化活动；实践是认识实践与改造世界；人本质是各种社会关系的总和；自由人联合体的社会。另外，本书始终都在区分需求者与共建者中展开了论述，目的是为了说明，人是共建者才能创造世界，形成人的价值于意义，获得自由与尊贵，证明人是世界性的存在。

首先，要阐释劳动的起源，区分生产、劳动与实践。正是通过阐释劳动的起源，找到了人本性残缺，指出了人与万物的分离，形成了生产与实践的需要。生产就是克服分离，面向必然，按照客观规律办事，满足人的各式需要；实践就是克服分离，面向偶然，追求人与万物的统一，实现人的活动对象化，创造世界，证明人的存在，实现人的自由与尊贵。满足需求为尊严，创造世界为尊贵。

其次，就是区分联系与关系。满足需求需要分工合作，就是各取所需，这就是联系。需要产生联系，不需要就没有联系，因此联系无法证明存在，人依赖需求物，人因此也无法存在，无法获得自由与尊贵。而关系是共同面对分离导致的"偶然无序的无限压迫"，消除思维中的压迫，表征共同面对形成的关系就形成了世界本身。

再次，要阐释世界与"偶然无序的无限压迫"的关系。世界是无限与共在。把握无限与共在就能创造世界。人创造世界才能存在。而"偶然无序的无限压迫"是人思维中对一切分离背后的不确定性的认识，是人能把握的"无限"，是人必须解除的"无限"，而且人人共同面形成关系就能解除认识中的压迫感，而现有的一切与人分离的事物都可以用来表达共同面对的关系，因此万物都是共在的，这样，无限与共在就确定了。

最后，阐释经典生活与"自由人联合体"的关系。经典生活就是表达了共同面对分离的关系，形成了万物统一的生活。在经典面前，人人都能感觉到"偶然无序的无限压迫"的解除，因此人人是同在与共建的。无论是古代的经典，还是现在的经典，未来的经典，现代人都有同感，你创造等于我创造，反过来也是如此，因此实现了"自由人的联合体"的社会理想。"精致生活"是消费生活，是资本经济的产物，它制造了各种分离，使一切都冲突了，它把人当成需求者，人无法存在。

如果人是需求者，那么人创造的就是环境，而不是世界，因为，你不可能需要一切。世界是一切，即无限本身。

人为什么需要世界呢？不是人为了满足需求，因为成为人就必须是创造世界的创造者，而万物分离形成了对人的"偶然无序的无限压迫"，人必须解决压迫，人因此成为了世界的创造者。就哲学的意义而言，需求哲学总是把外部的一切看成是一个世界，其实那是环境。你看不见世界，即使你把握了理性，也不等于把握了世界，因为理性总是要指向未来，你无法把握理性的世界。

世界是无限的。

无限有三个：一是机械运动的无限；二是辩证运动的无限；三是"偶然无序的无限压迫"。

第一个无限是牛顿力学的无限，它并不真实存在，因此没有哲学意义。

第二个无限是理性运动的无限，对人而言只能形成环境与无法把握的未来。

第三个无限才是客观存在，且在人思维中存在的无限。

那么，第三无限是如何形成的呢？

为了回答这个问题，我们就必须懂得劳动的起源，才能懂得劳动创造了人与人类社会的本真的内涵。当猿从树上来到地面，制造工具，获取生活资料时，劳动就产生了。其实，这里隐含劳动产生的两个前提条件：第一，环境由简单到复杂；第二，猿原来的本能优势的丧失。这两条导致猿与特定的外部环境分离了，一切都是偶然，没有了必然性，猿也没有了本能优势直接与特定的生存环境对应，获取生存所需。没有了本能优势，没有了对应的特定的环境，且要对应一切环境，就形成了猿内在本性的残缺性，而且这个残缺性具有不断扩大性。

　　本性残缺，导致人与万物分离。人与万物分离导致人面临两个问题，一是需求如何满足？二是分离如何统一？以往的哲学都相信找到事物的规律，就能解决这两个问题。结果是科学取代了哲学，人的问题都实证化了，人变成了一个依赖者，人的自由与尊严丧失了。

　　传统哲学为什么会丧失？是因为，我们没有从哲学意义上理解"分离如何统一"，就是放弃了思辨走向了实证，结果到了现代出现了科学取代哲学的结果。我们以为在实证中，"透过偶然发现必然"，找到客观理性的无限就能找到人本身存在的依据，结果却回答不了人存在的价值和意义，更找不到人的自由与尊严。

　　猿成为真正的劳动的人，还需要猿能够意识到分离本身的存在，知道如何制造那个分离的、没有的事物。如果猿制造那个没有的分离的事物，是为了满足需求，那么面对分离猿就走向了实证的科学之路。会劳动的人也只是"透过偶然发现了必然"，只是一个人造环境的应然者，还没有发现世界，还不是世界的创造者，还不是人本身，只是一个能够通过劳动满足自己需要的智能人，他只是发现了理性辩证运动的无限。

　　人只有在思维中看见了一切分离都是偶然的不确定，都会否定人的行为，使人无法看见人存在的依据，无法看见人行为的价值和意义，人因此没有了自由与尊严；且偶然本身在人的思维中形成了一个无序的无限的压迫，那么只有解除"偶然无序的无限压迫"，人才能从偶然的无序的无限压迫中解放出来。如何解除呢？因为它是无限，无法用实证的方法解除。其实，只要我们共同面对"偶然无序的无限压迫"，就能解除压迫。共同面对就是关系。表征关系就意味人类共同面对。进一步说，表征物本身内含"偶然无序的无限压迫"的解除，因此表征物就是世界本身。我们创造了表征物就是创造了世界，人因创造的世界是无限的，因此是自由的，人也因创造世界是永存的。另外，面对任何"偶然无序的无限压迫"每个人都有同感，因此任何人创造的表征物属于所有人的创造，因此人人之间都是自由与尊贵的。人人之间实现了自由人的联合。

任何表征都是面对特定的分离中的压迫感，因此它的表达是特定的，就是一定条件下的经典之物，我们追求这个经典之物的生活，就是经典生活，人就不是需求者，而且人人都是自己世界的创造者，也是人类世界的创造者。这样，在哲学观念上我们就破解了时代困境，创立了共建世界的新哲学。创造世界者才是存在者。

今天的人类利用虚拟技术，实现了超时空的链接，一切都共在了，形成了互动的世界。

闲置与局外消失了，人与物都是共建者。没有个人财富观，只有共同建设观。人们关心的不是得到多少，而是怎样消除分离导致的"偶然无序的无限压迫"，同时人人都实现了世界性的存在。我们因此就能实现"人类命运共同体"的伟大理想，共同走进新时代。

二 世界与分离

人的命运是由生活方式决定的。人的生活方式分成经典生活和精致生活方式。

生活方式就是如何面对思维中的分离感，让眼前一切没有生命感的分离物，获得永恒的生命与尊严，表征万物与人共在的世界（定义）。在人类共同面对分离中形成了关系。关系是我们共同面对一切"偶然无序的无限压迫"而形成的内含无限的各种可能性（定义）。有了对关系的表达，就克服了人与万物的分离，就形成人与物同在的世界。什么是世界？世界是人直观经典在思维中外显的人与万物的同在（定义）。

我们用万物表征关系形成的统一的事物称为经典。经典是在现有的条件下，共同面对"偶然无序的无限压迫"用某种象征的手段升华分离，表征物与物、人与物、人与人之间的同在的关系（定义）。在日常生活中对经典的追求形成了经典生活。经典生活就是升华日常中分离的万物，直观经典，在思维中感知人物共在的世界（定义）。而在日常生活中追求消费就形成了精致生活，人就依赖环境，没有了存在的依据，人只是存活且没有了价值与意义，世界消退了。因为所需只能是单称，不是全称，不是共同面对，是单独面对某个具体，只能形成满足需求的联系。当人单独面对某分离物时就形成联系。联系是从外界获取所需。发生联系，就形成了具体的环境。精致生活就是制造各种分离追求必然，寻找最优，满足各种需要，即通过生产与消费，追求与创造精致的生活环境（定义）。是环境终究要消失。消费使人变成了需求者，人因此无法创造世界。

那么，世界观就是人对自身与万物分离关系的理论看法（定义）。正是世界观的不同，人生观就会不同。世界观的本质就是证明人是如何存在的。

经典生活论坚守的世界观是，人不是需求者，人是万物生命的再造者。需求就是人依赖外界某些事物，并将其分离出来，满足分离者的某些需求，且将之消耗掉（定义）。满足需求形成精致生活。

人本性残缺，导致人与万物分离，人开始思考人如何满足自己的需求的同时也考虑如何与万物相处。如果万物就在那里，那么我与它都是需求者，是互相满足的需求者，因为我与它都受必然性支配，因此就有了必然性的需求。人类至今一直受必然性思维支配，因此人就变成了需求者。但是，人的能力是有限的，用必然性的规律解决眼前的需要，远远超过了人的能力，人就永远有了得失的痛苦。所以，人类的需求无法充分满足外，又因同样的能力原因导致了第二个永恒的痛苦，就是得失的心理痛苦。可以说，人更多的是无能为力。

面对这样的人类困境，人类有三条道路：第一条道路就是最早的大同社会理想。就是共同面对人的需求难题，走平均主义的道路。第二条道路就是渴望神灵的拯救，全面满足人的需要。第三条道路就是近代以来相信科技的道路，人凭借科技发展逐步全面把握必然性，自己满足自己的需要。

无论这三条道路是否能够实现，但是，人们至今没有完全证明是可以实现的。而且一旦实现了，人就变成了完全受某种外在的力量支配的自然物了。人只能在有限的范围内活动和存在，人无法独立存在，就没有了只有"创造一切者"才有的自由与尊贵。因为人是需求者。

我们是否能够找到一条不同于前三条的第四条道路，使人不是需求者，而是万物世界的创造者？那么，人就没有了因需求而来的得失的痛苦，同时却有了因创造万物的世界而有的自由与尊贵。其实，只要我们懂得人本性残缺，导致人与万物分离，造成了人不仅存在如何满足需要的问题，且导致出现了没有人类能适应的必然性的自然环境，一切都是偶然的分离物，因此具有了不确定性，形成了思维中的"偶然无序的无限压迫"，这个压迫使人的任何行为都没有了价值与意义，人必须解除这个思维中的压迫。这个思维中的压迫具有无限性，因此人无法用实证的方法解除，只能共同面对。人为了证明共同面对"偶然无序的无限压迫"的关系，人就必须表征这个共同面对，结果是人创造一个万物同在的世界，那么我们就会发现原来人就是"创造一切者"，因此人在创造万物生命的过程中人有了自由与尊贵。那么如何理解这个问题呢？

如果我们知道人本性残缺导致所有的环境都与人分离了，人们在满足需求的劳动中，人们所遇到的一切事物都变成了思维中的偶然物，而不是环境的必然物，因为人没有了属于自己的自然环境，所以必然物和人天然没有了必然性的联系，一切联系都是偶然的，因此一切事物对人而言都是偶然的。脱离了环境的偶然对于人的思维而言就是不确定性。不确定性对人的思维而言就是无限性，同时这个不确定的无限性会对人的思维造成压迫，而且是无序的无限的压迫，使人找不到行为的终极依据，因为它们时刻都在彻底地否定人一切行为的必要性，虽然这些行为本身没有给人自由与尊贵，但毕竟满足了人的一些需求。因此，人必须解除思维中的"偶然无序的无限压迫"，否则人就会怀疑各种满足需求的行为的必要性。

如何解除？因为它"偶然无序的无限压迫"内含无限，而这个无限不是实存中的必然性运动中的无限，而是思维中偶然不确定性的无限，因此是不能用任何实证的手段，不能用发现必然性的方法。问题就是如何解除思维中的这个"偶然无序的无限压迫"。这个"压迫"就是会忽然否定我们每个人的满足需求行为的必要性，使之失效，即没有了价值与意义。所以，就会让我们的前期努力付之东流。面对这些问题，我们有时是根本无法弥补的。因此，如果用必然性的手法，就根本的意义而言就会束手无策。

因此，思维中的"偶然无序的无限压迫"的消除就是如何在思维中消除面对偶然而形成的人生的无意义与无价值感，因此不是心理中的问题。因为心理中的问题是需求论的得失问题，是具体的生老病死、荣辱变迁、天灾人祸等的出现导致的痛苦。在思维中面对"偶然无序的无限压迫"问题，是关于人类的无意义价值问题。当然，这些问题也会导致具体的心理问题。

如果我们面对"偶然无序的无限压迫"而生，不是逃避或控制，而是用各种手段表征我们的面对，我们就会创造一个内含"无限偶然压迫"的有序的万物同在的世界，不但消除"偶然无序的无限压迫"导致的人生无意义与无价值感，而且反而证明了人是"创造者"，人因此是自由与尊贵的。

三　世界与无限

世界是内含无限的。自然界的世界是内含无限的，它是运动中的必然的无限，人的生命与能力都是有限的，因此人类不可能认识这个自然无限的世界，也就不可能在这个必然的世界中造出一个属于人的必然的世界来。

如果我们共同面对了思维中"偶然无序的无限压迫"，用象征手法表征了这个面对，那么我们就会创造一个内含无限偶然压迫的世界。因为它内含"偶然无序的无限压迫"，因此它是个世界。这个世界是属于人的，因为它来自我们面对思维中的"偶然无序的无限压迫"。因为我们创造了一个属于人的世界，所以，人有了自由与尊贵，人是存在的，且因创造了世界而永恒存在。这样，人类就由天国来到了人间。

只要我们再一次去面对这个世界，我们的思维就会激活"偶然无序的无限压迫"，因为它永远在人的思维中。所以，对于人而言这个世界是不会消失的，人也不会消失的，他就在这个世界中。而且后人可以用新的手法表征那个"偶然无序的无限压迫"，表征了我们共同面对的事实。因此，人创造了一个表征了人类的共同面对的世界，因此人的存在也是类的存在。这样人在世界面前就可以直观自己，即直观自己的自由与尊贵，直观自己与万物同在。

在直观世界中，人没有了个人得失的心理痛苦，因为任何心理痛苦在共同面对中都升华了，这时，人懂得了人不是需求者，人是万物世界的创造者。人解除了思维中的万物分离导致的"偶然无序的无限压迫"，表征了这个解除，人就懂得了人满足需求的行为对于人不具有终极意义与价值，人也无法避免需求中的得失问题，但是人在面对具体的得失中感觉到了在思维中存在一个"偶然无序的无限压迫"，因此人的价值与意义在于表征这个思维中的"偶然无序的无限压迫"，就会创造一个属于人的世界，使个人变成类，变成世界的创造者，人因此不再卑微而是高贵，人是永存的。

人与世界都不是实体性存在，人与世界的存在都需要思维证明。我们不仅需要证明自己的各种社会角色，还要证明人作为一个类是如何存在的。由于我们不能从人与环境的角度来理解人，因为无论是自然环境，还是社会环境都无法说明人为什么总是渴望认识一切，同时把握一切。因为，人如果不能认识与把握一切，就不能解除思维中"偶然无序的无限压迫"，人就不知道自己的行为与认识是否有价值与意义。同时也不知道自己如何表现才是本真的状态。我们一直认为可以认识客观世界的一切，并因此确定自己是谁，确定自己本真的样子。但是，我们发现我们最终会被科学技术包围与淹没，受它决定一切，人成了一个依附者，而且科学技术越是强大，人就越加渺小。当然我们可以夸大自己的内心的精神世界，认为我们的精神决定我们是什么，认为主观自足就是本真的状态，结果也只能是否定外界一切的真实性，走向虚无主义与个人主义。

人的高贵就是能使偶然无序的世界有序，这样就不能从需求理解人。

人是此在，人没有未来。人来自于对"偶然无序的无限压迫"中分离的万物与人是什么关系的追问，并用经典的有序回答了人是什么。需求者总是在未来。而要解除"偶然无序的无限压迫"就必须是一次性的，否则就无法解除，因此就是创造了包含无限的世界，因此人也是此在了。

有序，不是物理意义上的有序，因为物理意义上的有序，自然界已经自发地实现了。古代哲学家寻找物理世界的起源的努力被证明不是哲学的任务。这样，人类不必知道未来是什么，不要因为追问未来反而放弃了此在。

人的有序，不是认识上的有序，认识上的有序已经被科学家实现了。近代哲学家探究主体如何认识客体的努力也被证明不是哲学的任务。懂得了这个道理，人类就真的不必知道万物是什么了，而去放弃了此在，在未来寻找答案。

无序，只是人类因分离而导致的对偶然的不确定性的茫然，这不是人类无法认识外界万物的茫然，而是想探究它们和人类究竟是什么关系的茫然。是彼此关系的茫然，不是它是什么的茫然。彼此关系来自人的思维，不是来自客观，是思维中对分离背后隐藏的"偶然无序的无限压迫"的认识的结果。

彼此是什么关系的思考来自思维，不是来自客观。这是哲学界一直没有弄明白的问题。在他们看来来自客观，人就被客观的必然限定了，人就没有自由了。在他们看来，来自思维就是主观主义了。就是主观产生一切了，就是唯心主义了。如果那个必然也是在心中产生的，就的确是唯心主义与主观主义了，是心生万物了。如果心中产生的是对客观的偶然的在思维中不确定性的思考，是人在思考人与这个"偶然无序的无限压迫"是什么关系，而且对这个"偶然无序的无限压迫"人人都能够感觉到，而且是对它的无限压迫的感觉，那么人思考问题，就既不是出于主观，也不是出于客观，也不是出于需求，也不是出于个人，也不是出于有限，而是无限了，我们的无限，我们眼前的无限，我们思维中眼前的无限，我们思维中眼前的压迫的无限，我们思维中眼前的偶然的压迫的无限，我们思维中眼前的偶然的无序的压迫的无限。这样，人就明白了自己是谁，来自哪里，要到哪里去！我思没有预先的对象性，我思也不是我主观的独自思的思维活动，即我有一种思维能力，我思是沉思我在思维中发现的"客观的偶然的在我的思维中形成的不确定性"，且这个不确定性构成了"偶然无序的无限压迫"。我思就是沉思我与这个"偶然无序的无限压迫"的关系。在沉思过程中，万物呈现了，表征了我沉思的解脱，是解脱，不是科学的答案，世界在我直观万物中形成了，我感觉的是我那个支离破碎的我的再现，即真我的本身，且没有痛苦，只有弥散。

四　世界与经典

人只能用表征一切都在的手法解除"偶然无序的无限压迫"。这个表征就是证明万物同在的经典。因为只有万物同在了才能解除分离中的压迫。精致就是集各种美好于一体，只是更好地满足了一些人的需要。

经典是在现有的条件下，共同面对"偶然无序的无限压迫"，用某种象征的手段升华分离，表征物与物、人与物、人与人之间的同在的关系（定义）。在日常生活中对经典的追求形成了经典生活。经典生活就是升华日常中分离的万物，直观经典，在思维中感知人物共在的世界（定义）。

有了经典就有了个人的世界，因为任何经典都内含"偶然无序的无限压迫"，有了无限就有了一个个经典的个人世界。

那么人的类的世界是如何形成的呢？什么是世界？世界是人直观经典在思维中外显的人与万物的同在（定义）。在经典面前，每个现实的、支离破碎的人都敞开了胸怀，与其他人融合，这样我就是我们了，我是类了。现实的我因本性残缺，现实的我是支离破碎的个人，但是，有了经典我就是类了。创造世界不是为了满足需求，而是为了克服因分离而形成的"偶然无序的无限压迫"。

任何经典都包含的"偶然无序的无限压迫"对于任何人都有同感，所以所有的人创造的经典都属于全人类，它们都表明了是我们共同面对一切"偶然无序的无限压迫"，因此形成了类的世界。类的世界是真正的人的世界。在类的世界中形成了人的关系，即共同面对一切"偶然无序的无限压迫"的关系。

因为我们要共同面对任何"偶然无序的无限压迫"，关系就是共同面对，它内含无限可能，它是我们同在的证明。构建与面对表达了关系的经典，就可以使人认识一个内含无限可能的关系世界，在这个世界里，人可以找到自己是类的存在，找到自己本真的状态，就是那个世界，因为世界表达了我们共同面对的关系，在世界中找到了我们。找到人存在的无限性。因此，人通过经典证明自己与世界的存在，证明自己幸福的生活是什么，就是创造经典的生活，同时接受支离破碎的自己。

类的世界就是表征我们永远共同面对"偶然无序的无限压迫"的关系的外化。这种关系的外化是我直观经典中的外化，没有直观就没有外化。当我在经典中感知了关系的存在，才会把一切经典统一起来，形成世界，同时把我们统一成类。关系、经典、我们三位一体，形成世界。统一万物形成经典，解除压迫，感知我与物的共在。

　　用能力落实关系形成环境，用经典表征关系形成世界。在事物中看见了有用或无用，那是环境。在事物中直观看到了自己，那是世界。以往的理论都喜欢从能力的角度来理解人，认为我们的能力能够最终认识无限，或者能够认识我们接触的一切。这样就把认识的可能性指向了未来，答案是不可能有认识结果。他们看见的是不断变化的环境，却看不见世界。因为，就逻辑而言，看见世界就是看见一切，看见了一切我们才知道人是什么。这就是人要追问世界是什么的原因，因为人想看见一切，想从中找到人是什么的答案。看来，看见一切是一切哲学问题的前提。

　　关系是我们共同面对一切"偶然无序的无限压迫"而形成的内含无限的各种可能性（定义）。只有在经典中才能表征和发现关系的存在，因为经典是共同面对。在精致中只是人与人之间的联系，因此精致是各取所需。所需才面对精致，不需就会视而不见。因此，关系内含一切。但是我们对关系抱有两种态度，这就使我们有了两种看待一切的思路。它内含两类可能。一种是用能力表达我们的关系，解除压迫就是满足了具体的需要。而我们无奈、忽视或回避了更多的分离与压迫，我们只是生活在一个具体的环境中，且受环境限制，没有了作为人存在的价值与意义，没有了自由与尊严。我们看见的是一个有限的环境，虽然它不断地变化。这其实是使关系变成了联系。联系只见所需之物，不见人。另一种是用经典表征关系，在形成的世界中我们看见了关系。因此，我们通过经典看见了世界，看见了我们与世界的关系，看见了人本身。人本身就是我们都在，只有存在关系时，我们才会都在。

　　生活方式就是如何面对思维中的分离感，让眼前一切没有生命感的分离物，获得永恒的生命与尊严，形成一个万物与人共在的世界（定义）。因此，生活的本质不是消费，是创造经典，形成世界。人在生活中因创造了世界而有了价值和意义。经典是在现有的条件下，共同面对"偶然无序的无限压迫"，用某种象征的手段升华分离，表征物与物、人与物、人与人之间的同在的关系（定义）。经典是对关系的表述。在日常生活中对经典的追求形成了经典生活。经典生活就是升华日常中分离的万物，直观经典，在思维中感知人与物共在的世界（定义）。精致生活就是制造各种分离追求必然，寻找最优，满足各种需要，即通过生产与消费，追求与创造精致的生活环境（定义）。

经典生活就是利用现有条件，表征思维中"偶然无序的无限压迫"的解除与升华，在经典对象化中找到我们共同面对的关系，同时也证明了万物与人类的同在。

关系内含无限可能，只能用表征显现关系内含的无限可能，不能用实现来实证关系内含的无限的可能。表征不是把一切分离都统一起来了，因此形成了一个可以实证的世界。因为关系就是共同面对一切"偶然无序的无限压迫"，因此它内含了一切分离的万物、分离的人与人、分离的人与物。表征了关系，就表征了在我们的内心因共同对待就没有了分离的压迫感，因此在表征中我们就可以看见万物、关系、人类都在，且没有分离的压迫感，因此我们使一切都在了，世界在了，人类在了。一切都在，就是世界在。我们使一切都在，因此，我们是创造一切的人，人因创造一切而成为创造者而存在。

只有关系内含一切，所以表征了关系就意味世界存在，因为世界就其本质而言是内含一切的。

五 世界与直观

有了关系的表征，你我才变成了我们，关系不再是你我个人的关系，而是如何面对一切"偶然无序的无限压迫"的关系，即你我对解决压迫的需要，转变成世界的创造。在共建论中，关系还是联系，还是为了消除分离的关系，人还是需求者，分离是否解决完全取决于我们的共同面对，不是是否表征了共同面对。因此，在共建中我们形成的是环境，还不是世界。

如果我们表征了共同面对的关系，我们就由共建中的需求者变成了经典中的世界创造者。在共建论中，我们还是为了解除压迫，因此是需求者。而在经典生活论中，在证明我们共同面对的世界中，我们升华了压迫，压迫就已经解除了，或者说我们无惧压迫。这样，我们就不是为了解除压迫而去表征万物统一，因此我们就由最初共同面对压迫的需求者，变成了世界的创造者。因为我们表征了偶然压迫中的无限。

在共建中，我们只是为了解决自己内心的压迫感而与他人共同面对某些分离导致的压迫感，形成了联系（关系），压迫就在那里与你我相持。压迫还在，还与我分离，必须解决，因此我是需求者。在经典论中，压迫转化成我们的共同面对，而不是解决，只是表征，是升华。在表征中，我们没有了分离导致的压迫感。在我们眼前的是经典，不是思维中的那个"偶然无序的无限压迫"，不是分离，而是思维中的统一。经典见证了共同面对的关系的存在，也见证了万物、关系、人类的共在的世界。关系内含一切，因此表达了关系就形成了世界。

世界就是关系的表征，是我们，是类，是存在。在经典中，人人都能看见自己与他人同在。因为，任何经典都表达了我们对"偶然无序的无限压迫"的同感。经典就是结合现有的条件，表达了共同面对的关系，直观自己的类的存在。当我们用思维去把握经典中的关系时，世界就呈现了。

世界在思维中，世界表征个人的类存在，世界是人的类的对象化。世界不是由经典直接构成，因此世界不像环境可以直接外显，即直接由事物构成，它的出现必须借助思维，所以世界是人面对经典感知一切"偶然无序的无限压迫"解除中人与万物关系的外显。经典是解除思维中压迫的经典，经典都内含我们，因此我们感知世

| 经典生活论

界的存在时就能感知类的存在，视觉只能看见角色个体，即人依附他物而存在，思维能够感知那个创造一切的人类，因此人在世界中，世界在经典中，也在思维中。人不在世界之外存在。所以，人与世界都是人在解除压迫中创造的。人创造了自己，也创造了世界。世界也创造了人。

在经典中，人人都能看见自己与他人同在，因此，有了经典就看见了类的存在，即人的存在。如果我们在思维中，懂得经典内含关系，就意味我们可以使一切物与物，人与物相统一，即表征了我们共同面对的关系，那么我们就创造了一切，形成了世界。

这里物与物，人与物的统一不是直接的统一，而是表征性的统一，只有表征性的统一，才意味人使一切分离都统一了，因此，解除了"偶然无序的无限压迫感"。

如果不是表征性的统一，而是实证性的统一，那么人就是上帝。人就是能力，不是关系；人就是自然过程，不是社会历史。因此，人不是人。只有拥有了共同面对"偶然无序的无限压迫"的关系，表征这个关系，形成共同感通的经典世界，人才是人，即类人。

什么是世界？世界是人直观经典在思维中外显的人与万物的同在（定义）。这里的世界不是预先就有的，是人创造的。但是，人不可能直接用完全客观的手法创造出一个客观的世界，甚至都没有这个客观的世界，客观的世界是宇宙。人的世界是没有时间的空间，是思维中的无限的表达，这个思维中的无限就是人可以共同面对解除无限压迫的无限的实现，在这个世界中，人没有了任何压迫感，却有无限自由，无限创造，无限存在。

一旦回到现实生活中，人就有了分离的压迫感。人如果不相信自己的能力，人因此，就必须创造经典（习俗），并使自己与万物再一次与世界统一。或者在世界中寻找解除某些压迫感的依据，解除生活中的压迫，使生活升华成人存在的证明，同时使人的生活变成了创造世界与表达世界存在的活动。各种节日就是人在生活中表达了世界的存在，也就是人的世界形式的存在，即人的真实的存在。这样，人就通过一系列的节日使日常的生活变成再现人如何创造世界的历史，使日常的生活有了人自我存在的高贵的价值与意义。

因此世界是人的世界。世界就是人，人就是世界。世界也是万物，万物也是人。但，世界一定在思维中外显。

哲学世界观是对万物分离与人压迫关系的总看法（定义）。为什么有世界观？因为人本性残缺导致人与万物分离，万物与万物分离，形成了"偶然无序的无限压迫"，为了解除这个压迫感，寻找人行为的价值与意义，人就必须追问人与万物的关系，面向一切，即形成了世界观。有了思维中的世界观，就有了人创造世界的行为。如果我们的世界是直观的外部存在，那么世界要么是科学的世界，要么是宗教的世界。总之，面向一切的追问就是世界观。如何面向一切分离中"偶然背后的必然"就是科学的世界观。如何面向一切的分离中"偶然无序的无限压迫"就是人的世界观，即哲学的世界观。面向一切分离的实现就是环境。面向一切分离的表征就是世界。

六　世界与实践

是先有世界，还是先有世界观？这是两极对立的思维。这个观点就是说，人要用总的观点看外界，人与外界都是预先存在的。因此，如何看的依据来自哪里呢？就成为以往哲学派别区分的焦点。一派从主观出发，一派从客观出发。从主观出发就变成了主观决定一切，从客观出发就变成了客观决定一切。

马克思认为主客观的问题来自实践本身，在实践中形成了主客观的关系问题。因此如何看世界，是实践中的问题。这样，马克思的哲学观就超越了传统的从两极对立来理解人的问题的思路，而是从人自身的实践来理解人的问题。

对于如何理解实践中人的问题，学说界有不同的看法。基本思路是把实践看成人的各种活动的总和，包括物质生产实践，处理各种社会关系的实践，探讨未知世界的科学研究。这三个实践形式的共同的本质是形成对象化的世界。这是一种实证性的实践观，不是象征性的实践观。

那么为什么要形成对象化的世界？答案是为了满足人的需要，同时也证明了人是能够有自主性的，有创造性的，人的本质也就是共同创造满足需要的社会性。但是，这里有个问题，人无论怎样去创造世界，如果是为了满足人的各种需要，那么人还是要遵循各种客观的规律，人的行为就会受到人之外的限制，人就不可能创造一切，也就没有了面对一切的必要，因此人就不可能有世界观，更不会有世界。因为关于实证的一切，永远在路上。

从实践的角度理解人是对的，是完全正确的观点。但是，实践究竟是什么原因导致的，即为了解决什么样的问题，才会提出认识世界与改造世界的问题，看来是没有解决。用实践创造一个世界是为了满足人的需要来解读世界产生的原因，根本找不到世界存在的依据，因为满足需要不需要创造一个世界，只需要改造一下生活环境。

所以，问题的所在在于为什么会产生实践？实践在什么样的指向下，人才会创造出一个世界。如果是需要的满足人就不会创造一个世界，人只会改造一个生活环境，这不是创造世界的实践活动，是满足需要的生产活动。

猿在进化成为人的过程中，逐渐地丧失了动物行为的本能优势，逐步不能适应环境了，而且环境变得越来越多样，这样猿就必须解决如何与众多的事物打交道的问题。猿为了满足生存需要就必须制造工具，改变外界环境，生产所需物，生产产生了，人诞生了，生存环境产生了。生产技能是一种经验，是一种习惯的养成，是人与物长期交往的直接的经验产物，它不是思维活动。人总有某些需求物无法产生，但是人们能找到替代物，这样人还是在经验中生活，没有思维的产生。人不能凭借内在的本能适应环境的状况，形成了人的本性残缺。本性残缺导致人必须面对分离的外物，借助经验缓慢地形成了与外物直接打交道的生产技能，人直接改造了自然环境创造了自己的生活环境。人依赖环境而生活，直视有限事物，分离的万物还在早期人类的视野之外。

当人与某种需求物长期分离，人就会思考自己与这种分离物是什么关系。关系就是共生，共在。最早人类思考的是水。因为，在干旱的非洲水是极度稀有的，人会长期处于缺水的煎熬的状态。长久缺乏与分离，就会造成心理焦虑的压迫感，因此，人就会思考人与物的关系，并且希望二者是统一，即同在的。随着人需求种类的变化，交往领域的扩大，甚至人可以感知对一切外界事物的无知，这样人就真的开始思考人与万物的一般关系了，而这个万物与人没有必然性的联系，即人没有认识它们，如果认识了那么就不需要思考人与万物的关系了，因为一旦都认识了，那么关系就会自然确定了，关系就变成了联系。所以，人思考万物与人的关系，一定是万物之间，万物与人之间，对于人而言是分离的。分离的万物为什么会引起人的思考呢？有两个原因，一是形成了"偶然无序的无限压迫感"，二是一切都是分离的，不在眼前，永远都不在眼前，且对人造成了压迫感，因此，人只能且必须思考，用概念与逻辑来理解人与万物、万物与万物的这种分离关系。思考的结果形成了世界观。世界观有两种，一种是经验的世界观，即需要论的世界观。他们认为世界观就是对如何认识外部世界与改造外部世界的总看法。世界在人之外，是人需要的对象，二者始终分离，联系是必然性的客观规律。人认识与改造这个世界，最终目的是证明人是自由的。从需求论理解世界形成的原因，最终是无法构建世界与形成人的自由的，因为人始终都要面对必然而生。另一种是分离论的看法。**分离论的世界观认为，世界观是对万物分离与人压迫关系的总看法（定义）。**这样人就是面对偶然而生，因此人是自由的，也能够用象征的手法创造经典，表征万物统一，解除人内心的压迫感，同时直观经典，感知人与万物的存在，即世界的存在。因为，经典包含无限的关系，所以，经典就是世界。经典因压迫而建，面对经典人人都有同感，所以，经典包含他人与我，包含万物，即同在经典中。人也因此永恒了。

当人意识到了万物之间分离，万物与人分离，那么在人的思维中，一切分离物都是偶然的了，都是不确定的了，因此在人的思维中就形成"偶然无序的无限压迫感"，人就必须思考那个以偶然的形式出现的不确定出现的事物。这个思考不可能是出于需要，而是为了解除思维中的压迫感——不是心理中的压迫感，因此人就开始了哲学追问，用概念与逻辑追问无限与有限的辩证关系，即偶然与我的关系，最终是使我解除了心中的压迫感，即创造经典解除压迫。

任何经典都内含无限，因此就是世界本身，人创造了经典就创造了世界。因为，人在任何经典面前都解除了压迫，人都是自由的，他人的创造就是我的创造，因此我是处处存在的，且与世界同在，因此我是永在，即在本身，我创造世界，世界是一切，因此我就是一切，我就是永在，因为构造世界的依据是人如何面向偶然，因此偶然是永恒存在的，它是永恒存在，因为它是我面对的偶然，那个永恒不确定出现的偶然是我思维中的偶然。这样，我、我们、经典、世界就是永恒的存在了，且就是同在，我就是我们，我就是经典，我就是世界。同理也是如此。

所以，世界观是对人与万物压迫关系的总看法。因此，世界不是直观的客观世界，是人对人与万物压迫关系总看法的思维外化的结果。世界就是人的存在，也是万物的存在。人因创造万物的有序而存在，万物也因人的思维外化而存在，所以万物与人是同时存在，万物且表征了人的存在才存在。

今天我们追问，为什么人要直观自己，并在思维中外显自己？答案是，即人本性残缺，导致万物分离，人与万物分离，形成了"偶然无序的无限压迫"，为了解除压迫，人就必须统一万物，并在直观经典的思维中看见自己与万物有序的存在。

人不是有限的样子，他是有限与无限的统一体。因为人要认识无限，且表达无限，这样他就是有限与无限的统一体。他用这个统一体表征自己的存在。因此，世界就是人本真的样子。存在只能是创造了一切的存在，因此，如果人的创造物不表征自己，那么创造物就不是人创造的，所以人就是他的创造物本身，人就是世界。这就是哲学世界观的秘密所在——找到一个创造世界的人——哲学就是人学。

七 世界与经典生活

什么是世界？**世界是人直观经典在思维中外显的人与万物的同在（定义）**。是的，这就是世界。没有人就没有世界，没有世界就没有人。人就是世界，世界就是人。是的，是这样的。

有了世界，才有了人的生活，这个生活就是按部就班的经典。人在创造经典中创造了活生生的万物与自己，形成了表达"偶然无序的无限压迫"的万物与人共在的世界。所以，真的属于人的生活都是一个完整的世界。

真的生活就是如何面对眼前的分离，就是让一切没有生命感的分离物，获得永恒的生命与尊严，形成一个万物与人共在的世界（定义）。为什么我们回到家有个小天地的感觉，因为家门之外是利益纷争、支离破碎的万物与人。永远使之活着，才是人的生活。因此，生活就是人的存在证明。所以，生活总是人与万物之间的生活，正是对这个问题的不同的回答形成了不同的生活理念与方式。如果我们从需求的角度来理解如何面对万物分离，就会形成精致生活观念与方式。**精致生活就是制造各种分离追求必然，寻找最优，满足各种需要，即通过生产与消费，追求与创造精致的生活环境（定义）**。

如果我们从共建论的角度来理解如何面对万物分离，就会形成经典生活观念与方式。**经典是在现有的条件下，共同面对"偶然无序的无限压迫"，用某种象征的手段升华分离，表征物与物、人与物、人与人之间的同在的关系（定义）**。在日常生活中对经典的追求

经典生活论

形成了经典生活。经典生活就是升华日常中分离的万物，直观经典，在思维中感知人与物共在的世界（定义）。

人需要生活是因为人要克服万物与人的分离，这一方面要求人如何在具体的环境中生存下去，另一方面要求人如何在偶然无序中解放出来。这两个问题在不断地困扰每个人。事实上，我们只能在两个领域不断地穿梭，因为它们时刻都在眼前，只是当我们的感觉经验发挥作用时，我们就看见了生活环境的无奈，当我们的理性思维发挥作用时，我们就会看见人类世界的自由与尊贵。同时，正是感觉经验与理性思维的不断交融，我们才能感觉人的生命的本质是创造，才能真的理解无论是精致的生活，还是经典的生活都是真实生活的不可缺少的两个方面，这样的生活才会波澜壮阔，才会宁静致远，才是痛苦与快乐的融通，才是困惑与明了的共在，才是生命与死亡的呼应，才是个性与共性、运动与静止、绝对与相对的统一，等等。但是只有用经典生活去统领与升华精致生活，形成生活与世界才能形成人的永久的生命，找到自由与尊贵。

在经典的世界里，没有个人的生存的不幸，一切必然的力量都被人类利用与表征，成为人自由与尊严的载体，成为人可以直观自己的对象世界。

精致生活就是沉沦，是面对必然性对个人的一次次抛出，最终人是沉沦的，即消失在历史长河中。如果没有了私有制，就有了共建，那么就有了美好的经典生活。因为，私有制使需求成了主导。

因此，公有制是科学与生产力发展的结果，是人类改变自己是需求者身份的前提，也是人类幸福的前提。

《环境共建论》与《经典生活论》具有本质差异。

在《环境共建论》中自由还是行为的自由，快乐也是没有压迫的快乐，叫轻松，这些都不是自由与快乐的本身呈现，是个人内心的，不是外化的景致，即没有构成世界本身，他人是感知不到的，除非当事人自己述说或者流露。这是和《经典生活论》不一样的自由与快乐。它是行为自由与轻松快乐（没有压迫感的快乐）。而在《经典生活论》中自由是直接呈现的，是事实，是处处存在的，是类的自由，即世界的自由。快乐也是如此，是通过经典人人都能处于快乐之中，是我在快乐中，不是快乐在我心中，是我们与关系与世界的三位一体的存在。在《环境共建论》中，存在是我们存在，是我们与关系存在，世界还不存在，因为我们还没有创造世界。

最终在《经典生活论》中，存在是我们、关系、经典三位一体构成世界的存在。存在就是世界本身，它内含我们、关系、经典。

人生的意义就是改变。

八 经典生活背景下的新话语

传统哲学的一个致命缺点就是无法回答人类最根本的问题。这些问题构成了哲学存在的合理性和必要性。

哲学是关于世界观的学问。传统哲学提出了关于人的一系列的问题，但是，到了现代哲学，其却发现自己被科学逐出了自己的传统的领地。哲学失去了家园。

传统哲学对世界的认识早期是自然主义的思维方式，到了近代开启了从主观认识外部世界的路径。自然主义的思路是人类早期面对恶劣的生存环境的反映，人类相信缤纷复杂的外部世界背后有个力量，人类只要把握了这个力量就能把握自己的命运。到了苏格拉底时期把握外部世界背后的力量的方法就是从善的目的出发来理解事物的聚散，借此解读人类的命运，用人的主观认识获得的理性知识来引导人的伦理行为。这种哲学把人当成需求者，就是首先承认人是存在的，人之外有个需要人认识的世界。例如，笛卡尔的"我思故我在"，就是主张精神与物质的二元存在。这种哲学无法回答人怎样认识了内含无限事物的世界，只能说某个客观或主观的力量支配无限丰富的事物，认识了这个力量（理性或主观认识能力）就可以认识世界了，这样就走向了神秘主义。而且这样的世界一定是静止的，因为如果它本身运动，那么它的未来如何认识呢？未来难道是眼前的机械重复吗？在笛卡尔那里就是机械重复的运动，在康德那里是不可认识的运动，而在黑格尔那里则是回到自身的运动。

事实上，我们满足自己的需要根本不用哲学家去认识那个外部的世界，这是科学的任务。马克思主义认为，人认识世界，不是为了解释世界，而是为了创造世界。怎样创造世界，才是哲学的真正的任务。创造世界也不是为了满足人的需要，而是为了证明人存在的价值与意义，即为什么人会存在？也就是通过发展生产力，改变人的存在方式，把人从对自然和社会的依附和压迫中解放出来，使人有了完全独立的行为，即拥有了主观能动性，同时使人成为人，成为类人，社会成为自由人的联合体，实现了你的自由就是我的自由的目的。这样就摆脱了阶级压迫，摆脱了对自然的依附关系。

马克思主义认为，人的解放问题，是在人自身的实践中产生的，是实践中的矛盾运动的结果。

动物在自身的进化中出现了本能优势的丧失，和生存环境的逐步复杂化。因此出现了万物与人的分离，而动物总是与特定的环境相统一的。人一方面要认识这个分离的外界，一方面要改造这个分离的外界，这就是人类的实践行为。当人为了满足需要时，人开始认识与人分离的外界事物，试图创造一个有利于自己的生存环境。当人在思维中认识到了一切分离物都是偶然的否定性存在，且是无序的无限压迫时，人就开启了自我与一切事物是什么关系的思考。传统哲学用必然的理性解读人与一切事物的关系，忽视了偶然性的独特的人类价值，只是通过偶然发现必然，走向了面向人之外的世界去探索人的命运的道路，因此出现了主客对立的哲学路径，这个思路由于符合阶级社会的不平等的现实，一直被剥削阶级的学者所信服，并进一步发展到今天西方的正义哲学的出现。

资本主义国家四处推广的西方式的民主，倡导所谓的全人类的自由、平等、民主与博爱的话语体系，其本质只是资本逐利与扩张的理论反映，是虚假的资本的掠夺财富的民主，是对不平等的现实的掩饰。

资本的民主产生的经济前提是生产资料与劳动者的分离。资本家通过掠夺占有了生产资料，并凭借他手中的生产资料剥削劳动人民，而广大的劳动人民没有了生产资料，为了生存就必须出卖自己的劳动力，获得工资养活自己和家人。

工人的日工资只能保证自己和家人的日常所需，这样，工人就成了一个生活资料的需求者。工人成为需求者，是因为生产资料与工人分离了，如果工人不出卖自己的劳动力就会饿死。由于潜在的失业与意外打击，工人时刻都面临需求危机，所以，工人必须拼命工作，只是为了保障自己的日常需求的正常实现。工人享有的自由、平等、民主的权利只是在招工的时候，工人有把自己的劳动力出卖给资本家集团中的某个资本家个人的权利，双方可以平等、自由的进行等价交换，任何其他资本家个人都不能干涉。可是，一到生产领域，工人必须服从资本家的支配，并被资本家无偿地占有了自己的剩余劳动，出现了不平等，证明了自由、平等与民主的虚伪性。另外，工人只能出卖自己的劳动力才能存活，这只能说明资本主义社会本质上就是不平等的，它只是维护了资本家剥削工人的权利。

在资本主义社会，自由、平等、民主与博爱的原则与精神，表面看来维护了社会全体成员的利益，实际只是资本家集团内部的一般行为原则，其实质是资本本性的反映。因为资本可以在任何盈利的领域进行自由投资，因此就必须在投资中倡导遵循自由、平等与民主的原则，资本家之间不能相互干涉，遇事相互协商，不能公开威胁与强迫，遵循自由、平等与民主的竞争原则。事实上，实力强大的资本集团总是要战胜相对弱小的资本集团，残酷的竞争处处存在，时刻存在，多数资本家都因竞争失败而结束。

但是，资本主义学者却把资本投资与竞争中的自由、平等与民主的原则，说成了所谓的全人类的自由、平等与民主，四处推广西方式的民主，其目的是在全世界实现资本逐利与扩张的目的，达到资本掠夺各国人民财富的目的。

资本家只是把工人创造的新价值的一部分用来维持工人的劳动力再生产，目的是使资本主义再生产能够持续下去，另一部分新价值用来扩大再生产。扩大再生产一是为了获得更多的剩余价值，同时也是为了在竞争中战胜对手。

表面看来，资本再生产与扩大再生产，有利于资本家与工人，再生产使工人有了就业与获得报酬的机会，扩大再生产使就业规模不断扩大。这只是一时的现象。资本的逐利本性使资本逐步集中在利润较高的领域，最后多数会进入金融投机领域，而实体领域在逐步萎缩，工人失业人数会逐步增加，社会出现两极分化，资本主义社会的自由、平等、民主与博爱的谎言就会破产。

资本是能够带来剩余价值的价值。资本要想能够带来剩余价值就必须剥削工人。因此，资本不是为了工人的利益而存活的，恰恰相反，资本越是强大，资本竞争就越加残酷，资本就会走向虚拟领域，最终走向反人类。

资本为了追逐利润，就必须剥削工人，就必须把生产资料与劳动者分离，使工人一无所有，只能出卖自己的劳动力，为了满足自己的日常需要而劳动，成为需求者。资产阶级学者把人当成需求者，不是对工人处境的反映，而是为了实现资本盈利的目的就必须把人变成需求者，然后说人有满足肉体与精神的双重需要，因此人就是需求者，人也有满足自己需要的权利，因此要有劳动权、财产权、享受权、满足需求的幸福权；这些权利神圣不可侵犯；因此人有捍卫自己权利的自由；人与人之间利益交换，就必须是平等、自由与民主的。这些权利的落实，在资本家那里就是实现自由投资盈利的权利，工人就是实现自由出卖自己劳动力并获得报酬的权利。为了实现资本盈利的权利与工人获得劳动报酬的权利，就必须进行商品生产与销售，使工人变成物质与精神的生产者与消费者。只有生产与消费结合起来，资本才能获得利润，占有剩余价值，在竞争中存活下去。

工人的工资是工人作为自身劳动力再生产的生活资料，是工人的必要的劳动报酬，否则工人就会丧失劳动能力，不利于资本再生产。但是，资本家的贪婪本性必然希望在消费领域占有工人的一部分工资，因此他们就会提倡"精致的消费生活"，使人物欲膨胀，资本家从中获得垄断利润。为了实现"精致的消费生活"，工人就必须用更多的时间去劳动，或者通过透支贷款等行为，实现自己的"精致生活"。同时，资本家也获得了更多的剩余价值。

总之，资产阶级的学者构建的民主理论，只是资本竞争与盈利的民主，对劳动人民而言它是虚假的民主。这个虚假的资本主义的民主在全球化运动中越来越走向了反动。发达资本主义国家为了获得更多的资本利润，逐步脱实入虚，通过金融活动和某些企业的垄断地位不断掠夺广大发展中国家的社会财富，制造了越来越多的贫困与不确定性因素，世界范围内的各种分离也在加剧。战争威胁、南北关系、生态失衡、环境污染、气候变暖、物种减少、人口爆炸、资源短缺、两级分化、贫困人口、失业人口、社会犯罪、流行疾病等问题，具有全球性、综合性、挑战性、人类性，需要各国通力协作，共同面对。

面对这些问题，我们要不断提高人类的科技与生产能力，满足人类更多的物质与精神需求，同时，我们改变对人类本身的认识，把人从"人是需求者"的定性认识，转变成"人是世界的创造者"的认识，追求共同面对偶然因素引起的不确定干扰，表达这种共同面对的关系，创造世界，就会形成"人类命运共同体"。如果在认识上还把人类当成需求者，那么必然不断提升需要的层次，必然以占有更多为幸福的原则，必然加剧各种全球性问题的恶化，必然因个人与国家的竞争加剧分裂，因此，也必然使越来越多的个人发生不幸。资源是有限的，增长也是有限的，因此需求论的道路也必然有瓶颈的。如果人类不改变需求论的认识与行为,那么人类必然在自然环境与社会环境的不断恶化中走向更大的困境。

假设,即使没有上述全球性的问题,人作为需求者得到了全面的满足,由于需求满足使人对外产生了依赖性,那么人的自由与尊贵根本就无法实现。况且,个人都是需求者,都以需求满足最大化为标准,那么人人之间的相互尊重与关爱就无法充分实现,只能出现冷漠的人际关系。冷漠的人际关系导致的分离背后的不确定性因素还会对人们造成"偶然无序的无限压迫"。

因此,人类必须抛弃"精致生活",追求共建世界的"经典生活"。"经典生活"不是压制了个人的合理需求,而是使每个人的正常的需求行为避免了攀比性,需求是围绕克服各种分离与偶然的不确定性因素而展开的,是共同创造经典的生活。经典就是克服分离,共同面对偶然,使万物获得生命,形成生机勃勃的人与物共在的世界。这样,因解除了偶然带来的压迫的经典生活属于所有的人,所以,每个人都是自由的创造者,每个人都与世界融合,成为人类本身,实现了归属幸福。

上篇　人与存在

人本性残缺导致人与自然环境分离，万物对人而言成了偶然性的存在，它们飘忽不定，却对人的生存与心灵造成了冲击。在分离面前出现了两个问题，一是人如何从外界获取所需，满足需求；二是人如何理解与飘忽不定的偶然的关系。

传统学术界一直把这两个问题单一地用人是需求者的角度来考察，因此用必然性理解人的需求的满足，也用必然性来理解人与偶然性的关系，这样人与外界预先都具有了客观历史必然性，二者的关系也是如此，并且在价值取向上用需求如何满足来理解人与偶然性的关系，人的存在问题就变成了在需求满足的目的支配下构建一个必然性的社会问题。这样，人的存在就是需求如何全面满足的问题了。

如果人不是需求者，而是在人的思维中如何面对偶然，且把来自偶然的无序的无限压迫外化成有序的世界，人就证明了自己的存在。因为我们在"需求"中面对的偶然（必然）都是有限的，而在思维中偶然才会变成无限。

这里的关键是把人与偶然当成主客观之间的关系，还是把偶然当成思维中如何面对的问题，这就形成了科学与哲学的区别，也形成了个人与存在的区别。人如果是面对偶然的需求者，偶然就是客观，那么人就是在者，作为需求的人，他的真实存在可以测量，这是科学问题。人如果是面对偶然的思维者，且把偶然的无序的无限压迫外化成有序的无限世界，那么人就是存在，即"在者"的创造者。

第一章　证明人存在的条件

人的证明是思维中人的问题，如果人是实体性的存在，那么人就不需要证明，只是需要检验。传统哲学都是在检验人，而不是证明人。人是不存在的，所以，人需要证明，证明的结果是人是世界的存在，人本身是不存在的，因此，人只有创造了世界，人才存在，且人在世界中存在。

需求是克服了分离，依赖必然性，构建环境（定义）。需求者就是依赖外界制造分离寻找最优，丧失存在（定义）。需求和需求者之间是悖论。需求只有克服分离才能实现。而需求者为了满足需求总是要寻找最优结果，制造更广泛的分离，使否定的力量无限大。人就丧失了自我。

第一节　传统需求理论无法证明人的存在

把人当成是客观存在的，这是传统哲学的基本认识，因此，我们就无法认识人，因为客观的人是多维度的，只有实证才能证明人是什么，而每一个实证都会驳斥另一个实证，因此人是什么，始终都无法有结论。

一　证明人的存在的几种方式

人的存在问题来自人在万物中地位的追问。如果人也是有血有肉的客体，那么人就是自然界长期发展的产物，也是人类社会长期发展的产物。人在宇宙历史长河中就是某一阶段的特殊产物，无足轻重。人只是表明了宇宙自身进化的最高阶段，智慧阶段，但不是最后阶段。因此，人的历史就无法完全独立理解，只能当成是必然性的力量发展到某个阶段的必然产物，这就是黑格尔的哲学思想。

即使我们强调了主观能动性，如果我们是在进化论的基础上来理解主观能动性，那么人的主观能动性仍然是必然性支配下的选择性，而不是彻底的创造性。

（一）人通过神启证明我存在——宗教

在宗教那里，人是上帝创造的，因此人必然在上帝的恩宠范围内存活，同时证明上帝的智慧。人在人间面对各种分离，且受各种分离的煎熬。人只有通过忏悔，得到赦免，才能回到天堂，满足各种需求。在这里，人是被创造者与被支配者，人得到上帝的拯救就会在天堂永恒存在。因此，人的存在是被存在。

（二）人通过我思证明我存在——我思故我在

笛卡尔说，我思故我在。我在思考我是不是在的问题，我唯一不能否认的存在就是我在思考。因此思考证明了我的存在。在笛卡尔看来，"感官提供的证据是不确定的，因而必定招致怀疑。甚至数学（尽管其问题更少）也必须受到怀疑，因为上帝可能故意把我们引入歧途。一个怀疑者最终必须承认的一件事就是他自己的怀疑。这是笛卡尔的基本公式'我思故我在'的基础。他还认为这是形而上学清晰明了的出发点。于是，笛卡尔得出结论说，他自己是一个完全独立于自然物质，也同样独立于肉体的一个正在思维的东西"[①]。这样，精神与物质就是各自平行存在的。那么它们有没有形成同一的世界呢？笛卡尔只能坚持二元论。可能的逻辑是一切都是独立存在的，没有统一的世界，这样就是分离。

（三）人通过权利证明我存在——人权

每个人天生具有某些自然权利，这些权利是不可侵犯的，人因此

[①] 〔英〕伯特兰·罗素：《西方的智慧》，文化艺术出版社1997年版，第423页。

才能保护自己的行为的自由。在自由权利中，人证明了自己的存在。

康德认为，人有某种缺乏经验内容的纯粹形式的原则，这个原则叫"绝对规则"。这个绝对规则包含某些"应该"的陈述。"因此，他从以下的'绝对原则'中发现了伦理学的至高原则：行动中始终采取这样的方式——使指导自己意志的原则能够成为普遍规律的基础。"① 也就是说，我们能够找到我们共同行动的基础，就是一个群体中人人都能够遵循的原则。我们得出这个"绝对原则"不可能用理性范畴来理解，因此这种由"绝对原则"决定的善的意志一定是本体。一切都有因果，而本体应该是自治的。因此，在道德上，即我们应该如何行为上，人类自己为自己立法，这就是自由意志。面对现象界，人被它决定，人遵循因果律。对于人本身，康德认为，人是本体，因而具有自由意志。如果人按照某种伦理原则行为，而不是按照人的善的自由意志，人做善事就会不分好坏了，就是被强迫。人有了善的自由意志，人才是独立存在的。其实，在康德那里，人还是被某个善的自由意志支配的，因此还无法说明人是真的存在。人还必须借助上帝的力量，才能圆满。因此，罗素评论道："纯粹理性的思辨活动的确容纳上帝存在的理念，但只有实践理性才能为这种信念提供依据。事实上，我们在实践范围内不得不接受这个概念，因为没有它，我们就不可能进行恰当的道德活动。对于康德而言，按照道德规范的'绝对规则'而行事的可能性，实际上就带有上帝存在的言外之义。"② 如果上帝是存在的，那么人就无法独立存在。

（四）通过满足日常需求的劳动证明我存在——生存需要

劳动创造了人和人类社会。人的存在问题只能在劳动中寻找答案。劳动是人的一种实践行为，它把自然界变成人的无机的身体——使人的思维与意志变成对象，通过这个对象，人直观自己。在劳动中创

---

① 〔英〕伯特兰·罗素：《西方的智慧》，文化艺术出版社1997年版，第527页。
② 〔英〕伯特兰·罗素：《西方的智慧》，文化艺术出版社1997年版，第529页。

造自己，这是劳动的本质。"在实践上，人的普遍性正是表现为这样的普遍性，它把整个自然界——首先作为人的直接的生活资料，其次作为人的生命活动的对象（材料）和工具——变成人的无机的身体。"①

但是，在异化劳动中，工人的劳动成为一种异己的力量，工人越是劳动，自己就越是被否定，这时，工人只是为了肉体的强迫需要而工作。"首先。劳动对工人来说是外在的东西，也就是说，不属于他的本质；因此，他在自己的劳动中不是肯定自己，而是否定自己，不是感到幸福，而是感到不幸，不是自由地发挥自己的体力和智力，而是使自己的肉体受折磨、精神受摧残。因此，工人只有在劳动之外才感到自在，而在劳动中则感到不自在，他在不劳动时觉得舒畅，而在劳动时就觉得不舒畅。因此，他的劳动不是自愿的劳动，而是强迫的强制劳动。因此，这种劳动不是满足一种需要，而只是满足劳动以外的那些需要的一种手段。劳动的异己性完全表现在：只要肉体的强制或其他强制一停止，人们会像逃避瘟疫那样逃避劳动。外在的劳动，人在其中使自己外化的劳动，是一种自我牺牲、自我折磨的劳动。最后，对工人来说，劳动的外在性表现在：这种劳动不是他自己的，而是别人的；劳动不属于他；他在劳动中也不属于他自己，而是属于别人。在宗教中，人的幻想、人的头脑和人的心灵的自主活动对个人发生作用不取决于他个人，就是说，是作为某种异己的活动，神灵的或魔鬼的活动发生作用，同样，工人的活动也不是他的自主活动。他的活动属于别人，这种活动是他自身的丧失。"② 人在满足自己日常生存需求的劳动中，无法证明自己的存在，因为人只是维护一个具体的生命体。人的解放，人的存在，只有首先消灭异化劳动，人才能在真正的劳动中直观自己的劳

---

① 《马克思恩格斯选集》第一卷，人民出版社2012年版，第55页。
② 《马克思恩格斯选集》第一卷，人民出版社2012年版，第53—54页。

动对象，这时人就是类的存在，即历史的存在。

二　我是需求满足的存在——如何满足物质与精神需要

在以往的学说中，人总是被某种力量决定，因此人是直接存在，人的存在就不是一个实践问题，而是如何实现问题，即如何满足既定的各种规定，或者叫需求问题。实践是人自己在实践活动中自己创造自己。而满足只是满足一个预先规定了的需求者。这样，人就要遵循各种规则，不管这些规则是人之外的，或者是人之内的，都是人在自己的行为中必须遵循的规则。因此人的自由或存在就是具体的某种规定，这种存在就不可能是人的存在。人的存在是有思维的存在，人不仅要看见某种"决定规则"，而且要看见无限，且这个无限不能是黑格尔辩证发展的无限，而是人思维把握的无限，且能对象化表达的无限。以往非马克思主义哲学家都没有发现思维中的无限，他们认为思维中的无限是对外在无限的反映，都像黑格尔那样把思维的无限看成对绝对精神的无限的主观反映，因此以往的哲学都没有找到人的存在。

这样，如何满足需求就成为各个学派的宗旨。

（一）敬仰神明

如果人是某种神秘的力量创造的，那么人就必须看见这个神秘力量的强大，敬仰它，获得它的怜悯与赞赏，它就会拯救我，送我到一个完美的地方。这样人是需求的存在，且被神灵决定。我的行为虽然是为了证明神灵的英明，有了价值与意义，但是是被决定的。因此，即使我创造了什么也并不能证明我是存在的，因为我被神灵创造。

（二）认识自己的主观

当人们需要发挥自己的主观能动性才能获取所需要的资料时，人们才真的在彼此竞争的现实中形成了认识自己的能力，并承认人只有按照自己内心的理想才能发挥这些能力，满足人的各种需要。

发挥主观能动性就必须遵循客观规律，否则主观能动性就会带来行为的盲目性。这样，人类就会依赖人的科技进步程度，才能不断地满足人的需求，而科技进步是有其内在的逻辑与时代的限定，科技的内容与水平，都是时代发展的结果。有的人认为，这是人的需要决定的，且是为了满足人的需要。这样，就出现了悖论，究竟科技与需要谁决定谁？如果是两元对立思维，那么就是永恒的博弈，因此就没有了什么人类需要得到了满足的问题。所以，分离与压迫感还是存在的。

马克思认为，科技进步，生产力发展，不仅是人的各种需求得到了多少满足与改变的问题，更是人的存在方式由依赖转变成自由创造的问题。因此，认识自己就是认识自己的存在方式的变革，并找到自由创造的方式，证明人的本真的存在。

（三）建立公正的制度

贫瘠与压迫使某些人始终相信自己的需求得不到满足，是社会制度的不公正，如果建立公正的社会制度，那么就会人人都劳动，人人都温饱。这就是大同社会理想。大同社会理想是建立在农耕社会基础之上的人类对自我的认识。生产力极其缓慢地发展，因此人们不可能认为发挥主观能动性就可以从客观世界获得更多的财富，满足更多人的需要。所以，就主张在现有的几乎长期不变的财富总量面前，如果实现人人均等的制度，那么就不会有饿死人的现象了。

大同社会理想，仅仅把人当成了生存式的需求者，根本没有看见人还要追问人活着的意义与价值。它是对极度贫困的现实生活的幻想式的探究，因此始终都无法实现。

伴随工业大生产的发展，人类在探索人的需求如何满足的过程中，由于民主政治的兴起，人们公开地利用合法的渠道去争取自己的利益，相信只有制度公正，每个人都可以凭借自己的能力借助现有的社会条件去创造属于自己的财富，依靠自己的劳动成果的大小，合理地满足各种需求。也就是说，只要社会制度公正，需求满足完全是个人的问题，这反映了人类相信工业大生产的力量，相信社会能够容纳每个人的财富欲求。这种观点忽视了资本对社会财富的集聚能力，忽视了个体劳动者因此而无法抗衡大资本的竞争行为，把社会两极分化简单地理解成个人的能力大小与勤勉程度深浅的问题。因此，完全把人的问题个人化、需求化，使许多人迷失了人生方向，被贫困问题束缚了。

（四）自然主义

人不是需求者，人的需求只有在匮乏的时候，才会想到需求如何满足问题。匮乏就是出现了分离，是压迫感。是人无法与需求物实现流畅的统一，就是中断。

人类社会中任何物的流畅都是按照某种"同在方式"进行的。这种"同在方式"不是天然的规定，不是动物式的无意识的流程，而是人为了克服各种分离而进行的行为，否则，人就会在各种自然流程中——一旦自然无意识化——迷失自己，就是不知道自己行为的价值与意义，还以为是不得不做的事情，因此形成被迫感。

人必须找回每一次行为的价值与意义。当然，有的人就是从自然流程来理解人的行为的价值与意义。在他们看来，人就是要遵循各种客观规律，并受各种客观规律支配，因此，美好的生活就是发现规律与利用规律，否则就会遭到规律的惩罚。

他们把一切都流程化，并严格遵守这些流程，这样他们的人生就是排除了大量的偶然因素，只是遵循必然性。结果是人人千篇一律，人对人只是彼此用某种标准来衡量，任何人的存在只是流程，因此没有了独有的价值与意义，整个生活充满了僵死的气息。

如果我们对习俗也是用自然主义的角度来理解，那么人类就会陷入某种无奈的恐慌中，因为任何习俗背后都有某种人类无法抗拒的神秘的力量，它会在人违背习俗时施以惩罚。

习俗的伟大在于它是人如何不断地共同面对偶然的干扰而建立

的面对偶然的干扰,且协调我们每个人行为的世界性存在体,它是我们共同理解与建设的世界,是我们每个人内心感触的共同化的表达形式。它既是人类的,因此也是个人的;只有是人类的,才是个人的。

三 需求满足是自我存在的否定

需求的满足必然依赖外物,不论这个外物是不是人类自己创造的,人必须依赖它们才能理解生活。我说的是依赖,不是通过。因此,需求论对一切的理解就是外物的种类与多少,以及如何满足了人的需要。这里的外物并没有证明人是创造世界的创造者,只是证明了人是满足了人各种需要的环境的创造者。人依赖这个环境的有无而生,因此,人在需求满足中是被否定的。

(一) 回到天堂

现世各种需求无法得到充分的满足,人就渴望得到神灵的拯救,到某个地方。这样人就无法单独依靠自己而把握自己的命运。所以,人的存在是被神规定的,因此人没有独立存在的依据和可能。人要想获得全面的满足就得依靠神秘的力量。

人在人间的行为只是为了获得神灵的恩典,获得被拯救的资格。

(二) 科技使人丧失主观能动

到了近代人类依靠科技的发展创造了大量的财富,人类开始相信科技可以拯救人类,人类只要热爱科技,运用科技,那么自然财富就会大量涌现。科技事实上确实能够创造海量的物质财富,满足人们的各种生活需求。

但是,科技越是发达,人类就越是必须遵循科技限定的规律,绝大多数人的行为就会丧失主观能动性,被科技所驱动,成为一个孤单的被决定的运动体。因为,只有科技支配下的行为才是高效与全面的行为,这样的行为才能在单位时空内最大限度地满足人的各种需求。因此，一个人如果想更多地满足自己的需求，他就必须遵循科技给定的规律，否则他的需求的实现只能是低效的、片面的。

所以，人类开始担心科技会支配人类，甚至是奴役人类。

（三）制度只能维护程序

人们也相信有了公正的制度，每个人就都能发挥自己的作用，证明自己的价值与意义。姑且不说，制度能否帮助所有的人去行为，我们也知道，单凭自己的能力个人是无法满足自己的需求的。这样，你的行为价值与意义就不能说是充分的。而且你主要的精力是用来满足可怜的需求，同时还要遵循各种制度的限制。

所以，制度不能用来说明人的存在，只能说明一个人在限定的范围内的价值与意义。这样，制度只是维护了某种程序，而不能说维护了人本身的存在。要记住，由于人本性残缺，人与外界分离了，没有一个事物可以证明人的价值与意义，即使有也是人为了服务其他事物，或者是证明了其他存在的智慧，而人始终无法得到存在的证明。

人的存在证明只能在人创造的世界中实现。

（四）经典证明永恒

人不是需求者，那么人的活动就必须是创造者。这个依据就是人本性残缺，人与万物分离了。面对分离，人感觉到了"偶然无序的无限压迫"的存在，但是它是偶然的，因此是不确定的，没有必然性的，所以人可以在表达了如何面对这种偶然的压迫时，就可以创造一个表征了它们的世界。这样人就是存在的了。人在创造世界中确定了自己是什么。

四 人本身不存在的逻辑分析

我们都以为人是存在的，其实人是不存在的。就是说，人本身不存在什么，他的运动并不直接来自他本身，他本身找不到他运动的依据。如果要在本身中找运动的依据，那就是肉体。如果肉体是依据，那么人就回到了自然界。这样的人是被自然规定的，在他运动之前他是存在的，他的所有的运动都来自这个预先的规定。也就是自然属性是他运动的根本，而社会属性是为了满足他的自然属性的需要，因此社会属性只是使他的自然属性有了不同于动物的运动方式。换句话说，在坚持人是预先存在者观点的人看来，如果不从人的肉体出发来理解人，就无法理解人的社会属性，社会属性是对人的自然属性的超越，这个超越就是人的自然属性的满足需要社会行为，人因此有了合作与理想。人就是自然属性与社会属性的统一体。

把人看成预先的存在是人产生的根据，就是把人看成需求者，人的一切都是为了满足自然属性与社会属性的需要，那么人就是被决定者，这样人就永远感觉处处都有枷锁。其实，被外界决定的人是不存在的，他只是个在者。存在一定是不被决定的，且能够创造一切。只有具备这两个条件，才是存在本身。

如果我们能够推导出人始终都不是一个存在，即人不存在，我们反而能够明白人是永恒存在的，人就是存在本身，但是他不是预先存在，而是在运动中，即创造中存在，因此他只能是他创造的世界本身。有了世界他才存在，且是自由与尊贵的存在。

1. 人与万物分离，人不能直接融入万物（自然界）之中，否则人就是动物。

2. 人与万物分离，因此人不归属于任何环境，人不直接（本能）与万物发生联系，人因此不是自然的存在。

3. 人与万物分离，一切都是偶然，人直接没有了必然性，并被偶然所否定，人因此是不存在的。

4. 人与动物分离，但是人在意识中感觉到了"偶然无序的无限压迫感"，人因此要消灭这个意识中的压迫感，所以人首先存在于消除压迫感的意识中。一旦意识中的这个压迫感消除了，人的意识就停止了活动，人还是不存在的。

第一章　证明人存在的条件

5. 但是，一旦人的这个意识对象化了，我们就因思维中的"偶然无序的无限压迫感"的永恒存在，而在感觉对象物所表征的人对"偶然无序的无限压迫"的思考中是永远存在的。

6. 当我与他人共同面对对象物时，我们发现我与他不但是对象物的创造者，我们彼此之间作为创造者有了同在感，因此，我的存在就是那个表征我对"偶然无序的无限压迫"的外化物，没有它我就不会与另一个人同在，所以我的存在也是我们，即我们存在，我们是存在本身，那个表征物是我们。

7. 因我们之间的一切"同在"都在所有表征物之中，即世界之中，所以我们的存在是世界存在本身，这样人作为预先存在，就是不存在的，人的存在则在于他们的创造物——世界，他并不在世界之外存在。世界之外，没有他，因为他一开始就是被否定的。人是自身实践的产物。

8. 在人那里，人不是预先存在的，因此，人的存在是在创造中体现的，人与被创造物，均来自人的意识，而人的真的意识则是对"偶然无序的无限压迫"的意识，没有这个对"偶然无序的无限压迫"的意识，则没有人创造物化世界的行为，其他意识只能使人创造一个环境。因此，人去创造并不源于预先的人本身，而是源于人对"偶然无序的无限压迫"的意识，这一切都是在实践运动中产生的，因此并不存在一个预先的人。只是压迫感一旦外化成物，我们就永远能感觉到这个外化物所内含所指向的那个具体的分离压迫感是什么，我们的感觉再一次因它而存活，所以我被它所决定，它是唯一的存在者，我融入其中，感觉我与它是统一的，我因此而存在——我创造它并融入它。因为，只有表达了我思维中"偶然无序的无限压迫"，我才是存在本身。

第二节　人创造世界的前提是分离

人的存在要在创造世界的行为中去寻找，正因为人创造了世界，

· 43 ·

且人因此有了独特的生命体，人才成为人。

那么，我们不禁要问，人为什么在创造世界中才能形成自己？他原有的肉体生命不就是他本身吗？

要想弄清这个问题，就必须从人的起源开始逻辑化地探究。我们习惯于从自然进化与社会发展两个角度来理解人类的起源。就人类的需求而言，确实如此，人类进化史就是人类需求发展史。进化就是宇宙各种物质能量与信息交换方式的演变史，人类自身的物质能量信息的交换也要遵循这个进化规律，并且是以高级表现形式。但是，人的真正的产生在于人是有意识活动的运动形式。以往我们解释人的特有的意识运行形式时，还是遵循了物质能量信息交换方式的演进史来理解的，并把人的交往方式不同于自然界各种交往方式的本质性区别概括成人是有意识的，即人知道自己的交往方式，能主动地去实现或者改变人的不同的交往方式，却没有看见人的意识活动使人不仅能够自主地满足自己的各种交往需要，还使人能够不直观自己的思考的对象也能思考，且只有不去直观自己的思考对象才能真正地思考，才能够把自己的思维与意志变成人需求之外的可以直观地对象化的自己。

那么，人在思维中把握的那个对象是真实存在的吗？还是来源于现实事物，又高于现实事物的理想性的事物？在以往的唯物且辩证的人们看来的确如此。人思考的对象最终都来自于客观世界，人的思考就是对这些客观的对象进行理想化的加工，为了更好地满足人的理想性的需要。理想就是需要的理想，需要也是需要理想化的需要。总之，人的思维就是思考如何更好地满足人的需要。这种对人类思维的价值评价就是把人当成了更有智慧的需求者，动物是不能选择地满足了自己的需要，而人更多、更自主，且更艰难、更有害地满足了人的需要。其实，更多的人却喜欢动物式的自然而然的生活，避免了更多的选择冲突与道德内疚。

看来，人类至今还没有在需求如何满足中找到人类自己的终极答案。

　　事实上人的思维不是来源于人为了要满足各式需求,需要透过现象看见本质,不是为了把握需求物为了满足人的需求,而是来源于人对所有与自己分离物是什么关系的思考,是从总体上把握一切。所以,人的思维就是对分离与统一的关系的思考,不是思考分离如何统一,而是思考分离与统一的关系。是思考分离如何统一,还是思考分离与统一的关系,这是全部问题的关键。如何统一是科学问题。分离与统一的关系是哲学问题。分离与统一的关系问题是为了探寻各种可能性。可能性包括:第一类是分离如何统一。第二类是分离为什么要统一。科学回答了第一个问题。哲学回答了第二个问题。科学认为分离实现统一是为了满足人的需要,人是确定的需求者,统一的答案也是由客观确定的。哲学认为人是不确定的,分离到统一就是为了寻找人自由的行为方式是什么。这样就形成了哲学研究的基本问题:思维与存在的关系问题。存在分成科学的存在与哲学的存在。科学的存在就是分离变成统一,人的需求得到满足,人因此而被存在。哲学的存在就是分离变成怎样的统一人才是自由的,即人是自己的存在,这种存在既使人摆脱了需求的痛苦,也使人有价值与意义地存在。在科学存在中,人是被规定的存在,因此人还不是自己在存在,即人不自由。在第二种存在中人要实现自己的存在,这就需要我们研究分离的人类意义,防止回到科学的思路中。事实上,人们都回到了科学的思路上了,都在研究如何统一的。

一　分离与统一——人成为创造者的内在逻辑

　　动物是与它的环境直接同一的。环境是怎样的,它就是怎样的。环境直接造就了动物界。对动物而言,由于生存只是依赖一个特定的环境,因此它的活动范围是有限的,因此它的感觉内容也就不是包含一切的世界。在动物那里既没有世界,也没有存在,只有环境与生存。而人则不同。

上篇　人与存在

（一）本性残缺

人在由猿从树上来到地面时，就开始了自身的进化历史。猿攀缘的本能与树上的生活环境是完全匹配的，因此猿不存在食物短缺的问题。但是，到了地面，它攀缘的本能就没有了优势，甚至成了劣势，这样，它就没有了专门属于自己的生活环境，它与它的生存环境分离了。因此，它必须时刻思考哪些是可以食用的食物，哪些是必须躲避的有害物。

环境由简单变复杂，本能的优势的丧失，是由猿到人进化的两个前提条件。在这两个前提条件下，结果使猿面对它的生存环境始终都存在本性残缺的自然状态，即没有能力完全适应环境，猿越来越远离了自然界，无法在自然状态下生存，而走向人造的环境。为了在陌生的环境中生存下去，获取食物，猿就必须学会制造工具，这样就使猿变成了人，一个具体的物种。

人凭借工具不断地获取所需的食物，且扩大了种类与数量，也扩大了自己的活动范围，但是这一切还都是在肉体需求支配下的行动。一旦这种肉体需求满足或停止了，人就停止了自己的行为，就像动物一样生存了。

人是在什么情况下才开始了人的活动，即开始了自己与外界是如何关系的思考的呢？那就是人开始意识到了人与外界是分离的。这种分离感使人开始了专门的思考。

（二）万物分离

在人类的需求中，只有一种东西是不可取代的，那就是水。有了水才会有生命的存续。在非洲由于干旱，水经常出现枯竭。因此，人开始了在时刻焦虑中四处寻找水源的生活。水不在人的眼前，而人时刻都感觉对它的需求，这样就产生了思维——对记忆中的事物的思考。那个事物并不在眼前，但是，人却必须在煎熬中思考它，所以思考不是起源于好奇，而是煎熬。而且思考的本质也是为了解除煎熬。分离就是煎熬，煎熬才会思考。没有了分离，就不会思考，而是寻找。寻找是按照头脑中的记忆，找到那个确定存在的事物。寻找是焦虑与惊喜的过程，因为一切都是确定的。而思考是分离，是不确定，且必须确定，这个确定是一种全面的认知，也是未来可能的行动。全面的认知，我们和不确定的分离物建立一种怎样的关系？这个关系表明了我们彼此如何进行交往，且永远在一起，我才是自由的。我们不会去思考那个不会永远在一起的事物，我们和这种事物没有关系，只有联系，只有彼此的利用。

由于人本性残缺，导致了人与一切都分离了。万物分离了，而人又离不开万物，如何面对万物，一条道路是把人当成需求者，人因此只是感知有限的确定的环境中的事物，这样人就在建设环境，把世界当成在人之外的神秘的自然界，人和各种事物之间只有联系，没有形成关系，即命运整体。这是人如何与万物关联，它最终是功利主义的科技主义。另一条道路就是思考，万物如何相互作用实现与人同在的世界的关系主义。

（三）偶然压迫

我们为什么会要思考一切分离物，因为分离物除了在需要的角度必须思考外，其他所有的分离物的共同特征是它们的出现具有不确定性，这样就会对人的思维造成不确定性的压迫感，如果这种不确定性的压迫感如此众多，甚至是事事如此，那么人就必须改造这种状态，使它们与人的行为保持内在的一致。

如何做到呢？科学只能做到一部分。而宗教似乎可以做到使一切都和人保此一致，但这是以对人的内心或者是现世的全面否定为前提的，因此人此时是不存在的，是回避了万物不确定性与人的命运一致性的。

当我们面对一切偶然时，偶然就具有了不确定性，且在我们的思维中造成了压迫性，因此"一切""偶然"的"不确定性"就会在我的思维中形成"偶然无序性"，且是"无限的"，最终就会在我的思维中形成"偶然无序的无限压迫感"。

分离导致的"偶然无序的无限压迫感"是人对万物与人的关系思考的结果，是人主观对某种不确定性的思考，这种不确定性不一定会出现，但是可能出现，也就是如何对待这种可能性，不是从中得到什么具体的，而是解除不确定性对人的心灵的压迫感。这就需要我们人类确定与分离的关系。关系就是共同面对，因为它是面对"偶然无序的无限压迫"，是无限，是无限的压迫只能共同面对，即形成关系，才能解除压迫。

（四）环境共建

就具体而言，我们根本无法解除如此众多的"偶然无序的无限压迫感"，因此我们是否可以用随遇而安的方法呢？是的，这可以解除"偶然无序的无限压迫感"。但是，这似乎是在放弃对自己命运的把握，同时只是无视它们。其实无视是根本不可能的。

事实上，我们不但在思考自己遇到的"偶然无序的无限压迫"，而且我们每个人都感觉最终是无助的。但是，如果我们去感觉他人遇到的"偶然无序的无限压迫"时，看见了他的境遇不仅仅是个人的境遇，而且也是人类同类境遇在某个人身上的概率体现，是他在分有和担负了人类的某个概率的百分数，那么这种个人遇到的不确定性对人造成的压迫感，就是人类共同的压迫感。事实上，我们每个人都在分担这个压迫感，因此是共担。

如果我们不知道还存在不确定性的个人分担，即某个人的不幸降低了全体人类成员遇到不幸的概率，那么我们就会把这种不幸单单看成某个人的不幸，看不见他的积极意义，就会真的造成个人痛苦，使他成为在"偶然无序的无限压迫"面前的失败者，使他的遭遇没有了人类意义。

如果我们看见在"偶然无序的无限压迫"面前每个当事人的共担，那么我们就会有同病相怜之感，把他人的遭遇当成人类共同的遭遇，积极共同面对，就会把个人具体的不幸变成我们共同的事情，分解他的痛苦与不幸，使之趋于最小，并赋予人类名义与荣耀。让每个当事人都成为人类命运的拯救者，由不幸的人变成勇敢与光荣的自我牺牲的战士，让痛苦变成一种深沉的自我肯定，使外在的否定变成自我内在的肯定，使个人升华成人类本身。

是呀，我们在共同抗争人类的生活境遇，我们在环境共建。但是，在环境共建中，我们看见了个人的分担，我们只是解除了个人内心不幸的痛苦，还没有表征我的行为的人类意义——还没有创造什么，只是不惧怕来自外在的否定。但是，人类本身作为整体还是被"偶然无序的无限压迫"所否定。

如果我们能够使外在的否定变成人内心的肯定，同时又使人内心的肯定变成人自我外在的肯定，这样就找到了个人的价值与意义，找到了自由与尊贵——"偶然无序的无限压迫"无法否定人本身，反而使个人成为类人，使人成为自己的创造者。

（五）经典生活

事实上，当事人遇到来自"偶然无序的无限压迫"时，人们都会用某种外在的形式表征他内心的感触。

他的表征反过来会影响其他所有的人，成为人们生活的一个组成部分。

他的表征使人们直观到了人类遇到的"偶然无序的无限压迫"具有人类意义，即人人都受其影响，是我们的内心共同面对的外在的表达，因此它把我们每个人都统一起来了。

但是，人们的表征不会是随意的，而是在一定背景下的表达。这个背景就是人类在思维中理解的概率化的共担的事实。有了这个背景，就把所有个人的表征行为变成了共担的公共行为，人与人之间的行为直接统一起来了，形成了统一的命运整体。

在这种背景下的表达，我们克服了万物与人类的分离导致的心灵压迫，所有的事物与人都被纳入到某个概率背景中去理解，因此人们和其他事物是统一的。这样，人与人之间，人与物之间，人与世界之间形成了共同面对的关系。有了关系表明，人、物与世界三者融合，可以共同面对任何"偶然无序的无限压迫"。

虽然"偶然无序的无限压迫"还存在，但是，它已经成为人类生命活力的来源，人类正是因为要面对这个压迫，所以才会统一行为，共建世界，形成可以直观的自我，人因此创造了一个万物统一的世界，且获得了价值、意义、自由与尊贵。

人的存在就是关系，没有了共同面对的关系，就没有世界，就没有可以直观的自我。有了关系人才能摆脱压迫。关系的表达生成世界。

关系就是共同面对。人类不但共同面对来自"偶然无序的无限压迫"，解除每个人内心的压迫，彰显自己的个性，而且还要同时共同面对我们创造的世界，感知每个人的价值、意义、自由、尊贵与存在，感知丰富多彩的人生，感知自己的生命。

经典是在现有的条件下，共同面对"偶然无序的无限压迫"，用某种象征的手段升华分离，表征物与物、人与物、人与人之间的同在的关系（定义）。在日常生活中对经典的追求形成了经典生活。**经典生活就是升华日常中分离的万物，直观经典，在思维中感知人、物共在的世界（定义）**。

（六）人生景致

人是什么？人一旦不是需求者，人就不会蜕化到与环境对立的两极之中，人就不是单个体的艰难与悲伤的生存者。需求者总是渴望占有人间一切的美好事物，使自己显得最美好，他把自己也当成一个完美的世界来建设，因此他与外界始终存在分离之苦，但是他没有察觉这种分离之苦的人类意义，只是单一地把它看成自己的匮乏，因此深陷劳苦之中，为了获得更多而不息地抗争各种挑战，面对各种不幸与遗憾。最终使他与物，他与人，他与环境始终都是分离与对抗的。人生变成了空无的悲剧。傲慢、争斗、悲伤、失落与遗忘成为每个人的人生的运行轨迹。

一切宗教只是离开了这种对抗，消除了内心的需求贪欲导致的痛苦，否定了一切的真实性，即消除了我与环境的真实性。此时的人是悲壮与可敬的，但徒留一抹虚幻的晚霞。

如果我们相信科技能够拯救人类，人可以全面满足自己的需要，那么人就会被技术包围，人就会在欲望满足与膨胀中淹没真实的自我——世界的创造者。人类会越走越远，最终迷失在科技的幻想之中，成为永远前行的苦行者。

有了经典生活，每个人的生活都成了世界的一道风景线。在每个人的内心，我们都可以看见独有的生命感。当把这个个人内心独有的感觉与自身的环境因素结合起来，就会形成独有的景致，体现多样的生命样式。把每一个过往的人的内心都融入其中，流连忘返。我们的生活就由这些经典构成，永驻在那里，我就是那个经典生活本身。人本身也成了景致。人人融入，形成归属幸福。

二　从分离到成为人

分离中包含人的客观需求如何满足，人成为被决定者与依附者。分离中也包含如何表征思维中"偶然无序的无限压迫"形成属人的世界，使人成为人。

（一）分离与需求——能力与环境

我们习惯从人的客观的肉体来理解人是什么，这是因为人本性残缺导致人与具体的自然环境分离了，人的各种需求无法从自然界中获取，人必须营造一个生活的环境满足人的各种需求。因此，面对分离人类在理解自己的问题上走向了一条需求论的道路。

能力与环境成为人类活动的两个主题。把二者联结在一起的是人的各种需求。

人的能力越是向前发展，人类接触的事物就越多，人类需求的种类、数量、质量与方式就会越加复杂，同时人类的生活环境就越加复杂。作为个体就越加依赖环境，个人对自己的生活就越加无能为力，只有依靠社会组织的帮助。结果，一个人如果没有得到社会支持，那么他在需求满足上就会更加边缘化。对这类人而言，分离感一定是加剧的。

那些有社会支持的人在需求得到了充分满足后就会满意了吗？其实，人一旦需求得到了满足，人就会有空虚感，因为分离感在需求得到满足后就会再次显现，即一切物品都会退场，不会让我们内心有一种我与宇宙通体的宁静与宏大，没有自我的肯定。即在需求得到满足后，我们无法找到自己是谁的感觉。

其实，我们真的能够做到的永驻的事物是十分有限的，即使有，如果不能够得到足够的经济回报，一旦经济紧张，那么也会边缘化。

在把需求当成人的核心问题的人的眼里，任何人的创造行为都是为了满足自己与他人的需要，尤其是满足自己的需要，因此人们对自己是否存在的评价的标准是自己的需要是否得到了满足，以及满足的程度、种类与方式。创造本身根本不是人存在的标准，因为这种创造不是为了克服各种分离，而是为了满足各种需要，因此创造根本不能够成为人存在的标准。

创造要想成为人存在的标准就必须使创造服务人去克服思维中各种分离感，而不是事实上的分离感。

事实上的分离感是永远数不清的，因为人的欲求永远随着环境的不断变化而变化，原有的需求结构不断被打破就会爆发更多的新的需求。原有的需求被否定了，那么这种需求的标杆人物就会遭到人间冷落。

所以，要找到人本身就要改造需求，使日常事实需求都变成思维中的构建。

（二）分离与共建——表征与世界

思维中的分离感处处存在，我们需要通过构建升华各种分离，不是克服事实的分离，而是升华了思维的分离感，把它们升华成思维中的统一感。

这种思维中的统一感一旦结合具体的环境条件，表征成可以直观的对象，我们就看见了那个人，那个人心中的万物的统一，就是世界。

看见了这个世界，我们在思维中能够找到了彼此的统一，没有了你我之间的分离，同时看见了我们的每个人的同在。

这种感觉处处都有，因此，我们走到哪里，我们就在哪里，且没有遗憾地离开，而且流连忘返，因为不是需要什么，只是感知同在，因此没有了此地独有、非此不行的需求之欲。

需求总是个人的需求，更多地需要自己努力，即使是他人也是互助或者是帮助，是分工与道德，不是共建。

共建，不是同建。共建是形成我们的世界，不是满足什么人的需求，或者是我们的需求。就需求而言，不可能全人类是统一的，每个人与地区与时代都是不同的，不能兼顾，甚至是冲突的，它是人类悲剧的根源。

事实上的分离感，会因人而异，因为它是个人、地区、时代性的需求，无法体现普遍的兼顾性，甚至是完全冲突的。事实上的分离感不可能用表征的方法消除。事实上的分离感只能用具体占有来满足，没有占有就没有分离感的消除，这种分离感必须消除，它可能还来，那么就再一次消除，如此反复，甚至成为一种个人或他人的负担。因此，如此众多的需求无法满足，因此人间就成为苦海了。甚至我们就厌恶人生了。

要消灭人间悲剧就必须到人类思维中的分离感中寻找答案。只有这个思维中的分离感才会使人类全面地统一起来。

把事实的分离感升华成思维中的分离感，个人就在个人的得失中看见了自己的人类价值与意义，就是要主动承担人类的分离压力。分离就不会是需要中的得失，换句话说，人们就会把日常需求最小化，同时把日常需求由精致变成经典，让每一次客观的需求都表征自己永久的存在。

信息快速更迭的互联网时代，每十五分钟，就可能有一个人成名，成为热点。热度一旦过去，就会被湮没在信息的汪洋大海中，同样迅速地被所有人遗忘。

令人非常遗憾的事情是，网络已经把人类分割在互不连接的生活环境里。即使我们是同事，一家人，仿佛我们却生活在不同的时空。人类内部开始真的分离了。

某个道理或者是事情流行于抖音、直播与广场舞，而很多混迹于B站、微博、知乎的年轻人，对它闻所未闻。这是一个飞速发展又相互割裂的时代。一群人，似乎生活在同一时空，都看见了眼前的一切，但是，他们又实实在在地生活在不同的环境里。因为，他们得到的信息是不同的。

大数据的推送，让人只能看到自己想看的，感兴趣的，再根据这些信息进一步固化自己的认知，这样，思维中的环境诞生了，而对自己之外的非需求的事物懵然不知，与不同的环境隔绝开来。这就是我们时代形成的"信息茧房"。"信息茧房"的形成是因为我们都把人类当成了需求者，导致了对自己需求之外的事物视而不见。

在同一环境，仿佛出现了不同的互不交集的空间，人们彼此十分陌生。

但是，这些不同空间生活的人彼此会有利益交集，但是对同一事物的价值理解却是完全不交集的，只能是商品交易，根本就没有世界共建的可能。一旦需要双方合作共建，只能是冲突重重。一个美好的事物在这样不同的利益评价体系支配下只能被撕裂，使当事人成为悲剧。人间的美好，在哪里寻找啊？

如何使人们从各种的空间中走出来，就需要我们懂得人的存在是世界中的存在，这个世界是在思维中针对各种分离而产生的，今天面对"信息茧房"导致的人与人之间的感知与行为的分离十分需要这个思维中的世界，使人更多地放弃完全个人化的需求，专注世界的共建。在世界的共建中我们有了高贵与美好的理想，这样我们就会守护人间的美好，把一切同在起来。

事实上，任何个人的需要的满足都必须是在各种统一性支配下的同在。比如，如何倾倒垃圾，如何利用自然物。只不过是利益协调下发生的兼顾，没有了共同面对分离的对于共建世界的追求。

今天，我们意识到了分离在加剧，那么我们必须在思维中统一看法，这样才能升华现实的利益分离。

(三) 剥削与压迫——政治与解放

经济剥削与政治压迫使人类看见了分离导致的需求不足，人在需求满足中寻找自己的自由与存在。但是，即使是没有了剥削与压迫，实现了政治解放，人可以自由地获取人的所需之物，但是人还是依赖物而生的，人创造的一切还是为了人的消耗，人的需求结束后，一切还是空无的。

人类几千年来一直被分离导致的需求不足遮蔽了人本真的追求，我们总以为单一的经济变革，实现人自食其力，人人劳动，大同互爱，人就是自由与幸福的。但是，人因此的活法导致人的价值与意义被遮蔽了。人仅是为了自己的幸福与自由而忙碌，人无法显示自己超出动物界的高贵与灵性，更没有留下永恒的宇宙运动形式。人类一直在分离的压迫中，没有解放出来。

人超越需求的伟大的一面没有显现出来，反而坠入需求的苦海。即使我们的日常需求得到了满足，人间有爱，也避免不了生老病死的苦恼。如何让人间永无痛苦呢？找到美好的人类形象？人类必须超越仅仅靠政治与经济平等的幻想。人类必须在创造经典世界找到自己的答案。如何从分离中解放出来，才是人类永恒的主题。

三 误解劳动异化遮蔽了人的存在的证明

马克思在异化劳动理论分析中，指明了异化劳动使工人不是为自己劳动。而且工人越是劳动失去的就越多，工人就越是贬值。

对于马克思的劳动异化理论如果仅仅从劳动与需求的关系，或

上篇　人与存在

者是劳动与尊严的关系来理解这个理论，就是十分狭隘的。这种解读只看见了劳动者实现经济解放的必要性，没有看见马克思是在谈论经济问题中阐述人的哲学问题，即人如何由剥削的压迫中解放出来，成为自己本质的创造者，把自己的劳动成果当成自己可以直观的对象化的自己的本质，使之成为世界本身。

因为，我们一直只是看见了剥削，看见了剥削使劳动异化。承认剥削使劳动异化是对的。那么异化是什么呢？人们都误以为劳动异化就是工人生产的对象反过来没有满足工人的需要，工人生产得越多，剥削就越加重，工人获得的相对的报酬就越低。他们是从工人没有更多地享受自己的劳动成果来理解劳动异化理论的，反过来说，他们消灭劳动异化就是消灭剥削制度，这样工人就能全面享受自己的劳动成果了，生产就不是剥削了，工人生产得越多，工人获得的就越多，工人就越热爱劳动。在我看来，这是完全用需求论解读劳动异化理论，根本上是错误地解读了劳动异化理论。劳动异化理论当然批判了工人无法享受自己的劳动成果，在劳动异化的情况下工人是出于不被饿死才去劳动的，因此要从工人的需要得不到满足的角度来理解劳动异化，要争取工人的劳动成果权。但是，劳动异化理论的根本不是工人受剥削而导致的剥削程度问题，即消灭剥削使工人劳动成果完全归工人所有。消灭剥削的根本目标不是工人的劳动成果完全归工人所有，这只是消灭剥削的自然结果，只要消灭了剥削，工人的劳动成果自然地就归个人所有了。劳动异化理论告诉我们要超越这个目标，追求根本目标。根本目的不是工人拥有了自己的全部劳动成果，并用来满足个人的各种需要，甚至是奢侈的需要。根本目的是使工人的劳动成果变成可以直观的劳动对象，外化成世界本身，证明人的自由与尊贵。这个世界证明了人拥有一种思维能力，即可以不用直观对象也可以思考对象，像人不但能够思考满足自己需要的眼前的对象，而且能够思考一切领域的对象，且无须它们可以直观事物，这样人就可以遵循各种尺度，且能够遵循人自己思维的尺度，把各种尺度结合起来，升华分离，统一万物，创造美的世界，即人本身的外化，人本质的对象化，人的世界化，人对象关系化，即人不再是单一的异化劳动下的消费者，不再是一个根本无法全面满足自己欲望的消费者，人超越了消费者的角色成为自己本质外化的创造者，证明人是世界的创造者，人因此证明了自己独特的存在形式，不是个体的消费者存在，而是共同创造世界的类的存在，因此是共同创造才是类的存在，这个结果就是世界，就是人类本身，也是个人本身，即我在创造我自己，我越是劳动，我就越是自由与增值，因为我的劳动成果都成了世界的一部分，而不是服务了剥削，服务了消耗，因此我的劳动是使我增势，不是使我减势。

劳动异化理论不仅是指导工人阶级获得自身经济与政治解放的理论，也是人类自身如何寻找自己的理论，即人类重新找到自己的理论。

在以往的理论家看来，人是既定的人，人的解放就是找回丢失的权利，过上热爱劳动与享受劳动的生活，满足他原本就有的本真的需求，这些需求一旦满足了，那么人就是人了，当然人是在拥有了劳动权、享受权与自由权的情况下的需要满足，是自己在做自己作为人应该做的事情，所以，人是什么？在他们看来人就是通过劳动满足需要，同时为了更好地满足每个人的需要结成社会合作不断进步的有意识的种类，且能够突破种类的内在的限制。

这样理解人是把人当成既定，且因能够思维，而不断突破既定限制的种类，所以人的运动就是辩证的运动，且永远在运动的路上。这是自然社会科学的人类观，不是哲学的人类观，因为它只是找到了人运动的一般的客观规律，且没有找到人运动的目的，没有找到人为什么要面对一切领域而运动，且能突破一切领域而行为，即人为什么会有思维？

人本性残缺导致一切环境都与人分离了，分离后的事物都变成

上篇　人与存在

了偶然，变成不确定性的运动，万事万物对人而言都是"偶然无序的无限压迫"，都是人必须不用直观也能思考的对象，即对分离与统一的思考。这就是人类意识的起源。

这样人就必须面对一切领域去思考，思考人与万物的关系，而不单单是从中获得什么，只是满足自己的需求，而且是要协调与万事万物的关系，并把这个关系不断外化成可以直观的世界，人因此有了自由、价值、意义与尊贵。人也因创造了世界而存在，且相互肯定与尊重。反过来，人也尊重万事万物，因为人把万事万物联结成一个整体，把分离变成了同在。人用万物表征自己。万物、人类、世界三位一体。

人是什么？人是世界的创造者。什么是世界？**世界是人直观经典在思维中外显的人与万物的同在（定义）**。人在劳动中的一切行为，不仅是满足了各个需要，而且各种需要的满足同时也意味各种分离的统一，是世界存在的象征物。人类只是看见了各种需求物，却没有在需求物中直观世界，直观自己的本质，即创造世界的行为，人还不是人。

万物对人而言永远都是分离的，即使我们直接从自然环境中获取所需都是使事物脱离了自然联系，进入到人重新思考的世界中，世界之外的万物也是与人分离的。因此，一切都是分离，人只有把一切纳入到世界中懂得它们与人的关系才能加以利用，使它成为新的事物，即人本身的需求物或表征物。

世界观就是人对人与万物分离关系的总看法。一个是需求论的世界观，一个是共建论的世界观。凡是把二者的关系看成需要与满足的关系的观点都是需求论的世界观。需要论的世界观，把人与世界看成两极对立物，分离是万物与人分离，万物之间是统一的，因此人看万物就是看人之外的世界，看万物自成系统的规律性，人利用规律满足了人的需要，人要遵循规律，同时人也因满足需要而创造了一个属于人的客观世界，这样自然界与人类世界之间就会发生冲突。人类世界也有客观规律。每个人都要遵循这两个世界的规律。人类的价值意义，自由尊严都在于人类内部制定的发挥了个人能力与满足了需求的制度上。这样的人只有尊严，没有尊贵。尊贵是世界的创造者独有的特征。尊严是人应有的行为不受损害。正是这个正义的制度使每个人都发挥了个人能力与满足了需求，因此世界是完美的。这种世界观就是看世界，就是看世界如何满足人的需要。因此，人只是创造了一个满足人各种需要的世界，如果人的需要变化了，那么世界就变了，如果人的需要消失了，那么世界就直接消失了。另外，人的需求需要在世界的发展中满足，因此人才推动世界的发展，换句话说，人永远在路上。而永远在路上的人就永远没有满足的可能，这既是动力也是遗憾。当然，需求论的另一种表现就是回避或者是逃离。佛教是用我心生万物达到了回避，天堂是逃离。

　　如果我们是共建论的世界观，世界是我思维外化的世界，世界是表征我思维中万物统一的世界，万物本身面对我的思维是分离的，我要统一它们，因此形成了世界。**世界就其本质而言就是万物同在。**自然界没有世界，因为万物，没有同在，它们先后出来与退出，自然界是大化不息。动物只有环境，环境不包括无限，它是有限的需求，更多地是在动物之外。世界属于人类本身，只有人才有万物同在的问题。因为万物对于人而言是分离，是分离的压迫，因此万物就是分离压迫，人与万物的关系就是如何解除压迫的问题。解除压迫必须同时面对分离的万物，因此就是把万物同在，因此就是创造了一个解除了人压迫感的世界。人在创造这个世界中，人可以直观自己的存在，人与万物同在。因此人就在世界中。

第三节　寻找本体

　　动物不用寻找本体，不用寻找自己存在的依据。它的行为天然属于特定的环境，环境就是它的本体，环境规定了它的行为，使它

上篇 人与存在

的每一次行为都与环境保持了和谐互动,使它的行为充满了价值与意义,这既是对自己,也是对环境都是等同的,因此环境保持了自己的正常的循环。动物没有寻找本体的烦恼。整个自然界的万物都是如此,自然界就是万物的本体,而且这个本体是万物互动的结果。

人本性残缺,导致人与万物分离了,人脱离了自然界,人的问题不可能在自然界中找到答案。人必须在自己的实践活动中寻找存在的依据,这就是本体追问。

本体是依据,存在是状态。人的本体与存在是人的问题的两个方面。本体回答了我们要追求怎样的存在。本体不同,人的存在就不同。如果人的本体是预先的,那么人的存在就是被决定的。如果人的本体是在实践中产生的,那么人的存在就是自己决定的。

一 在分离中寻找必然性本体

人本性残缺导致人从自然界中分离出来了,人不属于任何环境,人面对的一切都是偶然的。偶然的不确定性导致了人对自身行为的追问。人们想探究出偶然背后的必然性的秘密。因此,一切可知论,都相信人能找到每个事物背后的依据,那就是必然性。因为分离,把偶然与必然分离了,因此我要在分离中寻找本体,这就找到了必然。人们把所有的必然性统称为理性。理性决定了事物,因此人要想把握事物就必须服从理性,按照规律行事,因此理性就是人的行为的本体,而这个本体也是自然界的本源。这种本体论可分为唯心主义与唯物主义两种。

但是这个客观本体因为决定人,因此人的主观能动性是受限定的,人就没有了自由。人找到了行为的依据,找到了尊严,但是人丧失了自由。没有了自由,人就没有了真的尊严。

所以,如何使本体与自由同在,就成为近代哲学的理论使命。他们是在完全的主观中,找到了这个答案。人的主观感觉为自己立法。他们称为自我选择。

自我选择的理论实践难题是人如何协调个人的主观选择与外界的关系呢？结果是自我选择的行为因为完全来自自我，找到了我的行为的依据与自由，但是我却无法找到我的行为对于外部世界的价值与意义，因此人有了尊严，却没有了尊贵。所以，在自我中寻找人本身的依据是不彻底的。

为什么自由与尊贵不可兼得？因为哲学家们直接在必然中寻找本体。或者客观的必然给定了人的尊严，丢掉了人的自由。或者主观的必然给定了自由，丢掉了尊贵。总之，在必然中人类无法兼得自由与尊贵。

如果我们把握偶然不是寻找偶然背后的必然，而是直面偶然，在思维中把握偶然，不是在现实中理解偶然，而是在思维中理解如何在直接面对偶然中寻找人的自由与尊贵，那么我们就会发现另一条人类之路——自由与尊贵的实现。

二 在分离中寻找偶然性本体

要想在现实中把握偶然就是寻找偶然背后的必然，这样是无法同时实现自由与尊贵的。如果我们在思维中把握偶然，看见偶然的不确定性本身才是追问人的行为的依据的原因，而且是直面这种偶然的不确定性，永不回避这个偶然的不确定性，永远与它为伍，那么我们就不会陷入必然支配我的实践困境，我与它同在。这就是在思维中把握偶然，寻找本体的道路。

偶然的不确定性在人的思维中就会导致无序与无限的特点。因此，在思维中人思考偶然就会考虑偶然的不确定性对人行为与思维造成无序的无限的压迫感，即事事无常，因此人必须思考如何解除"偶然无序的无限压迫"。

解除如果利用必然性，那么就会无法兼得自由与尊贵。所以，我们只能面对偶然。面对偶然不是无奈或者无惧。面对是为了解除压迫感。

上篇　人与存在

我们无法直接消除偶然背后的不确定，因为它在我的思维中具有无序的无限性，即不知道什么时候会出现，因此，解除是解除我们思维中的"偶然无序的无限压迫"。

如果解除我思维中的"偶然无序的无限压迫"完全在主观中实现，我会获得心理的解脱，获得自由与尊贵，我心就是我的本体，我心生万物，且我心空无，因此我行为的依据就是忘掉一切。我的存在就是我心空无。我在我的主观中实现了自由，但是我远离了其他，我无法获得尊贵。

如果我不是在心中直接除去"偶然无序的无限压迫"而是把我的这种感觉外化成可以直观的对象，我就获得了自由，也获得了尊贵。

三　在对象中寻找本体

如果我们只是在思维中寻找本体，就会丧失尊贵。因为一切尊贵都是在你对他人的价值意义中存在。因此，人要想找自由与尊贵，就必须把自己对"偶然无序的无限压迫"外化成可以直观的对象，这样人即使按照自己的思维感觉行为，同时又构建了可以直观的对象，实现了自由与尊贵的结盟。我的本体就是使无序变成有序，使分离变成同在，而这个分离变成同在是我心中的同在，在我心中同在了，且是我在我思维对象化中感觉到了同在的存在。在这个对象化中，我心中的某种分离同在了。但是，事实上，分离仍旧存在，只是在我心中的分离实现了同在。我用某物表征了某种同在。这样我的本体是我与某物的同在，即某物是我的本体，同时某物表征了我的心态，因此也是我的存在的依据。某物也就是我的存在。

但是，我只是与某物建立了关系，表征了某个"偶然无序的无限压迫感"，而更多的压迫感还没有解除，所以，我的存在与本体是不充分的。我如何实现全面存在，找到我真正的本体呢？

四　关系中寻找本体

我如何找到那个全面的本体与存在，全面地消除我内心的"偶然无序的无限压迫",这是个必须解除的难题,否则我的行为就没有了秩序,即完全处于被否定中,没有了价值与意义。

如何单凭我内心的感觉,那是十分有限的,因此我无法在我的内心中寻找到最后的答案,我必须走出我心。但是,我绝不能因走出我心而放弃自由。放弃自由就是进入了完全的客观,或者说在客观中寻找答案。自由只能在主观,或者说在我心中寻找,因此,我心是自由的根源。我心的感觉作为单个的人是有限的,每个人的心中对"偶然无序的无限压迫"的感觉都是有限与具体的,不可能囊括了一切"偶然无序的无限压迫感",因此在单个人的心中是找不到那个本体与存在的,如果把我的心中的感觉与所有人的感觉联结起来岂不是扩大了内涵,囊括了人类心中的对"偶然无序的无限压迫"的感觉了吗?那么是否可以联结起来呢?

事实上,每个人内心的"偶然无序的无限压迫感"对于其他任何人都有同感,因此我们都有了同样的解除此类的夙愿。也正如此,我们才会说,你的就是我的,我的就是大家的。因此无论是面对哪个"偶然无序的无限压迫"我们的感觉都是一样的,任何人的感觉的对象化,也都是任何人的感觉的对象化。这样,我们之间就建立了共同面对"偶然无序的无限压迫"的关系。这种共同面对的关系解除了每个人内心的压迫感,同时在彼此的身上,看见了行为的依据,即本体,也看见了自己存在的依据,看见了自己的本体与存在。这个全面的解除,源于我们共同面对的关系,因此关系就是本体与存在。当然我们每个人都有了自由与尊严。

人与人之间的无法统一只是经济与政治利益,就面对"偶然无序的无限压迫感"而言,人人之间是完全统一的。因此,我们可以在我们的共同面对中找到那个本体与存在。如果我们彼此在心中找到了对方与我的感觉的统一,那么我们之间就没有了分离。

这种我们作为人之间的直接统一是依赖每个人的内心思维活动的,需要心灵的直接的交流。如果有那么多不能看见的人,我的心又是如何与他们相统一的呢？

五　在世界中寻找本体

如果一个人的肉体死了或者他的思维停止了，那么他的本体是什么？他的存在又是什么？我能看见他的存在吗？

在我们活着的时候，我们的本体就是关系，而这个关系的表达物就是存在。我们可以直接感觉到这个表达，我们也可以直接进行心灵沟通。

如果一个人不在人世了，那么他岂不是虚无了吗？因为他的内心的感觉消失了。

所以，人的存在与本体来自心中，来自人对"偶然无序的无限压迫"的感觉，但不会存在心中，人只有把各自的心中的那个已经统一了的"偶然无序的无限压迫"外化成可以直观的自己，自己才是存在的。这个可以直观的自己不会因我不在场而消失，因此我是永存的，即我是真的存在。我的存在就是那个外化的我的感觉了，它来自我的内心，是我对压迫的如何解除的感觉与对这个感觉的外化。

有了这个外化物，我不会因还存在"偶然无序的无限压迫"而否定自身的价值与意义了，因为我因此才创造了这个外化物，这个外化物就是表达了有序的无限，即任何人看见它都能感觉到美好的存在。

这样，我的感觉的外化就成为世界本身，因为它是有序的无限，我也因此而融入世界中。由于这个外化物人人都可以感觉，所以人人因此而彼此交融成为类的存在。

这样，我的存在就经由了我们的存在进入到类的存在，即历史中的存在。类的存在就是人是对象物的存在，且是个人的不断的存在，因此也是我们的历史的存在。

在历史的类的存在中，人类中的人悉数在场，因此作为个人直接就是类的存在。人的存在就是类的存在。类的存在就是我们都在。人的本体就是表达了我们存在的统一物的世界。有了外化的物的世界，我们就有了持续行为的依据，就是把我们的行为与它统一。有了统一物各种分离引起的个人的"偶然无序的无限压迫"就会升华成世界的组成部分，因此我们的行为就有了依据，形成了价值与意义。

自由与尊贵在世界的创造中实现了。因为，世界是因表达了我们内心对"偶然无序的无限压迫感"而形成的，所以人是自由与尊贵的。

人的本体不用再到人的外界或者内心中寻找了，因为人的本体不是预先存在的。人的本体是人在创造世界中形成的。而这个世界不是用来满足人的各种需要而创造的环境，它是世界不是环境，世界是人的存在的表征，环境只能满足人的各种需要，无法证明人的存在。

我们每个人都创造了这个世界，而这个世界属于所有的人，因此人是类的存在，而类的存在就是世界本身，而世界本身就是各种外化物，因为每个外化物都是表达了有序的无限，因此也是世界本身，所以不存在整体与局部的关系。世界就是表达物，每个表达物都是世界本身。而且每个表达物又因我们的思维而统一在一起，形成类的世界。这样从我，到表达物，再到物的世界，再到我们的感觉，再到类的世界，人因此是类的存在，人因此有了自己的类的本体。

世界，本体，存在，三位一体，同时出现，彼此不分；自由，尊贵，意义，依次登场，最终同场。

第四节 三位一体的存在条件

如何证明人的存在，这是哲学的基本问题。从古希腊时期人们就开始思考人是什么，这就是人的存在问题。以往的思考的路径都是人是被某种力量决定，这就是外因论。为什么会是这样呢？因为在他们的思维中，人之外总是有个世界，无论它是神性，还是自然性的，人都要和这个世界打交道，这样，人就难免不被这个在人之外，且比人强大的世界所决定。人要么被动地被决定，要么主动地被决定。

如果是外因论，那么人就是一个被决定者。我们也说，人在自身的实践中自己创造自己。这是内因论的观点。但是，我们在用内因论看待人的问题时，却是从外因论开始的。我们总是说，人为了满足自己的需要必须进行生产劳动，必须改造世界，必须创造属于人的世界，这样人就能够满足了人的需要，同时也证明人是独特的存在，就是在认识与改造世界中证明了人的存在。如果人的世界是为了满足人的需求，而需求是有客观成分的，那么这不能证明是人的存在，只是证明了人的客观存在需要主观努力罢了。

因此，人的存在的证明就必须完全摆脱人的客观性，完全从人的思维性出发，注意不是从主观出发，而是从思维出发，这样才能彻底地摆脱客观的纠缠，完全从人的角度来理解人本身。

一 人是存在就是人是创造者——没有为需求而行为

存在必须是创造者。非创造者不可能是存在，因为非创造者就是被创造者，因此它的存在依赖创造者，因此它是不存在的。

创造不是为了满足自己的需要，它才是创造者，因为，一旦需要满足了它就不会创造了。需要就是没有满足，所以满足了就不会需要了，因此就停止了创造行为，它就不是存在者。

人不是需求者是因为人在思维中面对偶然思考的不是偶然背后的必然性，不是透过偶然为了把握必然性，不是因此才能满足人的需要，而是人在思维中面对偶然，思考的是偶然本身的不确定性。这个不确定性，使人的行为没有了价值和意义，因为任何偶然的不确定性都会使人的行为无效。因此，人要思考如何摆脱"偶然无序的无限压迫",让人的行为构成一个整体,因此有意义与价值。

因此人的价值与意义来自自己的思维,人如果没有思维,人就是自然的客观的存在物。自然存在的运动是体系内事物之间相互作用的结果。所以,我们即使搞清了自然运动的规律,知道了万物存在的缘由,通过偶然把握了必然性,创造了满足人的需求的环境,也无法从自然角度论证出人是独立存在的,因为就自然而言,任何存在都是与任何其他存在相互作用的产物。自然界只有存在者,没有存在,因为一切皆流逝。

万物之间发生作用是因为有相互交流信息物质能量的需要,因此万物的存在都是暂时的,也因此,万物都不是创造者本身,即不是存在本身,它们都是被存在。

因此,我们不能从人是需求者来推导出人是世界的创造者。如果不是世界的创造者,那么也就不是存在本身。

人作为存在必须同时具备三个条件:

第一,存在必须是创造世界的创造者。如果不是创造者,就是被创造者,就不是存在,只是存在者。一切需求者因此都不是存在本身,只是存在者。第二,和世界永恒在一起。如果人创造完世界就和世界分离了,那么,人就不会存在,因此只有世界才证明了人是世界的创造者,而人创造结束后就离开了,因此人的存在就没有了证明。因为,人们无法看到这个世界是人创造的。因此,人的存在就必须和世界在一起。第三,使世界永恒存在。如果人创造的世界只是暂时某个时空的存在,那么它就是存在者,不是存在,因此永恒就是人的存在超时空,人不在运动中存在。

二 创造者创造一切——面对无限

创造者如何是满足需求而去创造,它只能创造出有限来,因为需求都是有限的。所以,真的创造就不是满足某种需求而去创造,而是能够创造一切,这个一切不应该是在发展中的一切,因为发展中的一切，是没有结束的一切，你怎么能够创造没有结束的事物呢？是你的创造无法结束，还是你创造的事物无法结束？如果它无法结束那么就是它在自己运动，自己运动就不是被创造，因此自己运动就无法得出有个创造者存在。如果是你创造了它，那么它怎么还不能停下来呢？如果是你不能使自己停下来，或者使它停下了，都说明你不是创造者，都说明无限在你之外，因为未来还没有因你到来，它永远在未来。因此，黑格尔的绝对精神创造出一切后就必须回到自身，使运动结束，否则绝对精神就不是创造者了。

那么，是否说自己决定自己的运动就是创造者？你创造了自己吗？你是那个永远没有完成的运动吗？永远没有完成的运动又怎么能说是创造呢？看来，创造必须是完成的。因此不能在运动中理解创造。所以，神创造世界是瞬间的，神凭借的是能力。其实，神不用创造也是存在的。而人不同于神的地方在于，人必须创造才能证明自己的存在。

但是，创造如果是完成的，那么不就是有限的吗？如果你创造的是有限的，那么，你就不是创造者，因此，创造就不是无限的运动，而是无限。

这个无限不在运动中，就是不在时空中。而自然界的一切都在时空中，因此自然界没有创造，只有运动中的无限，因为那个无限永远在未来。

只有人是存在，因为只有人在思维中形成"偶然无序的无限压迫"。

第一，人不会需要这个"偶然无序的无限压迫感"。因此，面对这个"偶然无序的无限压迫感"，人不是需求者。

第二，"偶然无序的无限压迫"是人思维中的偶然，因此面对它，人不是被决定，而是人决定它的有无。偶然就是可以出现，也可以不出现。且这个偶然一旦在人的思维中，就变成了思维中人考虑的不确定性。即使这个偶然永远都不会真实地发生，但是人必须要思考偶然的不确定性，这个不确定性就变成了人的思维中的不确定性，是不确定性的新的表现形式。人会思考到各种偶然都对人具有不确定性，这种不确定性会导致人的一切行为最终的无效性，因此人不得不考虑人自己思维中的这种不确定性。

第三，这种思维中的不确定性包含无限。无论是过去发生的偶然，还是现在发生的偶然，还是将来发生的偶然都会在人的思维中产生"偶然无序的无限压迫感"，因此过去、现在与未来的"偶然无序的无限压迫感"都在人的思维中同时出现，没有了时空限定，因此没有运动，只有眼前，且人使一切"偶然无序的无限压迫感"都在人的眼前，人因此直接面对了无限。但是，人还没有创造世界。

第四，人如果用自然界的某些要素升华与表征了这个无限的不确定性，那么人就创造了一个世界。因此人是创造者。用某种表征物克服了思维中的"偶然无序的无限压迫感"，因此这个表现物就是人的思维与意志的对象化，因为它是内含无限，因此，这个对象化就是世界。人创造了一个世界，人是创造者，但还不是存在。因为，此时人解除了思维中的那个"偶然无序的无限压迫"，还是一个需求者。需求者依赖外物，因此是不存在的。

第五，人不但创造了一个世界，而且人融入了这个世界。因为，人创造世界不是为了满足人的需要，因此人不在世界之外。人创造世界是为了解除来自思维中的"偶然无序的无限压迫感"，人只有在这个世界中，这种不确定性才能消除。人在感觉中万物是同在的，没有了分离导致的"偶然无序的无限压迫感"，人就在世界中。这个世界是思维中的世界，是表达了思维的物我融合的世界，是我与一切融合的世界。因此我创造了世界，我又在世界中，所以我是存在，即我无处不在。这样，就不是我心在喜悦，而是万事万物直接就是喜悦本身了。这如同新娘与新郎的喜悦是看见了处处都是喜悦一样，而来宾只是看见了新郎与新娘而喜悦。来宾是心中喜悦，而一对新人的喜悦是与万物同在的，他们就是喜悦本身。

三 创造者是共同的创造者——形成关系

但是，如果我的存在是我，那么我会在肉体中死去。如何让我永存呢？其实我的存在是那个思维的外化而成为可以直观的自己，肉体的我是我的存在者，它只有表达了我的思维，它才是存在。就思维表达而言，它不会死去，死去的只是自然的肉体。看来，我的永存必须在我的思维外化中来寻找。

思维外化的我是不会死的。因为，我的思维表达的"偶然无序的无限压迫感"中内含"无限"是永存的。任何人来到表达物面前，我就会直接呈现在他的思维中，一个世界也会出现。因为，分离导致的"偶然无序的无限压迫感"对任何人都有同感。正是这个同感使我再一次复活，因此我不会死去。

同理，即使我因肉体死亡，没有了让我继续思维外化的行为，我也不会停止行为，因此，我的外化的思维没有死，我还在。这个道理也是如此，因为活着的人对分离导致的"偶然无序的无限压迫感"和我的感觉是一样，都渴望解除，并外化成一个人的类的存在，即世界存在。所以，我的、他的指向都是一致的，都是世界的组成部分，我与他都在世界中。我们都是类存在。

在日常的生活环境中，我们是彼此分离的，是不可见的，彼此没有任何关联，风马牛不相及。我与他都会死去，且永久消失了。在环境中，只有发生了具体的联系——为了某种需要，我们才会暂时地在某个特定的时空存在。这时我们都是在者。

只有面对各种分离，人不是需求者的时候，我们每个人无论在哪个时空都会相见。我们会共同面对各种分离，共同建设没有分离只有同在的世界，因此我们同在。

人要是存在，就是我们每个人都要共同面对分离，共建世界，我们就会永远在一起，形成关系，因此每个人都会永远都在。关系就是共同面对偶然的无限可能性（定义）。

四 创造者创造世界——三位一体的存在

当我们创造了世界时，自由是直接呈现的，是事实，是处处存在的，是类的自由，即世界的自由。快乐也是如此，是通过经典物人人都能处于快乐之中，是在快乐中，不是快乐在我心中，是我们、关系、世界的三位一体的存在。在"环境共建"中，存在是我们存在，是我们与关系存在，世界还不存在，因为我们还没有创造世界。那时的我们还是为了解除来自"偶然无序的无限压迫"，我们还没有追求把偶然统一起来，因此一切都在我们的心中，自由与快乐还是我们共同面对形成了关系，是关系内的自由与快乐。因此个人行为的依据是我们之间形成了关系，关系与我们都是存在本身，但是它是狭隘的人群、组织、团体等的具体，不同的人群、组织、团体等具体之间还是分离的，彼此有压迫感的，彼此没有自由与快乐的。因此，这样的存在，随着关系的改变而改变，我们之间是并不真实统一的，只是那个"偶然无序的无限压迫"在眼前，因此我们共同面对了。如果那个"偶然无序的无限压迫感"消失了，我们就没有了共同面对的必要，因此我们还是需要者。有了孩子，我们才是真正的家庭，我们有了关系的表征，即共同面对的表征物。否则我们是爱情或婚姻，我们仅是关系，还不是经典，还不是世界，还不是存在。家庭，如同没有父母，那么兄妹之间就不会再是在一起生活的一家人了的道理是一样的，是一家人，但不在一起生活了。家庭就是在一起生活，使万物同在。同理，如果没有儿女，我们就无法证明爱情与婚姻真的把男女结合起来了，因为他们始终没有创造那个世界，即在他们不在时那个永恒存在本身——家族。有了家族，我们、关系、家族就三位一体了。世界就是我们、关系、经典的三位一体。爱情与婚姻可能是夫妻之间的一种需要，即共同面对生活中的各种的"偶然无序的无限压迫"，且没有创造使这些面对永恒存在的载体——家族。爱情是我们，婚姻是关系，家族是经典，三位一体就是世界。世界就是永恒存在,而我们、关系、经典在世界中,因此我们、关系、经典也是永恒的。

经典彰显了我们的关系具有永恒性,就是我们永远追求万物的同在,不仅是为了解决分离与压迫,满足物质与心理需要。因此,我们、关系进一步升华成把一切分离都统一,形成世界——表征我们共同面对与创造的关系。

在"环境共建"中我们还是依据共同面对形成的关系而行为,关系都在心中,离开我们的心,我们就不再相信什么。而心在对方的心中,所以,我们必须经常互相述说,才能够感知我们的关系是否存在。而对心的认识的能力是有限的,因此误解与分离是经常出现的,关系并不稳定。关系如果外化成我们去统一万物,形成世界,那么,关系就是永固的,我们就永远在一起。

但是,一旦进入"经典生活"中,我们共同面对的关系就外化成经典——形成了把一切"偶然无序的无限压迫"都统一的表征物——孩子(家族)。因为为了家族我们必须共同面对一切"偶然无序的无限压迫",不会把事情当成个人的事情。

有了世界,我们、关系、经典都是永恒存在的。

最终在"经典生活"中,存在是我们、关系、经典三位一体构成世界的存在。存在就是世界本身,它内含我们、关系、经典。**世界是人直观经典在思维中外显的人与万物的同在(定义)**。

第五节　个人存在的心理和实践前提

存在是人的存在,不是物理世界的存在,如果是物理世界的存在,那么人就是被存在,即人就不是存在的。

如何理解人的存在,我们不能从需求的角度理解存在,即某物因我的需求而真实地存在着,这个物与我都被某种必然决定,你必须遵循它的必须性,因此它和我都是真实存在的。就物理必然性而言的确如此，但是，人就把某种必然决定需求的有无，人就是存在者，而不是存在，存在一定是因它而存在什么。那么一个人的存在是如何被证明是存在的呢？

一 敬畏是存在的心理前提

人就个人而言如果他是存在的他就必然内心有所敬畏，敬畏那个外在的"偶然无序的无限压迫"。

敬畏使某物永恒存在我的心中。

而这个敬畏不是害怕。害怕就是那个事物就在我之外，支配我，决定我，我对它毫无办法，它就在那里，且压缩我在某个时空中，因此我是具体的我，我不是存在本身。一旦这个害怕物消失了，我的害怕就不存在了，那个害怕的我也不存在了。

害怕是害怕发生。

敬畏不是担心，担心是利用某物，一旦某物可以利用，即有了确定的条件性，这个担心就消失了。所以，担心也是某物存在的某种条件的不确定性。因此，担心的条件确定了，那个事物就是一个具体的存在了。这个具体的事物必然随着条件的消失而消失。

担心是担心失去。

敬畏就是某物的存在的不确定性，因此对我构成了"偶然无序的无限压迫"，这种压迫永恒地存在我的心中，它不会消失，因此形成了敬畏。敬畏就是那个不确定的压迫感，永恒不可能消失，因此我必须时刻考虑它的出现，避免它的惩罚，这就是敬畏。敬畏表明它时刻地存在，且因我的敬畏而存在，所以，我也是时刻存在的。敬畏表明我与我敬畏的对象是存在的，而且是因为我的敬畏而存在的。我的敬畏就是对那个"偶然无序的无限压迫"的敬畏，它来自我与外界分离后形成的偶然的存在，且我意识到了这个存在的永恒的不确定性，所以这不是我的幻想。因此，我与它的存在都是真实的。

敬畏是敬畏存在。只有那个内含一切的超越时空的"偶然无序的无限压迫"才会永恒在我的感觉中，并且以不确定的形式出现，因此让我的一切行为都没有意义与价值感，这就是"畏"。如果我能与这个我感觉到的无限为伍，岂不也是无限，且又找到了一个世界，使我的行为有了价值与意义吗？这就是"敬"。它在支配我，但是真的支配是我表达了无限的有序，这个才是真正的支配，且支配一切人，即支配人类，这就是本体，但这个本体不是预先就有的，是我的敬畏的外化，而且那个敬畏也来自我的思考，如果我不去思考，我只有具体的担心与害怕，而且这些担心与害怕都来自预先的确定，而我思考中的"偶然无序的无限压迫"没有预先的确定，我不思考，它们就不会存在。因此，这个本体，是我的本体，是我自由的本体，即我思考的结果，是我还可以自由地表达它，即自由表达偶然性后形成的对象，即时刻给我行为价值与意义的本体。所以本体就是我构建的世界。

担心与害怕的事物本身都是可以在一定条件下消除。只要条件具备了，就可以消除它们，就没有了担心与害怕。

而敬畏是永远无法消除的，它永远在那里对我构成心理感觉的压迫。同时否定了我所有行为的价值和意义。因此敬畏就意味着我面对的对象导致一切的不确定性。如果一切都是不确定的，那么我们就无法持久地行为，我们的行为就是没有整体性，就没有价值与意义。但是，我还必须使不确定性变成确定性，这样使我的一切行为都有了价值和意义。这个确定性就是我创造了一个世界。

因此，我要使"偶然无序的无限压迫"的不确定性变成确定性，我必须敬畏，这样就使我的一切都变得有意义与价值，因此，我要创造一个世界。

二　对象化是人存在的实践前提

究竟什么样的事物能够证明我是存在的呢？它只能是克服了各

种分离的事物,且外化成我直观自己的对象,表明克服了我们内心感觉到的分离,实现了万物统一的事物。这样的事物才能证明了我的存在。

任何满足了我需求的创造物都无法表明人是存在的。存在是自己创造自己,且永恒。

我创造的事物是满足了人的各种需求,是用来被消耗的,因此,人在满足需求的行为中,即使创造了各式各样的事物,也不能证明人是存在的,因为这些事物存在的依据是人的需求,需求变了,这些事物就没有了存在的价值与意义,所以这些事物不能够代表某种永久的存在,它们只能随某种需求的存在而存在,并且随着这种需求的消失而消失。

我所敬畏的偶然永恒存在,因此必须寻找我内心整体的确定性的依据。如果我不使"偶然无序的无限压迫"的不确定性变成确定性,那么我的行为就没有了价值与意义,我就时刻处于被否定中,即使是满足我的行为也是如此。

我的行为如果是需求性的,那么它们就会处于不确定中,因为我不可能使一切需求行为都变成必然性的行为,它们一定是通过大量的偶然来表现自己的,这样,我在需求中利用客观的必然性也无法使我的一切行为都具有整体的价值与意义,我的行为的整体性必然随着需求的变动而变动,没有了连贯性。

需求本身就是分离的。需求之间的分离就会造成不确定性。

分离不是不同,不同是事物都具有自己的特色,但是它们会形成一个整体,自发地使自己的行为有价值与意义。这个整体没有人的主观感觉,因此就没有了人存在的前提。

需求的分离是一种为了满足具体而必然否定其他的行为,因此需求就是分离。人为了满足人的需求就必然把自己的行为与自然界的行为区分开来。自然界的行为是自发的,且一个行为的发生是所有事物共同行为的结果,因此彼此不会分离,永远是一个整体。自然界是具体的整体性，即每个事物都在场，存在就是共同作用。

但是，人的需求永远都不具有具体的整体性，而且人也无法认知整体性，所以，人单凭人的需求的满足是无法构建整体的确定性的。人类往往永远都是在截然相反的行为中探索各种需求的合理性，根本无法形成整体的确定性。

在需求中，每个人即使行为都是一致的，但是我们也没有能力实现一起满足，因此还会造成需求的冲突，或者在实现过程中出现大量的意外。

如果我们一定要在需求中寻找整体确定性的依据，那么就必然是客观的必然规律决定了我们的需求的产生，决定了我们的需求的满足，那么我们人类就是因需求而被决定，因此，我的行为的价值与意义就是被预先决定的。

我不能在需求的整体性中寻找确定性，而应在敬畏中寻找确定性。

我敬畏"偶然无序的无限压迫"，敬畏它的不确定性，我把我的内心的敬畏外化成对象，这样就使敬畏中的不确定变成了确定的对象性。我直观地用确定的文化习俗表达了不确定形成的属于人的世界———一切不确定性都在其中。一切习俗的世界都是表达了"偶然无序的无限压迫"内含不确定性的确定的世界。

我们以往都是从需求论来理解文化习俗世界，因此各个习俗之间是冲突的，因为我们都认为我们自己的需求更重要。同时，每个人都成为文化的依附者，不是建设者，因为他内心的分离感没有在对象化的文化习俗中找到寄托，而是转向了科学与生产。这样，人们就不是在创造世界。其实，各个习俗世界都是面向各种分离而构建的确定的万物同在体，因此内在的本质是完全一致的。

把我们内心敬畏的"偶然无序的无限压迫"导致的人生不确定感外化成确定的文化习俗，就是在创造内涵一切的世界。这个世界因为表达了每个人感觉中的"偶然无序的无限压迫"导致的不确定性，因此是我们在创造，且使一切"偶然"都统一，没有必然性在背后支配，所以这是表达了我们的意志和思维的我们创造的世界。因此我们在对象化中存在了，而且是世界性的存在。因为，"偶然无序的无限压迫感"是永恒被感知的，所以表达了这个的世界就是永恒的。

如果我发现了客观的必然性，表达了这个客观性，那么我始终都是被客观的必然性所决定，因此，我没有真的创造什么，只是改造了什么——在客观必然允许的范围内考虑各种事物的关联性，因此我没有创造什么。

创造者一定是使被创造物是在创造者的意识中产生的，且包括了他意识中的一切，并能够把一切都外化成可以直观的对象，这种行为才是创造，这个人才是创造者。一个创造者，在自己的创造对象中才是存在者。

对象化与需求化的区别是反映了心中的偶然，还是反映了客观的必然。对象化一定是反映了我心中的偶然，这种偶然会导致一种"偶然无序的无限压迫"，它是我心中的压迫的无限，因此它永久存在，是无限，在任何情况下都存在。我把这个心中的压迫的无限外化成某个可以直观的对象，我就看见了自己，我就是永恒的，因为它不是暂时满足人们某种需要的对象，而是表征了任何人都有同感的"偶然无序的无限压迫"，因此证明了我的存在。

当看见了对象化的"偶然无序的无限压迫"，人们就看见了我。同理，我也会看见他人。这样，我们彼此看见了一切人，即人人都在，都与世界同在。

三　关系是人的存在的前提

人把内心的来自偶然的压迫感外化成可以直观的对象，创造了一个世界，那么这个世界是属于创造者本人的存在还是人类本身的存在，即是否证明了我们同时存在呢？

上篇 人与存在

如果他的创造来自于满足需求,那么这个创造就是他的创造,同时也没有证明他是存在者。因为他在创造某个需求物的同时,他是被客观必然性决定的。因此,一个需求者,即使不是创造者,也不是为了他人而创造,因此是为自己而创造,他与其他人也是分离的。如果他是为了他人而创造,那么他就是被奴役的。这个为他人不是道德自愿,而是被迫,即奴役。

如果在客观必然性范围内的自愿为他人就是道德。所以康德认为,必须有个"绝对命令",这样人才能自由行为。但是,他不知道这个"绝对命令"对人而言是必需,虽然他说那是我内心的,因为我无法认识"物自体",但是那个"绝对命令"仍然是人人都遵循的普遍规则,因此在人人关系上就是强迫了,人无法自由。人此时,没有关系,只有因利益而同在的联系,就是具体当事人的联系。利益不在,联系就没有了。

如果人是面对"偶然无序的无限压迫"的,面对我的内心的这种感觉的,那么由于这种分离的压迫感在人人的内心都是同感,且你没有感觉到它,它就不存在——它对人人在任何情况下都是如此,它就不是人们在行为中必须遵循的东西,而是你内心感觉的东西,且人人都有同感,遵循这个同感是为了解除你内心的压迫感,况且这种压迫感来自你对"偶然无序的无限压迫"的感觉,这样如何面对"偶然无序的无限压迫"即使是个人的感觉,同时也是人人的感觉,没有了"绝对命令"性,它是对来自人本性残缺导致的分离后一切都是偶然("不确定性")的恐慌。它没有个人之间行为利益的冲突,不是为了行动(利益)一致而产生的"绝对命令",因此,它是人类的同感,因此,任何把无序外化成有序,都成为我们的共同的有序的感觉,是我们共同面对"偶然无序的无限压迫",因此任何证明了个人存在的对象化的事物,都是我们共同存在的证明,是我们的世界,是我们的存在,是我们的可以直观的自己。

这样,就是我们共同面对"偶然无序的无限压迫",是我们同在，即我们之间有了关系。关系就是共同面对偶然的无限的可能性（定义），共同表达，共同存在。

有了关系，即我们可以共同面对对象化，有了可以直观的世界，共同去抗衡那个我们心中的"偶然无序的无限压迫"，看见我们都在那里，看见我们都在。

因此，有了关系，就表明我们每个人处处都在，都是存在的。存在是通过在者表现的，在者就是一切可直观的对象，在直观中我看见了自己永恒存在，即我是存在的。如果我们（人人）对分离都有同感，我们之间就有了共同面对的关系，因此他的内心的外化也就是我的内心的外化，他人因此的存在就是我的存在，因此人类是共在，且处处存在。

这个存在因此包含了一切人类心中的"偶然无序的无限压迫"，所以这个存在是世界性的，我的存在也是世界性的，也是人类性的存在，就是类的存在。

类的存在是世界性的，我融入的存在。类是一种关系。

人不是需求者，人是世界的创造者。

第二章 人的对象化

对象化就是如何统一的问题。动物没有对象化问题，因为动物的行为与对象是直接统一的。所以对象化就是分离如何统一的问题。那么如何统一呢？以往的理论都是把人当一方，把人之外的一切当另一方。分离来自需求无法满足，因此如何满足需求就成为以往一切理论的出发点与归属。佛教利用我心生万种法的自信，解决了渴望长生不死与避免生老病死之苦的需求，统一在心中实现了，修出万物皆空的心就是对象化。为此，人必须苦修如何避免外界的干扰，消除外界万物在我心中的印迹，进入我心中的佛陀世界。理性主义哲学家都相信理性（科学）与制度会使人的运动有序，但是人永远在求索更多有序的道路上，内心的苦恼根本没有消除之日，而且他们认为，苦恼就是需求没有得到彻底的满足，科学与制度就是对象化。非理性主义哲学家都相信自由来自我的主观选择，只要我能够自由选择，那么我就没有了一切苦恼，自我就是对象化。他们共同的特点是想统一一切外界的事物。

其实，人的问题来自于分离。分离导致"偶然无序的无限压迫感"的产生，人要解除"偶然无序的无限压迫"就必须把它们统一起来，使分离变成统一，这样压迫感就消除了。当我们每个人都把自己内心的这个统一感变成可以直观的对象，我们不但表达了人独有的思维属性，也把人与人之间的分离感统一了。因此对象化就是我们共同追求统一与创造统一的世界。在对象化中世界与人类共同呈现，即我们、关系、世界三位一体。这里的统一只是用某种表征物统一了人与人之间的感觉，解除了万物分离造成的对我心的压迫感,这种解除是共同面对的结果,更是创造世界的升华,事实上我们根本就没有统一那个外界的分离,只是统一了我们每个人之间的感觉,即共同面对,共同创造世界,因此在内心深处就没有了"偶然无序的无限压迫"造成的困扰,反而找到了人生的自由与尊贵,找到了人的存在。

第一节 人类理想新选择

任何理想的前提都是万物与人分离。对分离有两种观点,因此就有了两种不同的理想。

理想如果来自对分离导致的压迫感的消除,一旦没有了这种分离导致的压迫感,那么理想就会消失,人就会厌倦。需求论对待分离压迫感都是目标论,即把压迫感看成某种需要没有得到满足的心理思维感觉,因此目标一旦实现就会无聊,理想就变成了永远扩大的遥远的目标,人类苦于追求。

共建论的理想不是需要满足需求,消除客观的分离,而是表征了共同面对分离导致的压迫感,且把面对用象征性的手法外化成可以直观的对象世界。因为分离表现为"偶然无序的无限压迫感"中的偶然是思维中的不确定,是对这种不确定的感觉,因此它永久存在,不可消除。如果不是消除,而是面对分离,那么这种面对的理想就会永久存在,我们永恒在表征的对象世界中,没有了苦役般的路程。如果想消除分离,那么人生就是苦海。恰恰相反,表征使人类永远面对"偶然无序的无限压迫"而有了永动的源泉。

找到理想我们才知道追求什么。人的理想只有面对或完成两种。理想可分为传统的需求论的理想和经典论的理想。传统的需求论的理想就是面向必然,克服分离,全面满足需求。经典论的理想就是面向偶然实现人与万物共在。

一　需求论的理想

在需求论那里，理想就是追求等价交换的联系。以往的理论家都是从人的需求的满足来理解理想，因此他们的理想都是建立在对必然的认识和利用基础之上的。他们的理想就是如何征服自然和改造自然，构建一个能够满足人类需求的社会，他们的理想的特征是指向未来，本质是需求不断得到满足。他们竭力排除偶然或忽视偶然的积极意义，企图构建一个必然王国。在这个王国里，人类控制了一切必然的运动，实现了自由创造，即按照每个人的、自由的意志去创造。人类此时最大的难题就是如何协调个体之间的行为，防止彼此妨碍。他们的理想是指向未来的，是企盼，是渴望，最终是遗憾。他们都把理想的实现寄托给道德和科学技术，这样理想就是永远无法实现的追求。

如果只是防止彼此妨碍，那么个人之间仍旧是分离的，无法构成一个统一的同在的世界。如果个人之间能够统一，那么依据是什么呢？如果是按照共同的规律行为，那么只能是各行其是，因为规律只能统一行为方式，不能统一行为目的，不能使一切同在。迈步行走是规律，走到哪里，目的各不相同。

如果是利益交换呢？如果是利益交换，那么是否又回到了过去呢？利益无法统一利益，因为利益不可兼顾，人只有追求共同面对偶然与分离的理想才能统一人类，因为任何偶然与分离对任何人都具有同样的感觉，是私利遮蔽了这种感觉。人类社会自有阶级以来就靠利益交往统一人们的行为，但正是因为每个人的利益不同，我们根本没有达成构建怎样的社会是最理想的认识。大家只是一直认为能够满足每个人的需求的社会就是最理想的。因为，构建理想社会是为了满足每个人的需求，而每个人对自身需求的理解又有很大的分歧，这样在建设这个理想社会中，人类就会争吵不休，无法共同行为。不是语言妨碍了人类交流，而是利益不可兼得，只是暂时的妥协，因此无法达成广泛的协议。

为此，人类因利益需求生活在一起，又因利益分歧而分离。当人类利益分歧严重时，这个利益社会就会发生严重的冲突，结果是有些人的利益被严重剥夺了，有些人甚至丧失了尊严与生命。看来，人类不可能建立满足每个人需求的理想社会。因为物质充足时就会隔离，物质匮乏时就会冲突。

精神需求只是物质利益关系的反映。

二 经典论的人类理想

在经典的世界里，理想就是人类以共同面对的关系为价值取向，经典只是关系的表达，最终使一切物都美好。"偶然无序的无限压迫"对于任何人而言都是一样的，古今中外都是如此。它的压迫没有因人而差异，人人都无法躲避，它时刻都在人的心里，只是偶尔的忘记。因此，面对偶然就成为人类的共同的理想。更加严重的是分离感否定了人的存在感。

今天，人类为什么会忽视它的人类性地位呢？一是生产力的发展水平还没有使人从物质生产中完全解放出来，二是私有制使得个人财富的获得必须通过竞争手段，这预先地制造了分离和压迫，人们重视对物的占有。这样，对必然性的认识和把握就具有了虚假的人类性意义，人们认为理性会规定利益的得失，理性使世界有序。这样，人类还是处于生存阶段。

但是，资本的极度集中，已经使人类日益丧失了广泛的经济竞争的可能性，更多的人面临资本的分离和压迫。垄断企业控制了经济的流动。与此同时，社会资本两极分化日益严重，人与人之间的分离在加剧，人与自然的分离也在加剧。心灵痛苦是普遍现象。越是经济发达的国家，人们的心理就越加抑郁，消费分离使人没有存在感。一切异己的力量在经济纠纷中更加严重。

人类正处于崇拜必然性向觉醒偶然性转变的节点时刻。中国倡导的"一带一路"经济发展模式就是共同面对分离,共同发展,避免恶性竞争。遏制资本金融化,使资本回归实体经济,使人类拥有共同面对全球性挑战的协调机制和经济能力,使世界中的万物都美好就是目的本身,并论证人类共同面对分离导致的压迫感。

碎片化,就是分离,就是撕裂了个人内心的世界,它撕裂了人类社会,使人的行为没有连贯性。没有了内心的同在,就没有了人与人之间同在的可能。

但是,一旦面对偶然,使万物都美好,构成经典环境,人人都是主体,人与人之间没有了依附关系,没有了争夺。因为偶然的不确定性只能升华,不能独自控制,在升华中人表征了自己的存在,在直观经典中,人人都存在。有了经典人类与万物才共在,没有经典中的有序的万物,人类就无法存在。因为经典是表征,经典不是消费品。恰恰相反,人类是为了寻找自身的价值和意义才觉察到了偶然的决定性地位的。创造经典的人生才是最有价值与意义的人生。面向偶然,使人由消费者变成共建者。

共同面对偶然,一是结束了个体之间对利益的独霸式的追求。二是结束了人类对自然自负式的行为。三是通过创造世界,使万物在经典中获得尊严与生命,找到了人存在的价值与意义,找到了人的存在,找到了人的自由与尊贵。找到了人的最佳存在方式,找到了普遍可爱可敬的人。可爱可敬的——人不是需求者,是万物生命的再造者。

三 在面向偶然的理想中证明人的存在

人的理想不是来自于各种需求的满足,不是因此而创造一个社会环境。因为,这是幻想。人本性残缺导致人的能力与环境始终处于不完全匹配状态。

动物是按照本能行为的。本能使动物生活在特定的自然环境中,并完全受需求支配,实现了完美的自身与完美的环境的完美结合。

因此，动物没有对眼前的困惑，没有对万物的整合，没有对完美的理想。

人则不同。人本性残缺，他的能力与外界永恒是不完美的，即没有自然的、充足的物质、能量和信息交流，对人而言一切的存在都是异己或可能是异己，即使人与外界有了暂时的、自然的、充足的物质、能量和信息交流。

因为人与外界的交流的中介是思维。分离导致不确定，人因此开始思维。思维使人面对的全体性的对象，只能是偶然。思维不可能面对一切必然。只有偶然全面地开放了自己，使人与万物有了分离，同时打开了人的思绪，人可以思考一切了，人可以全面面对偶然了，才可以全面表征了。全面表征，才能证明人是创造者，人才是存在者。

思维感知了分离，感知了不确定，因此感知了偶然，感知了困惑，感知了压迫，感知了解放，感知了如何同在。因此，人知道了人是如何存在的。这种存在一定是普遍的美好。

人本性残缺导致人与万物分离，使一切都成为偶然，都是无序的压迫，都是无限。人必须使一切偶然都统一，使它们构成一个相互影响的世界整体。

创造出了一个世界整体，解除了偶然对人的压迫，证明了自身的存在与高贵。人与万物同在，人内心没有了需求的痛苦，只有同在的喜悦。这就是人的理想。因此，一切人，一切物都是美好的。

在面对分离的理想的追逐中，人证明了人不同于动物之处就是能够创造一个世界整体，同时能够创造自己，升华了人和外界的自然存在，使人与万物成为永远的历史存在。

人的理想不是得到什么，而是创造什么。创造什么，不是满足人的需求，如同动物一样，而是升华了"偶然无序的无限压迫"，使万物同在。因此，人的理想就是统一偶然，使之成为一个世界。人在世界中存在。正像上帝在人类社会中存在一样。人类就是万物同在的苏州园林。因为人不是需求者,而是万物生命的共建者,因此人的存在就是经典之中物的有序存在。

四 此在,我们不要未来

追求未来,一直是需求论的价值取向。他们舍弃了许多,只是为了那个能满足他最大需要的未来的理想,在他眼里一切都是满足他需要的手段。结果是他与一切眼前的相遇相冲突,他的生命精力更多是如何取舍的两难选择,更多是焦虑地期待,更多是无所事事,更多是人生价值和意义迷失,人与人更多是冷漠、陌生、不解和冲突。

在路上,我们彼此是路人。

人本性残缺论告诉我们,人不是需求者,人要面对"偶然无序的无限压迫",他的对象是无限的,他的任务是使它们有序,这不可能,也无须等到未来,因为一切偶然就在思维中同时出现在人类面前,它们是此在,我们也是此在。一切偶然在思维中同在,因此人必须面对它们,表征它们,证明一切都在眼前。如果在过去或未来,就是分离。各在其位,生机勃勃,就是美好的同在。

面对无限的它们,我们也是无限。对人而言"偶然无序的无限压迫"只有此在,哪有未来!即使自然界中的指向未来的万物运动的无限也不是无限,它只是一种可能,不是现实,因此人不会去思考。无论是过去的"偶然无序的无限压迫",还是现在的"偶然无序的无限压迫",还是将来的"偶然无序的无限压迫",它们都是在我的思维中对我构成压迫感,因此无限就在眼前,就在我的思维中。人的思维中的"偶然无序的无限压迫"就在人的眼前。这个无限是人独有的无限。它既是无限的,又是同在的。非人的无限都是指向未来的,不是同在的。

需求论可以把"偶然无序的无限压迫"变成有限,把它们变成有限的手段,把它们中的有些事物当成满足人的有限需求的需求物。但是,人类的思维能力会告诉自己,无限的压迫仍旧在那里。只不过人类错误地认为，这些压迫不是偶然无序的无限压迫，而是无限的欲求，是想得到一切现有的美好，而又无法得到。为了得到一切的美好人类必须制造和寻找，这样就形成了未来的理想。

他们拒斥面对偶然的存在，只想在偶然背后发现必然，把一切偶然都变成必然。他们不知道，对人而言，偶然才是真正的存在，才使人思考人与万物的关系，必然只是在某些条件下的存在，必然是暂时的存在，必然是为自己存在，偶然才是为人而存在，因为有了人，才有"偶然无序的无限压迫"，表征它才有了人与万物同在。没有人的思维，世界就是在必然性运动中的变化，根本没有偶然，即一切都是在特定条件下的必然事物，无论它是什么事物都是必然的事物。如果它不是事物，它就不存在。人不会关注必然，人只能发现偶然，感知偶然的存在。必然并不在人的视域中，人发现了偶然才想起偶然背后的必然。

当一个事物是偶然的时候，我们才会关注它。一个必然的事物，我们是不会关注的。回到家中，打开灯，我们不会关注灯光，因为按动开关，灯必然亮起来，如果不亮了，我们才会关注灯光。如果灯经常不亮，我们才会按动开关时，关注灯光。一个正常驾驶的人不会关注驾驶动作，只是来到了陌生的地方，人们混乱行走，我们才会关注驾驶动作。

为了满足需求，人会关注必然，但是这个关注不是思维在关注，而是感觉在关注，是事物就在眼前，是对事物之间相互作用的机械反映。如果人不是需求者，即需求会自动满足，人们就不会关注必然，只会关注偶然。如果人开始关注"偶然无序的无限压迫"时，人就不是需求者了，人才不会依赖外界，成为独立的世界的创造者，即人是人了。

而人来到世界，一切事物对他而言不是事物，因为他并不知道它是什么，如何运动，所以它们只是"偶然无序的无限压迫"。

为了满足需求，人类不断区分有用与无用，同时发现了这些事

上篇 人与存在

物的本质，即必然性。有用与无用的区别使人类错把人的世界也当成了自然的必然性的世界。仿佛人类社会就是遵循客观必然性，满足人类更多的需求。美好的人生就是每个人的需求都得到了充分的满足。人类开始走向歧途，它开始于近代科技革命，开启于资本主义社会的兴起。如何满足人类更多的需求成为人类迷失的主因。

每个人都这样想，结果人对人反而形成了无限的恶的压迫。这就是人类至今都没有找到未来的美好，反而制造了越来越多的虚假的需求式的无限压迫的原因。每个个体都失去了自由，人类在没有懂得人本性残缺的情况下，企图通过追求个人需求的满足，通过个人或集团之间达成协议消除压迫，找回自由。但是，人的需求是变化的，需求总是指向未来，尤其是为了保护自己的需求，彼此必然相互限制和防范，这样人类不会有自由的。

人是高尚的，这只能理解成人不是需求者，因为任何需求都具有排他性，都是对他人利益的忘记。当然人不能没有需求的满足，否则人就会使肉体灭亡。

人的高贵就是能使偶然无序的万物有序，形成世界，这样就不能从需求理解人。

有序，不是物理意义上的有序，因为物理意义上的有序，自然界已经自发地实现了。古代哲学家寻找物理世界的起源的努力被证明不是哲学的任务。这样，人类不必知道未来是什么，而放弃了此在。

人的有序，也不是认识上的有序，认识上的有序已经被科学家实现了。近代哲学家探究主体如何认识客体的努力也被证明不是哲学的任务。懂得了这个道理，人类就真的不必知道万物是什么了，不要放弃了此在，在未来寻找答案。

无序，只是人类使因分离而导致的对无序的茫然，这不是人类无法认识外界万物的茫然，而是想探究它们和人类究竟是什么关系的茫然。是彼此关系的茫然，不是它是什么的茫然。彼此来自人的思维，不是来自客观。即使知道它是什么，也未必知道彼此的关系。

第二章 人的对象化

彼此的关系来自思维中如何共同面对,形成共在的形式,不是来自对客观的单方面的研究。这是人们一直忽视的问题。在他们看来来自客观,人就被客观的必然限定了,人就没有自由了。在他们看来,来自思维就是主观主义了。就是主观产生一切了。就是唯心主义了。如果那个必然也是在心中产生的,就的确是唯心主义与主观主义了,是心生万物了。如果心中产生的是对客观的偶然的不确定性的思考,是人在思考,人与这个"偶然无序的无限压迫"是什么关系,而且对这个"偶然无序的无限压迫"人人都能够感觉到,而且是对它的无限压迫的感觉,那么人思考问题,就既不是出于主观,也不是出于客观,也不是出于需求,也不是出于个人,也不是出于有限,而是无限了,我们的无限,我们眼前的无限,我们思维中眼前的无限,我们思维中眼前的压迫的无限,我们思维中眼前的偶然的压迫的无限,我们思维中眼前的偶然的无序的压迫的无限。这样,人就明白了自己是谁,来自哪里,要到哪里去!我来自残缺,走向共在,我是共建者。我与万物的关系,因"偶然无序的无限压迫"是共建与同在的关系。关系是人本质,因此我是共建者。人类何其伟大!

这个关系就是共建与共在。有了人,就有了"偶然无序的无限压迫";反过来,表征它们,它们出现时,人就有了自己的确切存在。人就是万物,万物就是人了。

就人生而言,人无须认识人的世界的偶然是什么,它们出现时,我们就共同面对,就形成了我们的文化,就形成了此在的我们。有了无限的它们,就有了无限思考和无限表达的我们。只是面对这个无限,而不是找到它们背后的必然性,因为任务是解除眼前这个无限的压迫,是无限的压迫,它就在眼前,不能在未来寻找,解除了人就此在了。

人必须不断认识自然世界的偶然,发现必然满足人类需求,在未来寻找到需求的更好满足。这就是天堂论的依据。

> 天堂在未来。人间在此在。

第二节　面向偶然寻找人的永恒

人的永恒如果是遵循了客观规律的永恒，那么永恒就是指向了未来，这是对现实的人的永恒的惩罚，因为他永恒看不见人的最美好的一面。如果人面向了眼前的偶然，那么就会和"偶然无序的无限压迫"永恒的互动中，且能够用完美的象征的手法表达这种永恒，且永恒在完美的互动中。

一　人的永恒来自面对永恒的偶然

在面对偶然中找寻人的永恒。偶然是涌动的无限，是不确定的出现，它永恒刺激人类的思维，使人永恒思考无限的存在，并追求万物同在的世界。为此，人必须以世界为生命，以共建为实践，脱离个人需求，创造经典环境。这样，就实现了有限与无限的统一。

自然界的永恒是一种运动状态。人只有找到了一种属于人的运动，人就会永恒。这个运动就是面向"偶然无序的无限压迫"的表征。

（一）需求是结束

人类一直渴望永恒、自由、快乐，有价值和有意义，并实现有限的我与无限的世界的统一。否则，人就会感觉自己的一切行为都飘忽不定，最终也是虚无。

以往，在需求论的指导下，我们都把永恒理解成一个具体的永恒，没有从思维运动的角度理解。这样，永恒就是规定。人在这种永恒面前就无法是永恒的，只是宇宙运动的某个阶段的产物。

人的生命为什么会永恒？

有人认为得救，来到天堂就会永恒；

有人认为觉悟，实现涅槃就会永恒；

有人认为奉献，融入社会就会永恒。

总之，他们认为实现了某种行为，满足了某个具体的需要就是永恒。

但是，既然是某种需求的实现，那就不是永恒。因为某种需求实现了就是结束，是永恒的结束。而且人的永恒都是融入某种永恒中，人是被规定的。

以往的人们为什么要在某种需求实现中理解永恒呢？因为，人类在需求中是痛苦的。所以，需求的满足意味着痛苦的结束，尤其是全部需求的满足，就是全部痛苦的结束。看来，不是需求的满足，而是痛苦的结束。他们认为，没有痛苦，人的快乐就是永恒的，就是进入极乐世界。

（二）需求满足就没有了人的价值与意义

在他们看来，没有痛苦就是人类进入了需求永恒满足的世界。他们的永恒是需求永恒的满足，如果需求永恒满足，那么人还会快乐吗？他的价值和意义何在？难道是互相满足对方的需求人才有价值和意义吗？如果需求满足了，即使人活着也只是活着，是重复，没有创造，因此没有价值和意义，尤其没有改变什么，他是被融化，他不会永恒。

（三）死亡后实现永恒

他们知道眼前的世界是没法全面满足需求的，因此必须离开眼前世界。死亡因此而有了意义。

如果是为了满足他人的需求而死亡，那么死亡就有了永恒的现世的道德意义的。因为，它能解除一些需求的痛苦。

（四）面向偶然实现永恒

人本性残缺论告诉我们，决定人的行为的不是有无中形成的痛苦，而是面对"偶然无序的无限压迫"形成的茫然，即人对一切他者和自己是什么关系的困惑与追问。这些他者是人感觉到的分离中的偶然。人没法感觉必然，只是相信必然的存在，人只能感觉偶然的晃动。没有人的感觉，他者就不会对人造成压迫。

如果人面对的是必然，那么人就是有限的需求者，人就只是在需求得失中的暂时的存活，即不是存在者。人被必然决定。

偶然是无序的无限压迫感。因此它永恒存在，人也永恒感觉。

如果人面对的是偶然，那么人就不是需求者，因为你不能需求无限，只能面对无限。为了解除偶然造成的困惑，人就要统一无限的偶然，实现人与无限的偶然无序的压迫相统一。这种统一不是人借助了必然把握了偶然，而是用某种表征解除了压迫，因此，统一了无限的偶然人就是永恒的。人是永恒的实现。这种实现因是人面对偶然，因此是人永恒的表征。

借助必然解决偶然，人就被决定，人就是暂时的。

即使从必然性的技术角度人躲过了某个偶然对他的身心的压迫，他也无法保障同类的偶然不会再次出现，因此必然性的技术角度无法根除"偶然无序的无限压迫"。人不是从必然性的技术角度消除"偶然无序的无限压迫"，而是面对它们，同时升华它们，表征世界，并且证明人的存在。

那就是在面对和升华它们时，形成共同面对的关系，用共同创建经典环境表达这个关系，因此证明了我们的共在和我们与偶然共在。

（五）偶然是人的偶然

没有人就没有偶然，偶然就是必然。

我们同在的关系是通过两点证明的。一是我们共同面对偶然，没有了偶然，就没有我们同在，因为偶然对谁都意味着压迫的存在，因此偶然就是我们的偶然，任何人面对的偶然同时是所有人的偶然。他独自面对，避免或表达了偶然的存在，同时也是我们的。二是人与偶然是同在的，没有了偶然就没有了人。一切都是必然，人就是适应环境的动物，他被必然限定了活动的范围，有了有限的、确定的结局。而且他是竭力回避偶然的，力求在他的世界中构建由科技控制的万物。他把偶然的出现看成完全的消极，没有看到这是他创造世界的机缘，因为没有偶然就没有创建经典的机缘。

偶然如果变成了感觉中的"偶然无序的无限压迫"，偶然就是人的偶然，人不仅是发现偶然背后的必然，满足人的需要，甚至主要不是发现偶然背后的必然，而是表现偶然的存在，并把它们与环境结合起来，证明当事人永恒的存在。只有人才能使偶然成为永恒的存在，人因此有了自己永恒存在的形式。

正是人必须面对偶然才能证明自己的存在，表征对人造成了压迫的无限的偶然也就证明了自己是无限的存在。哲学的偶然是客观偶然在思维中形成的"偶然无序的无限压迫"。（定义）

（六）偶然是我们的偶然

由于偶然是在人的实践中产生的，是内含无限可能的存在，因此表征无限偶然的实践行为是无止境的，人的存在也是无止境的。

如果我们每个人都单独行动，那么我们每个人是否都会有结束的时候，个人就无法永恒，就不会永久存在？答案是：不会的。

无论是他面对偶然，还是他因此创造经典，他都会永恒。因为任何人的偶然面对和经典创造都是我们的，都是要解决有共同感的偶然的压迫。不存在只是他的偶然面对和经典创造。当他人面对他创造的经典物时，他就会复活。在这里个性就是共性，共性就是个性。这个共性不是抽象与归纳出来的共同性，不是那个支配一切的力量，而是一个性就等于是另一个人的个性，是所有人的个性，因为那个压迫是所有人的。

必然只是针对某个具体的必然，从来没有针对一切人都是如此的必然，恐怕这个必然只是肉体的死亡。所以，追求必然，人就是孤独的个人。人类几千年来一直把人当成需求者，一直在追求必然构成的王国，利用必然控制万物，企图满足人的一切需求，只有马克思主义追求自由的王国。自由王国就是面对偶然，构建关系，创造经典，形成世界，实现永恒。

因为，偶然本身对任何人都是可能，所以，是我们共同面对，因此我们每个人都是无处不在的。我们任何个人的面对，都是我们共同面对。因此，任何时候的个人面对都是我们的面对，各个时期的面对都是我们永恒的共同面对，即面对永恒的偶然的无限的压迫——偶然是永恒存在的，人也是无限存在的。

（七）人是历史的永恒

历史就是共同面对偶然创造和再现经典形成的文化世界（定义）。历史是个人和人类是否永恒存在的证明。任何个人都有自己特有的大量的偶然，一旦经典地融入文化世界就成为历史本身而永恒。

"人有悲欢离合，此事古难全。"古今同在。人类就是要面对各式偶然，证明人类本身就是创造奇迹的存在。

人类在世界的共建中，间接统一了无序的万物，因此而变得完美。因偶然是无限的，人因此无限。

二 人在面对偶然共同创造世界中获得无限自由

人本性残缺论认为，人本性残缺导致人与万物分离，人没有了可以适应的自然环境，人与万物都变成了偶然性的存在，人与万物都是无，即不确定性。出生的动物一定是动物，人不一定，因此人与万物是不确定的，是无，但是，人与万物在人的思维中却是真实存在的。偶然对于人而言的"有"就是无序，因为它是无序的，因此对于人就是压迫。因为它是无序的，因此它的出现就具有不确定性，这样偶然就具有无限性。这个偶然既是人思维中的偶然，也是万物的偶然。因此，人既是有限的，又是无限的，当他面对偶然时，他是有限的，当他思考偶然时就具有了无限性，因为作为要表现偶然的他如何表现是不确定的，而且可能随时出现，而且以一切可能的形式出现。一切偶然都是有限与无限的结合体，人因此具有了表达的无限性和自由性。表达就是创造，因此创造具有无限性和自由性。

当外物由具体的有限变成了偶然的无限时，人类就由认识必然变成了改造偶然。认识只能认识必然，改造只能改造偶然。认识必然是为了改造偶然。认识必然是因人的需要决定的。改造偶然是因为人意识到了分离，即偶然以无序无限的压迫形式出现时，人就意识到了分离，人就必须把有限的自己与无限的偶然无序的压迫统一起来，人改造了偶然的表现形式，解除了压迫，实现了人与偶然的统一，借助偶然创造了表现人类存在的世界。在这个世界里，人只是利用必然呈现人与偶然的统一，呈现的方法是无限可能的，因此人是自由的。例如，人可以利用各种响声表示庆贺，而且任何庆贺都是升华了分离，表达统一的出现。生老病死对人类构成了无序的无限压迫，为了面对它们，解除压迫，人类只能用各种形式表达永恒同在的希望。

当人们的生活由追求需要变成面对压迫，由满足变成同在，就由获取变成构建，就由认识环境变成了改造偶然，创造世界，就由被决定变成了去创造。

"以往的哲学只是解释世界，问题在于改变世界。"[①] 人为什么会改造世界？因为人面向思维中的偶然而生时就必须与无限即刻统一起来，因此人就改变了世界。这个世界是人思维外化的世界，因此人能改造它。如果世界是客观的，那么它在人之外，我们只能通过认识知道它是什么，却无法改造它，因为它是客观的无限，即使我们能认识无限，却不能改造无限的具体，因此，在认识论中，世界只能认识，不能改造，也可以说如果本体是客观的，人存在的基础是客观的，那么人是无法改造这样的世界的。世界一定是人的世界。人的世界是人思维中面对"偶然无序的无限压迫"的偶然，不是认识论中的"透过偶然发现必然"的偶然，是思维中对人造成了

---

① 《马克思恩格斯选集》第一卷，人民出版社2012年版，第136页。

上篇 人与存在

"偶然无序的无限压迫感"的偶然,是人因本性残缺导致的人与一切环境都分离后万物对人而言都不再是必然性的存在,而变成了不确定性的偶然,这个偶然在思维中造成了对人"偶然无序的无限压迫感",人必须使这个无限有序,人因此改造了人思维中的世界。这样,人就找到了自己与万物之间的关系,并把这种关系变成表征万物统一的世界。解除压迫,找回万物。

因此,在共建论中是由认识进入实践,不是由实践进入认识。由实践进入认识,是认识必然;由认识进入实践,是改造偶然。必然只能认识和利用,不能改造,必然构造的世界也不能改造,例如自然界具有自动恢复功能,人类最终无法改造它。即使是一部汽车,你也不能改造它,只是完善它或改变了用途,它的原理和结构都是客观必然的,你只是发现和利用了这个客观必然性。偶然只能改造存在的样式,不能认识,因为偶然一旦可以认识就不是偶然了。而且偶然对人之所以是偶然是因为它具有无序的无限压迫性,你不可能认识无序且无限压迫你的东西,你只能改造它对你的压迫感的呈现方式,解除压迫。

当人意识到了"偶然无序的无限压迫"时,人类开启了新思维,开启了无限的思维,开启了对无限的关注,看见了世界,看见了人类本身,开启了呈现无限的实践活动。这样,马克思主义的实践论就不单是认识论,而是人类自身的活动,就是"使现存世界革命了"①。"革命了"就是使偶然的无序无限的压迫呈现为无限的实践活动,使分离实现统一。认识不是来自于创造世界,认识来自于需要的满足,动物也会认识,因为动物也有需要,但是动物不会实践,因为动物没有"偶然无序的无限压迫",它不需要统一万物。动物不会辩证思维,因为动物没有遇到"偶然无序的无限压迫",不知道在有限中表达无限,因此它不需要实践,不需要创造世界。人类的实践活动来自于人

---

① 《马克思恩格斯选集》第一卷,人民出版社 2012 年版,第 155 页。

意识到了"偶然无序的无限压迫",人类必须解除这种压迫,因为它是无限的,你不可能认识它,你只能改变它的呈现方式,解除压迫,因此在实践中形成了一个世界。世界必须是无限的,有限的是环境,动物没有世界,只有环境,因为动物没有无限。一旦人类能够面对"偶然无序的无限压迫",人就有了自己的无限,那么世界就自动呈现了。世界一片光明。人由面向必然的需求时代,走向了面向偶然的生活时代。

实践来自于对"偶然无序的无限压迫"的意识和升华,世界是实践中"偶然无序的无限压迫"的呈现。有了,看见了,表达"偶然无序的无限压迫"的世界,人类才能创造和改变——创造经典。

第三节　经典使我们处处存在

人把思绪中的各种偶然结合特定的环境外化成表达同在的可以直观的对象时,经典的世界就出现了。

一　从寻找人生到处处是人生的大地艺术

(一) 需求使人类漂泊

人是世界的创造者的含义一定不能从人的精神或物质需要的角度来理解,因为这是把人当成了需求者,人会依赖外物,会形成人与外物的分离,人会焦虑,人为了最好地满足,会四处寻找人生,事过人散。

如果人是面向偶然的世界的创造者,那么处处都是人生,因为分离处处存在。

人是世界的创造者,是从人与万物分离,人重新克服分离实现同在,创造世界,是把人与世界一体化,是在世界中证明人的存在,人就是世界本身。这种创造因面向分离,面向"偶然无序的无限压迫",因此没有因需求而产生的条件性,可以在任何条件下,实现克

上篇　人与存在

服分离感而追求同在。这样，人就生活在大地里，生活在世界中，与万物为伍。这就是大地艺术的精华，人因此无我而博大、自由、高贵地存在。人随机地快乐地生活着。

当人在万物之外时，人还是一个寻找者，无论他是否掌握了科学技术。他在为各种需求的满足而焦虑，看见各种物体，就充满了辨别的苦恼。他看见了各种分离，感觉了寻找的疲惫和无奈。感觉需求匮乏，尤其因此失去了自我。外界满目是异物，是不确定的压迫感，而我的需求物却寥寥无几。

流浪的我们只是希望直接找到那么一个地方，我们的需要能够得到满足。可是，我们永远找不到，因为我们本性残缺，万物与我们分离了，我们要把它变成需求物谈何容易！

（二）看见同在四海为家

但是，如果我们抛开需求，而是感知这种分离的压迫感，逼迫我们去统一，不是单一地寻找。而且，因为这种分离的压迫感对所有的人都是一样的，因此，我们也在克服分离中彼此同在了，处处都是友好的朋友。别人的此在，也就是我的此在，因此我处处在，即我在。人随机望去，都是"偶然无序的无限压迫感"，那么人就可以随处去表征人内心的世界，或歌唱，或望春风摇动。

我们不用去寻找外界的各种分离的物体——满足人的特定需要，因此，它们时刻都在，时刻都对我们的思维造成"偶然无序的无限压迫"，我们只是使它们同在，那么我们就看见了自己的喜悦，看见了所有人的喜悦，看见了唯一的存在，因为我们不再寻找什么。

大地花艺开始于比利时，艺术家们没有预先的谋划，因为他们对眼前的一切没有需要，只是看见了事物之间的分离和新的统一，面对眼前的大自然，就地取材，在原地再现生命，巧妙地以大地为背景，使无机的彼此不搭的物体，变成了同在的美的世界。一切都在大地里。

人们随机地遇到场所，看见了各种分离物体背后的新的关联能够呈现出来的新的生命感，就开始了行动。一切都不是为了预先的标准或者事后的品鉴，而是把心中的各种不确定感变成流畅的运动，形成美的流淌，人因此就在其中了。

因为没有结果只有眼前的分离与同在，而且这都是在场者的我在做，不是为了进入另一个时空的需求，不像过去工厂里的劳役一样只是煎熬结果的出笼，因此，此地，就没有了时间，即没有了此刻，只有此地了。因此，我是在场的。一切都是那么美妙，因为一切都融入了，就像孩子们在过家家。过就是在了。时间消失了，只有空间。这就是在。有了时间，在变成在者，在者就是消失者。

（三）感知分离我就存在

我们不需要什么条件，眼前就是充足的。一切都是世界本身，只是把它们连接在一起就是了。无论我们是捡石头，还是捡草木、搭造型等，我们只是看见了同在在不断呈现，世界就在那里了，我们也同步在那里了，因为我们恍然感觉到了天黑与视觉的消失。没有劳作的时间流逝感。

即使某种自然的力量忽然消除了眼前的世界，我们并不会沮丧，因为，我们并没有预先的需求，因此就没有得失的痛苦，眼前变化的万物只能让我们发现了另一种分离与同在的出现，发现了世界多样的存在方式，发现了我无处不在。这就是自由的验证，人在任何情况下都可以去创造世界，使我们内在的思维与意志通过无机物表现为我们的生命的世界。而这个世界不是来自我的感觉，而是我对世界分离本身的感觉，是这种思维的产物，因为我的感觉能力也起源于我与物的分离。

我的感觉引起的思维一定是那个事物并不在场，因此，我要思考它与我的关系。当我发现了一切都是分离的，因此一切都是不确定的时候，我就渴望把它们同在起来，因此我就面向外界，面向那个随机的偶遇，开始同在的行为。我的思维使我拥有一切条件。

分离，只有我意识到了，它是"偶然无序的无限压迫"，我就会开始世界的创造。如果分离中没有"偶然无序的无限压迫感"，那么分离只是得失，那么我是需求者，还不是世界创造者，我只能创造一个生活的环境。世界在我之外，且并不存在，我只能看见一个环境。世界只是消除了分离导致的"偶然无序的无限压迫感"，并用万物表现了这种统一，那么世界才会存在。世界可以直观，但这是思维的直观，因为它是我的思维中"偶然无序的无限压迫感"的外化，因此不是视觉的直观，即不是需要的直观。需要不能看见世界，需要只能看见具体。

因为没有需求，这样，无论开始、过程和结果都是不要预知的，也不可预知的，都没有某种必然的束缚，因此我的行为是完全自由的。这样就没有了得失，没有了操劳的辛苦，只有忘我的融合。只是我的思维直观到了，我就发现了世界，而且世界是同时出现的。这个直观到的世界就是这个世界的"澄明"，直观到的是"照亮"，在"照亮"中世界"澄明"了，当然都是在我的思维中。如果没有世界的"澄明"，我看见的是具体的事物，是我用需要的必然的眼光在看待。

当我有企图时，我是与我的作品是分离的，因此我不在场，我在另一个空间等待结果，当两个空间进行对接时，形成了等待的时间，因为我不知结果如何，因此是焦虑的。

必然一定在目的中形成。没有了目的，偶然就支配必然，必然只是帮助偶然实现了统一。人不是需求者时，人就没有了目的，人只是思考和感觉那些眼前并不存在的偶然，思考它们不确定的出现，因此，我们为了解除压迫感，而开始行动了。

（四）永不消失的分离感

那么，人为什么会看见大地中的分离的不确定性，并感知到了压迫呢？它们不就是在那里凌乱地存在吗？我们可以回避它们呀？

是呀，我们看见了凌乱，可以离开，并且忘记它们。但是，这些视觉中的凌乱即使我们离开了，看不见了，它们也会偶然闯入我们的思绪中，扰乱我们的生活，因此一切分离都会演化成人的思维中的"偶然无序的无限压迫"，这就是人必须统一眼前的凌乱，克服分离，实现统一的原因。

当凌乱消失了，美就出现了，我们就在那里了。

有时，我们也看见了各种分离，看见了各种统一的可能，因此我们在创造不同的世界，发现了不同的惊喜。

当我们完全把目光投向外界的时候，那么我们的生命就是饱满的，充盈于宇宙中了，因为我们以宇宙为背景，思考和表现万物如何统一呢！

我们让万物重新在我们的思维中统一，因此我们在创造了属于自己的表达了我们的意志和思维的生命的世界。

（五）忙碌把我们丢失了

我们只能看见自己时，是因为我们在忙碌。

当我们是为了满足需要而工作时，我们只是需要之外的某物的工具，我们就会是失落的，我们总是在为寻找某种所需之物而忙碌，我们的内心的"偶然无序的无限压迫感"使我们痛苦，我们不知道我们在哪里可以停留下来。我们越是有成就，我们的失落感就越强烈。当我们的业绩用钱来衡量时，我们就会发现我们依赖钱的多少。

时间和金钱互相纠缠，我就没有了属于自己的一切。这就是忙碌。

其实，自然的大地，人居的家庭都可以是我们随机地展现生命的地方，因为它们就在我的身旁，时刻没有和我们分开。

当我发现了不同，且看见了它们在别人的努力中实现了统一，那么就看见了他人的智慧，看见了我们在一起。因为，这也是我喜欢的呀。

有时，我们看见了人与人之间的分离，那么我们就用一种象征表达我们的统一，有了表征物说明人们最终是在一起。如果人与人分离了，那么每个人的不确定性叠加在一起形成的共振就会像海啸一样可怕了。股市就是如此。

我们必须每天都要用善意表达我们的统一。这个善意可以通过大地艺术来实现。因此，我们处处统一，处处都在。

其实我们都是自由地在，只是因为寻找成了忙碌的在者。

二 人认识自己的四个角度

认识事物就是认识人自己。可以从环境与世界两个角度来理解事物。正是认识的角度的不同，人的生命表现形式和命运就会发生本质不同的变化。

就认识而言，人是被认识的存在。人只有在自我认识中才能明白自己。

而人是不可能直接被认识，认识人需要认识他的创造物或需要物。

如果你认识一个物，那么你才能真的认识它，这个物表明它是怎样的存在。它赋予这个物某种生命，它就是怎样的存在了。

因此，人必须认识事物才能知道自己是谁。

认识事物是什么，就是知道它和我们是什么关系。美好的生活不是直接爱人类，而是最终爱人类，直接尊崇万物。高山流水遇知音，讲述的不是彼此之欣赏，而是共同之追求，人不会直接相爱，人之爱，来自共同创造世界。

（一）从环境理解事物

从环境来理解事物就是从如何满足人的需要来理解人，这是把人当成需求者。

例如，石头就自然成分而言，我们对它有个规定，就建筑材料而言我们对它还有个规定。因不同的环境我们对它的规定是不同的。所以，事物是什么总是由环境来说明，单单就一个事物而言说它是什么完全不可能。

如果从环境理解事物，那么人就是客观存在的、被决定者，即使人有主观能动性。如果从环境来认识一个人，你只能从他需要什么来说明。例如，他是病人，那么他此刻需要健康。

从满足我的消耗需要理解，事物是什么。事物是什么总是随着我的消耗需要而变化，同时总是在各种标准中变化，而且我会经常拿这个事物和其他事物比较，做出肯定与否定的回答。总之，从满足我的消耗的角度来理解一个事物，它不但不停地变化自身的内涵，更根本的是它在我的消耗完成后会消失，因此，我们可以把这类事物称为"在我们面前消失的事物"，如果它是实体，消失的事物就变成了垃圾或者叫废物。同样，人也可以被他人看成满足他需求的工作者，或者当他的工作能力丧失后，变成废人。

如果他为自己劳动是不是快乐的呢？

如果人的劳动是一种消耗性的劳动，就是比较性的劳动，因为你要生产更好的东西，这就会不断放大你的需求标准，使自己与自己的目标之间永远存在一种可望而不可即的压迫感。因为，这类目标总是要实现的，而且永远处于变动中。这就是需要的压迫。所以，在人的主观认识中，人永远都是希望与痛苦并存。尤其是当我们和他人比较时，彼此的差距与分离感在加剧。我们越是比较得多，我们就越加痛苦。

在比较中，如果我们为了占有更多的美好的事物，就会去剥削压迫他人。这样，人间的分离就会制度化与组织化了。

即使我们消灭了私有制，生产资料归全体人所有，我们的幸福也不会建立在满足各种需要的基础之上。因为，需求具有目标性和比较性。因此，人的幸福不是各种需求的满足。人越是需求，人就越是感觉自己的渺小。因为，人的需求在比较中具有无限放大的趋势，而人的能力具有现实的有限性。这样，痛苦与快乐就会混合成疯狂，因为，需求的实现是时有时无的。

在环境中，你只能认识具体的某个人，他作为人的本质是什么，你还无法了解。

（二）从世界理解事物

如果从世界角度理解事物，那么人就是自我的创造者，永恒者。

从世界的角度理解事物，它是人的生命本质的外化，对象化，直观化，我们可以把它称为"在我们面前永存的事物"。这些事物会实体化，它们不是用来消耗的，而是用来表征的。表征我们与万物是什么关系，因此它们会永存。我们对这类事物的认识更多是表征，是表征我们与万物的统一。因此，看见这类事物我们没有了分离感，没有了压迫感，反而看见了我们的存在。尤其是看见了我们与所有的人都是共在的。因为我们创造这类事物就是为了克服分离，克服"偶然无序的无限压迫"，表征一切都是同在的。

（三）从异化中看事物

如果他创造的事物是服务他人的，无论这个创造物是不是他创造，都会成为异己的力量，因为他创造它们他并不需要它们，因此，他创造得越多就越感觉有压迫，就越不快乐，就越痛苦。"首先，劳动对工人来说是外在的东西，也就是说，不属于他的本质；因此，他在自己的劳动中不是肯定自己，而是否定自己，不是感到幸福，而是感到不幸，不是自由地发挥自己的体力和智力，而是使自己的肉体受折磨、精神遭摧残。因此，工人只有在劳动之外才能感到自在，而在劳动中则感到不自在，他在不劳动时觉得舒畅，而在劳动时就觉得不舒畅。因此，他的劳动不是自愿的劳动，而是被迫的强制劳动。因此，这种劳动不是满足一种需要，而只是满足劳动以外的那些需要的一种手段。劳动的异化性完全表现在：只要肉体的强制或其他强制一停止，人们就会像逃避瘟疫那样逃避劳动。外在的劳动，人在其中使自己外化的劳动，是一种自我牺牲、自我折磨的劳动。最后，对工人来说，劳动的外在性表现在：这种劳动不是他自己的，而是别人的；劳动不属于他；他在劳动中也不属于他自己，而是属于别人。"[①] 因此，在这种劳动中人丧失了自己。工人在为自己的肉体和资本家劳动，因此是一种强迫性的劳动。

（四）在经典中看事物

人只有把目光放到经典世界的创造上，使人不再是需求者，而

---

① 《马克思恩格斯选集》第一卷，人民出版社 2012 年版，第 53—54 页。

是各种分离的统一者，那么人的存在感就是不断累加的，而且具有你就是我的事实。人人之间不再争夺，不只是关怀，更是欣赏。不是欣赏那个人，而是欣赏他创造的世界化的经典物。这样，我们就都在其中，就都是快乐了的。我们彼此可以不知道，谁是创造者，谁在欣赏，但是我们都知道，面对经典物，我们每个人的心态都是一样的快乐，而且一切本身都是喜悦的形象。

在经典的世界里，每个事物都找到了自己不可代替的位置，它们都是人的存在的证明。它们就是人本身，都是喜悦本身。

它们是人为了克服各种分离感而去创立的，是人的思维与意志的产物，它是快乐的。

尤其是，人成为自我创造者，经典就是他的作品，认识经典，就认识了人本身的快乐。

人对自己是什么的认识总是从他与他创造的对象的关系来理解的。人创造经典是喜悦，人创造世界是永恒。

第三章 经典与精致

经典是在现有的条件下，共同面对"偶然无序的无限压迫"，用某种象征的手段升华分离，表征物与物、人与物、人与人之间的同在的关系（定义）。在日常生活中对经典的追求形成了经典生活。经典生活就是升华日常中分离的万物，直观经典，在思维中感知人物共在的世界（定义）。有了经典，我们共同凝视经典时，获得喜悦，世界就呈现了。同时我们也在世界中。如何理解经典就是如何理解人，理解世界。经典就是表征同在的关系，表征人的最美好。

第一节 经典

如果脱离背景，任何人造物都不是经典，即不是表征人内心万物统一的外化物，只是有用或无用的物品。区分物品与经典物就是区分环境与世界，就是区分劳作者与人。找到了经典我们才能找到世界，找到我们，即人类。这样，人才是存在。

一 在历史背景下理解经典

（一）在背景中理解经典

任何有用品都是在特定环境中产生的，而且它要脱离环境，走向某个需求者，实现了空间与时间的不断分割，它只是随着需求的变化而变化，随着需求的有无而有无。因此它不证明人的有无，只是证明人的得失，人只是一个与物品同在的自然的流程。随着物品流程的结束人也就结束了自己的某个在者，即角色。这样的人是有生死的。因此，这样的人是无法证明自己的存在，他只是和某个具体的环境结合，制造物品与满足自己的需要。而且他的行为受他与环境的相互限制而形成的必然性所决定。因此，人只是自然界与人类社会发展的产物，是阶段性的存在。

用环境理解人，理解物品，就找不到人的自由，即人创造世界的活动，也就找不到人的存在。人的存在必须通过他创造了一个世界来证明。

如果我们把人造物纳入到特定的背景中去，那么它就是经典，就会显现它是如何解除人思维中的"偶然无序的无限压迫"，且成为人的可以直观的对象的。任何物品的最初的产生都是因为分离，都是分离造成了不确定性的出现。这个不确定性不断地困扰人的行为与思维，成为思维中的"偶然无序的无限压迫感"。人必须解除这种压迫感，才能使自己的生活回归有序与宁静。即把这种偶然纳入到生活的整体中去，形成有序的生活。这就需要把物品纳入到某个背景下来理解，而且这个物品体现了这个背景下的万物如何由分离走向统一。即这个物品不是满足制造者或者他人的需要，而是表征某种分离如何走向统一。就如同我们把某个物品当成礼物一样，我看见了某种背景下关系的存在，我要表征这种关系，因为这个物品的出现使我与这个背景下所有的事物统一起来。

所以，经典就是在一定背景下我与万物的统一，这个经典是我尊敬的，不是用来满足需要的，如果没有了这个背景，同样的物品就是需求品，它没有任何值得尊敬的因素，只是因一时我需要它，它才有价值，否则它就没有存在的价值，即它没有独立存在的依据。它不是存在，只是一个价值物。这就是人类不尊重万物的原因。

背景赋予了万物独立存在的依据，具体的物品不依赖我们，因为它为万物统一而生，却是我们的思维的创造物，即它是世界本身。

（二）在历史中理解经典

经典是彼此叠加的，因此经典也是历史本身。我们每个人都因某个"偶然无序的无限压迫"而去创造经典。这个经典之物不会单单因我的思维而存在，一旦它是经典就永远表达了那个背景下的分离的万物是如何统一的。因此，它永远存在那个背景之中，且能够被其他人所理解。因为，对于经典表达的那个"偶然无序的无限压迫"任何人都有同感，它是超时间的，因此在一切时间中都能存在，所以经典就是历史本身。"看三国落眼泪，替古人担忧"说的就是表征了某种分离的经典具有超时间性，仿佛今人也生活在过去或者未来。因此，经典对于今人就具有叠加性，根本没有时空的限制，仿佛我们每个人都可以直观任何经典，且与那个经典同在。仿佛任何经典都是我们共同创造的，因此我们也在任何时空中存在——发生在那个时空的分离也会对我们造成压迫感，仿佛就是我们思维中的压迫感，所以必须解除。因此，经典是历史中的经典，经典之存在就是超时空存在，且永远在。所以经典是在，是我与物的同在，即任何时空都在。任何时空都在才是真在，即历史之在。历史在这里不是具体事物之间的演变，而是我们思维能够看见一切都在。历史在思维中，思维在历史中。而在本身就是经典，即我与物同在。

（三）经典化成历史背景

当我消失时，我的经典就真的融入历史，成为一种景观，永远成为一种背景，即历史的背景。背景与背景之间是分离的。但是，无论什么样的背景之物，即景观都表达了分离与统一，都解除了人的内心的分离感。因此即使我的思维感知消失了，但是我的思维活动，还会因他人的思维而复活，他们面对经典会使我的思维感知复活，仿佛我就在眼前。就像我们能够感知三国人物的存在，并深深地影响我们今人的生活。

反过来，我们也会把今人的经典纳入历史背景中来理解，知道我们的每一个行为都是人的存在的证明，且因此而尊重万物之存在。这样，我们今人的行为就有了历史之尊严，即价值与意义。

人与物只有纳入到历史背景中，人才能由尊敬人本身转化成尊重物本身，因为正是物与物的分离，人与物的分离，才有了人思维中的压迫感，才有了人要解除压迫感而去追求万物统一，才有了人是万物生命的创造者，才有了人因此是存在者，且是有高贵价值与意义的存在者。最终人还必须借助万物表征人内心的思维中的统一直观经典物，感知自己的存在，这样，我们就升华了万物的存在方式，使万物具有了人的尊严。因此，人不是需求者，人是万物的创造者，即人在创造万物中存在，万物存在人才存在。人与万物是一体，尊重就是尊重二者。

二 经典证明人是类的存在

在环境中人是需求者，每个需求者是不能完全兼容的，存在巨大的裂痕，人们都依赖特定的环境生活，根本不需要往来，形成了各种的孤岛。这样的人们长期下去就会蜕化成周而复始的依赖人造环境的动物，完全被共同的需求所支配，成为信息孤岛，与外界的沟通也完全是按照同类需求的原则进行，排除了非同类信息。

人如何才是生生不息地共在呢？

（一）经典证明我们都在

每个经典都反映了人们如何理解各种"偶然无序的无限压迫感"，证明了当事人独有的存在模式，成为独有的存在，而且随着时间的推移，随着人们社会环境的变化，人们不断巩固了这种特色的生活模式，形成了特有的生活习俗。

人与人之间，人与物之间，人与特定环境之间形成了固定的生活圈子，人们世代生活在这里。他们有了特定的语音，特定的需求物，特定交往的人际圈，特定的交往模式，特定的价值取向，总之，他们是一群特定的人。

表面看来，他们不会同另一个群落有什么往来，但是这类群落都是因为对某种分离有了特定的理解和表达而形成的。这种表达结合了特定的生活环境，因此是人类某种存在的表征。

由于这种群落的生活模式表达了人们对某种分离的理解，这样就内含了不同群落的共同因素，即对各种分离都有"偶然无序的无限压迫感"，因此都有同类之感。只要我们看懂了他们的生活就会尊重他们了。

任何群落的经典的生活形式，都证明了我们共同的心愿，也证明了我们的同在。在任何群落的经典面前，我们的思绪都会即刻融入，且充满敬意，根本没有我要占有的欲望。

如果我不懂得这个表达物背后的关于对分离的特有的理解和表达，如果它不符合我们的需要我们就会无视它的存在，如果符合我们的需求，那么我们就会购买或者霸占，总之有一种使之脱离原有的地方，拿来消耗的欲望。这是再一次分离。一切列强都是如此。

如果我们懂得了经典的故事，那么我们的思绪就永远在这里了。任何经典都是内含表达的无限可能性，容得下任何人对它的多样性的理解与表达。因此，经典不拒绝任何人的到来，因此任何到来的人都会永驻。

（二）经典证明我们共建

任何经典都会对人们充满吸引力，因为它们都是我们对"偶然无序的无限压迫感"的反思，同时证明了我们的另一种存在模式。人类开始广泛交往起来。

各个经典的群落仍旧是那个群落，但是不同群落之间的交流，避免了信息的固化，避免了价值取向单一，更避免了人们蜕化成需求者，因此避免了人变成了单一满足自己需要的特定生活环境的动物。

我们往来各个群落之间，相互借鉴，相互欣赏，相互建设。在任何地方都留下了我们的希望与汗水，留下了我们的智慧与思绪。

当我们面部充满了喜悦时，就证明我们是在共建。无论你来自哪里，你都会面部充满喜悦，哪怕你只是瞬间路过。

在经典面前没有了得失，因此哪怕是看一眼都是我们思绪的融入，都是使这个经典更加美好，更加充满灵性。

共建的形式是无限多样的，因为你以任何形式到来都是共建本身，因为你不是需求者，你只想体验人们如何看待与表达经典背后的"偶然无序的无限压迫感"，解放你的心灵，解答你的困惑，丰富你的存在，因此你是使它更有生命感的。这就是人类喜欢游走的原因了。

需要导致的环境壁垒被打破，我们无处不在地出现了。

共建不是道德互助，因此它的对象指向是没有限定的，是所有的一切。

当那个经典的主人想起你们，就不会孤独了，且根本就没有孤独，因为我们是共在的，因此是共建的。因为我们是共建的，所以是共在的，二者完全统一的。节日里人们就是如此，因此，节日里人人都是喜气洋洋的。

如果我不考虑他的需求，只是看见了他在与万物为伍，那么就是看见了无比喜悦的一个人。

（三）经典证明世界完美

如果人是需求者，那么人类就会永远生活在不完美中。因为人本性残缺导致人的能力与所有的环境都是不匹配的。人的需求种类、数量、质量与方式一旦发生变化人类就必须改变自己的能力。有时是系统性的改变。

需求，能力，环境，产品，方式，五个因素不断纠缠使我们看见了人类生活不完美的一面，甚至是残酷与绝望的处境。

人类的一切不幸都来自我们对环境提出了太多的要求，且希望得到满足。失望、堕落与犯罪，就是我们总是强烈地想得到根本无法得到的事物所带来的后果。因为，人们把满足需求看成了人生的根本价值取向。正是这种价值取向使人们与社会生活环境不断地发生了冲突。我与需求相异化，我越是需求，我就越是不能满足，因为我看见的分离就越多，我就越发现我能力越来越渺小。结果我对金钱就具有了无限贪婪的欲望，我的需求在膨胀。金钱似乎能够证明我有无限的能力，这样，完美的是金钱，不是人，人是悲惨的。没了钱，人就没有了一切需求物。可悲的是，无论人有没有钱，人都无法证明自己是创造者，因此人永远都无法在拥有金钱的时候证明人是有尊严与自由的。

经典用象征的手法表征了人类面向"偶然无序的无限压迫感"而生。这种象征的手法表达了在特定环境下，万物如何由分离变成统一，由匮乏变成丰富，人也因此由虚无变成存在，环境变成世界，压迫变成解放，束缚变成自由，屈服变成尊严，依附变成创造，联系变成关系，自己变成人类。

完美不再是需求得到满足的完美，而是创造中共在的完美。因此，完美不是环境的完美而是世界的完美，不是需求者的完美而是创造者的完美。劳动使人光荣，劳动使人快乐。

生活没有了因需要导致的孤寂、烦恼、畏惧、绝望、迷惑、困惑、沉沦、恶心、死亡的心理体验。这一切都是在需求有得失的前提下产生的。

创造经典就是在现有的条件下表征万物统一，在我创造的对象化的事物中，我看见了自己与万物融合，我也看见了我与他人的统一，我由个人变成了人类，我看见了自己的类的价值与意义，看见了我的自由与尊严，看见了我的类存在，因此解除了心理的压迫感。

三　经典三要素

经典生活就是克服日常分离追求统一，直观经典，在思维中面对分离感知万物统一，形成人与物共在的世界（定义）。

当人类要想找到世界与人的存在就必须找到经典，只有经典是存在的。

一个事物是不是经典，这要看它是否可以回到历史中，是否我们可以不断地介入，是否体现了一定的背景。精致的事物是截然相反，是出来，拒绝，淡化。

（一）回到

创造经典就是克服了分离，使事物不断回到世界中去。因此，衡量经典的第一要素，就是是否克服了分离，使事物统一起来。回到，才能使万物联结，形成世界。

人本性残缺，人面临的是一个分崩离析的碎片化的对象。它们是用偶然的形式和人们打交道的，因此它们彼此是分离的，与人也是分离的。

混乱、压迫与人共处。因此，人必须使它们统一起来，回到世界中去。

回到，就是回到人的历史中。在回到人的历史中，就成为属人世界的一部分。

只有回到，才是真正的统一，否则，它只是一个新的偶然体，因为我们不可能使偶然本身回到，回到只是我们用历史来理解这些偶然，当它们再一次出现就不是对人构成压迫性的偶然，虽然它的出现还是偶然的。

我们不可能消灭偶然，我们只是懂得了如何面对偶然。消灭偶然是科学，不是人生，人生就是如何面对偶然。

回到，就是把新的偶然纳入到历史中。这个偶然不是纯自然的偶然，是因本性残缺导致的偶然，是无序的无限压迫，是人思维中的偶然。因此回到是个思维过程，它是纯的哲学。在思维中把握偶然，面对无序的无限压迫，就是面向一切偶然，所有的偶然都要面对，因此，这是思维中的世界。

回到，就是把它们纳入思维中的世界。只有纳入思维中的世界，我们才会懂得它们，才能解除压迫。

回到，也是我再一次回到，因此，每一次回到，都是我和思维中的世界的深度联结。

回到了，也证明了人与人之间的回到，每个回到的人都看见了他人的回到，因此，人与人是联结的。

我们借助偶然的回到，我们也回到了世界中。

（二）介入

回到不是一次性的，是经常的，因为偶然总会在思维中再现，在我们凝视表达物中再现，在日常生活中再现。

我们不会消灭偶然，因为人本性残缺，偶然永远相伴。另外，正是因为有了偶然形成的无序的无限压迫，人类才会不断从日常事务中挣脱出来，思考我们与万物的关系，看见了人的世界。没有这无序的无限的偶然压迫，人就会坠落在日常事务中，就会在得失中烦恼与仇恨。

偶然介入到我们的生活中，因此我们也不断介入到偶然中，最终我们和偶然不断介入到世界中，我们也彼此互相介入。因此，世界就充满了内涵的变动。人因此永在。

日常事务追求的是功能满足，因此，它只是一种形式运动，人无须不断介入。人在一边，物在另一边。一旦人不需要了，人就消失了，物也就消失了。

功能是完美的，一旦证明它是不完美的就会被抛弃。它抛弃了一切偶然，只剩下了必然的形式——一个精准的运动体。在它面前你看不见人的存在，因为人是需求者，不是创造者。需求完成，一切都会消失。

只有不断介入，才能证明人是创造者，这样的生活才会有人情味，人才能存在。

真正的人生是可以不断介入的。这样，世界的美就是内涵不断变幻的美了。

形式的美，因为不需要介入，所以它是对人的否定。

（三）背景

经典是不可离去的，因为它是在一定背景下产生的。经典体现背景，背景证明经典。精致总是脱离背景而存在，因此可以被占有。背景是经典与精致区别的依据。

因此，经典不是可以消费的。在背景面前，经典具有了某种神圣性，因此具有了某种尊严。你看见了它的存在。因为有背景，经典就永远在那里了。因此，世界就在那里了。人也就在那里了。

脱离背景，任何美好都是独立的美好，且形成了比较性的存在感。比较性的存在感是相互否定的。它是用一种标准衡量每个事物，因此事物的存在是被规定的。因此，没有背景，任何事物之间都有否定的力量。

因为，没有了背景，彼此是分离的，这就会产生"偶然无序的无限压迫感"。

有了背景，万物就有了统一的依据。

背景就是历史，或者是某个时代的主题。这个主题让我们懂得怎样理解一切事物之间的关系，怎样使事物统一起来。

这个背景也是我的生活。我让一切的来者都有了新的内涵，注入了我的思维与热情。他们尊重我的背景，因此尊重我的表达。

纳入背景，不是功能性的，而是互动，是彼此的改变。是原有的和新有的共同的改变。

没有新的注入，那么就是利用，不是纳入背景。

四　经典的特征

真的生活就是如何面对眼前的分离，就是让一切没有生命感的分离物，获得永恒的生命与尊严，形成一个万物与人共在的世界（定义）。

人们创造经典不是满足人的生活需要，而是通过经典为了证明人是世界的创造者，因此证明人的自由与高贵。此时，个人总是人类。

当我们有了经典，那么周而复始地纪念经典的出现，就产生了经典的生活。

经典生活就是克服日常分离追求统一，直观经典，在思维中面对分离感知万物统一，形成人物共在的世界（定义）。

因此，有了经典生活，就有了人。

第一，经典的创造是因为人在思维中发现分离导致"偶然无序的无限压迫"，人要解除这个无限的压迫，因为它是分离导致的压迫，所以，要解除压迫就需要追求同在。人们都认为统一只是必然性的结果，没有必然性就没有统一。这就形成了经典的第一个条件是如何看待"分离与统一"的对立。

第二，这个"偶然无序的无限压迫"是思维中的无限，不是事实，因为偶然是不确定的，它正因为是不确定的，因此不是事实，但恰恰是不确定才在思维中造成了压迫、无限与无序，三个偶然独有的特征，这三个偶然独有的特征只有在思维中才能出现，现实中它是不具备的，因此可以说人的思维中既依据现实，更依据人的思维，产生了第三个专属于人的无限，即"偶然无序的无限压迫"。所以，经典形成的第二个条件是人有了思维中的"偶然无序的无限压迫"，人要解决这个思维中的无限，人如何看待"思维与事实"的对立。

第三，如何解决这个问题，如果用实证的方式解决就是透过偶然发现必然。这个实证的方式只能面对一个个具体的偶然导致的压迫，却无法解决一切偶然都具有的"偶然无序的无限压迫"。因此，解除压迫形成经典的方法只能是升华与表征，而不是真的消除了这个压迫，第三个条件是如何看待"表征与实现"的对立。

第四，具体的实证方法只能面对一些具体的偶然发现必然，构建一个相对必然的生活环境，但是其他偶然还会以"偶然无序的无限压迫"形成在思维中对人造成压迫，根本就没有解决。因此，要想解决"偶然无序的无限压迫"就必须把所有的"偶然无序的无限压迫"都解决。都解决就是解决无限的压迫，解决无限就是创造一个世界，因为只有世界本身包含无限。所以经典形成就是创造一个世界，而不是改造生活环境。因此，形成经典的第四个条件是如何看待"环境与世界"的对立。

第五，创造一个世界包含了一切"偶然无序的无限压迫"，我们根本没有满足人的各种需求的匮乏，那么这个世界的意义是什么呢？就是在世界内含的表征同在的经典中看见了有序，解除了思维中的"偶然无序的无限压迫"，看见了万物的再现，看见了我们是世界的创造者，看见了人的存在，看见了人的价值与尊严。这样，人就不是需求者了，而是万物生命的再造者。如果在经典世界，我们还是用需求的眼光看眼前的经典，就会有欲求不满的感觉。因此，形成经典的第五个条件是如何看待"欲求与存在"的对立。

第六，在经典世界里，所有的经典都是为了解除压迫而建，因此它属于所有的人，是我们共建的结果。这个共建不是同建，而是解除了所有人的思维中的"偶然无序的无限压迫"，正因为是共建，所以人与人之间就没有了疏离感。如果我们还用需求的眼光看万物，人与人因需求不同，在同一个事物身上还会有疏离感。因此，形成经典的第六个条件是如何看待"共建与疏离"的对立。

第七，在日常生活环境中，人都是需求者，因此会有利益纷争，在经典世界里，人人共建世界，面对经典都有同感。如果还是用需求的眼光看待万物，纷争还会出现。所以，经典形成的第七个条件是如何看待"同感与纷争"的对立。

第八，有了经典，万物与人同在，没有了分离感，因此没有了"偶然无序的无限压迫"，无论到哪里，看见万物皆经典，没有了分离压迫感，我们的心就与世界万物同在。如果我们还是需求者，那么万物与我心的需求就会分离。所以，形成经典的第八个条件就是如何看待"同在与我烦"的对立。

第九，因为是面向偶然内含的无限构建了经典，所以，经典是永恒的。这个无限是思维中的变动性，因此在经典中人能够感觉它表征的那个"偶然无序的无限压迫"永远都在我们的思维中变动，而在我们的人类生活中不断地涌现。如果我们把经典当成静止的环境的载体，那么就会有时过境迁的虚无感。因此，经典形成的第九个条件就是如何看待"永动与虚无"的对立。

经典是我们共同面对"偶然无序的无限压迫"形成的关系的表征。有了这个表征物，我们就看见了共同面对的真实性，我们的内心就没有了面对"偶然无序的无限压迫"的失落感，反而感觉我们有了共同创造了一个内含无限世界的伟大，使个人成为创造者与存在者，每个人都找到了自由与尊贵。

有了经典也表明不是"偶然无序的无限压迫"决定我们，而是我们共同面对的关系决定我们要创造一个表征我们共同面对的世界，而且这个世界是有序的。因此，关系是需要形成与表征的，因此有了世界，关系也是人的关系了，因为表征了人的关系，形成了世界，证明了人的能动存在。如果没有关系就没有了一切，就不会形成世界，世界的形成就是为了表征我们共同面对，否则就不会有世界，因此关系是人的本质。关系就是共同面对。关系表明人是类。人只有共同面对，才能形成关系，且在关系表达中形成了世界，而世界恰恰证明了人是创造者，创造者就是存在者。**人因此因共同面对的关系而成为人。什么是世界？世界是人直观经典在思维中外显的人与万物的存在（定义）**。在同在中人没有了压迫感。

经典是在现有的条件下，共同面对"偶然无序的无限压迫"，用某种象征的手段升华分离，表征物与物、人与物、人与人之间的同在的关系（定义）。在日常生活中对经典的追求形成了经典生活。经典生活就是升华日常中分离的万物，直观经典，在思维中感知人、物共在的世界（定义）。

第二节　精致

经典证明了存在，精致就是对存在的否定。世界被否定了，当事人被否定了，事物也被否定了，一切都虚无了。

精致是人看见了分离，只是看见了需求的无法满足，看见了得失，看见了具体的环境。却无法看见存在本身。因为，在精致面前人是需求者，人只想得到什么，人依附外界，因此是消失。

精致和万物的关系就是出来、拒绝、淡化。此时，人是为了需要而行为。

精致就是通过制造分离集最好的于一身（定义）。**精致生活就是制造各种分离追求必然，寻找最优，满足各种需要，即通过生产与消费，追求与创造精致的生活环境（定义）**。这是为了满足人的需要。结果是分离。

一　精致三要素

（一）出来

人本性残缺导致人与万物分离，这就形成了人如何获取所需之物的问题。结果各种需求之物必须从整体中出来，形成自己。

人从自然界获取各种材料，制造出各种所需品。这样物就和自然界分离了。许多材料脱离了自然，自然界的物种急剧减少，生态恶化。

人类社会也因各种需求从自然界分离出来了，人靠自身的能力而生活，形成了不同于自然界的生活环境，且不断侵扰自然界，到处留下了人的痕迹。因此形成了人类社会的运动规律与自然界运动规律的冲突，人类社会与自然界渐行渐远。人类开始恐慌于各种自然危机。人类开始考虑是否还能够在自然界生存下去，是否需要移居到其他星球。

出来的还有人本身。人的肉体原本是自然进化的产物，但是在需求不断升级的过程中，人的行为方式越来越与自然万物的行为方式不同了。自然界的万物在彼此相互作用中形成了相互依存关系，每个事物都有自己的活动范围和需要的种类与数量，个体没有不断膨胀的需求。除非生态失衡，或者外来物种入侵，或者意外天灾，否则就不会出现彼此分离的现象。它们彼此依附形成了生态圈。

人类的进化方向越来越向获取与出来的方向发展了。这个推动力量就是科技。科技在利用万物的方式上遵循了集中各种最好的要素的原则，因此就是不断把各种事物从自然界中分割出来。出来的同时就是与原有环境的分离。

对于人类社会内部也是遵循了出来的原则。这个原则只有利于满足人们的各种眼前的需要。每个人都从社会中获取所需物，并且是聚敛式的多多益善。结果使社会出现了分层化和贫富两极分化。人们的思想与行为也相应地日益对立，分化。每个人都想成为他人的各种领域的统治者。大众与精英对立。

整个社会结构也出现了对立。脑力与体力对立，农业与工业对立，城市与乡村对立。人类社会日益分离和疏远。

物与物之间按照需求的程度也被分化了。高端商品与低端商品对立。一切物都归于垃圾。

出来的目的就是获取最好的同类。这样才能更好地满足需要。结果是因此破坏了原有的世界结构。

人类越是出来，越是集中最好，那么就越是远离了原有的一切。一切事物如果都如此，那么世界就会支离破碎，每个人与事物都会成为孤立的原子。

（二）拒绝

出来是为了满足需求，因此需求与需求之外的一切就是拒绝。需求不可兼得，而是利用。利用就是分离。分离就是拒绝。只有拒绝了才有分离的合法性。

拒绝是主动的分离，且为了满足自己的需求而去消灭。拒绝就是拒绝一切新要素的介入。拒绝了，才没有生命继续发展的理由，某物只是一次性的功能物，因此可以支配与抛弃。

不介入事物之中，不让事物融入新的环境中。所以，拒绝就是死亡。

拒绝使一切都变成了没有背景的功能体,这样就可以只是根据功能决定去留。拒绝使事物没有了独有的生命。

人类饲养家畜就是使它们远离自然界,成为人类蛋白体的供应源。只有拒绝了它们介入大自然,它们才能成为家畜。

宠物介入了家庭的生命中,因此宠物就不会变成蛋白体供应者。

人类把一切都当成了功能物,因此拒绝在它们的生命中介入新的因素。甚至是减少它们原有的内涵,只是单一地突出某种作用。

有了拒绝,一切都是可以支配的物品,没有了统一性,只是维护某种需要。也就是没有了生命的再成长。

人也是如此。在私有制社会,当我们用社会角色来理解人的时候,就是拒绝用生活来理解他,他就是被某个社会需要规定的劳动力。因此,他的工资只是他存活的费用。这样,他就不能更多地介入社会中,无须太多的费用,因此工资也有了合法性。

(三)淡化

需求是异化。为了凸显需求,我们淡化了整体,突出了个体。被突出的个体并不是真的满足了人的需求,其实人根本就没有需求,人只有与万物的互动,形成生命整体。生命整体是人与分离的万物互动的结果,而且人是主导者,人在思维中把它们统一起来,形成一个同在的世界。现实中的万物仍旧遵循自然界的规律,生生不息,但是人类已经赋予了它们新的生命形式,凸显了它们的尊贵,人因此也尊贵起来了。

在人的眼前,即使自然界是一个整体,那么人天然地是与它分离的,因此,人才需要与它们同在,形成属人的世界。所以,一切万物在人的世界中都是凸显的,都在场。可以说,没有预先的整体,是人使它们形成了整体。就像家中的万物,我们总会有理由让它们登场一样,获得属于人的荣耀。

但是,在消费面前,人是需求者了,而这个人是资本的化身,

上篇　人与存在

人的需求是为了满足资本的利润的诉求，因此人必须消费一切，才能使资本盈利。

这样，万物就淡化出人类世界了，人类世界也淡化出生活了，生活就变成了生存。没有世界的生活就只有环境了，单一的环境就是人只是需要精致的生活，人只是消费者，不是万物生命的再造者。万物原本只有一个存在方式，就是表征了人与万物的同在。但是，人现在却是一个消费者，人因此获取所需，因此万物就会淡出世界，使世界消失了。

人类意识到了万物与人分离，人才从自然环境中走出来，但是，悲剧的是他看见了自然界，万物天然地在一起且与人分离。因为，他要依赖自然界而存活，他必须弄懂这个人之外的自然界为什么会是一个整体，因此形成了神学与科学的认识论。这样，在人之外就有了个预先的整体，人用神学与科学的必然性证明了这个整体的存在。是需求的必然性把人纳入了一个预先的整体中，人因此一直在认识两个必然性支配的整体中生活。人的真实的生活，也是必然性的社会规律，因此三个整体出现了。而人因依附三个必然性，所以人没有了独立存在的依据。人因此淡化了自己的自信、自由与自尊。人祈求三个必然，人也就淡化了自己与世界。

在精致生活中，人始终都不明白，人的分离，不是事实的分离，而是思维中的分离，是人思考到了一切万物与人形成了"偶然无序的无限压迫"的关系，是思维的结果，因此人之外没有一个预先的世界，这样，万物都以独立的身份在人的思维中凸显了，且在人的世界中成为表征人与万物同在的对象物。在精致生活者看来，万物就是被必然支配，同时，人消费最好的才能最好地存活。人的世界淡化了。

二　精致的弊端

精致生活是一种竞争生活，是商业文化的产物。它没有了万物共生的理想，因此生活就是消费，如果是消费那么就要追求最能满足人需求的物品，必然是彼此冲突，因此要竞争。这样，一切都会被内在与外在的需求所不断抛弃，人因此而否定了自己。

（一）贫困是人类丢掉了经典的生活方式

生活如果是经典的，那么人们的每一次支出都是为了表征关系的存在，因此，物品的种类、数量、质量与使用方式、使用时间、使用地点等都是确定的，因为它是在现有条件下的表征关系的经典，不是追求效率与占有，因此没有竞争导致用"精致"衡量一切与取代一切而导致的浪费。

人如果是需要者，丢掉了经典的生活方式，那么就必须为日益扩大的需求奔波。如果，扩大没法满足，那么人就会痛苦和贫苦。这无关个人已有财富的多寡。

也许有人说，财富无须扩大，因此就没有需求中的痛苦。可事实上，人口和活动范围在不断扩大，因此任何人的需求都是扩大的。

在市场经济支配一切经济交往的时期，为了获得更多的利润，就必须打破物品是用来表征关系、克服分离、证明人的自由与尊严的观点。物品被生产出来不是满足人的表征需要，也不是满足人的消费需要，而是为了获得利润。只有能够带来了消费与需要才会被满足。是市场经济使人的需求不断扩大。

在商品时代，一切必须首先是商品，然后才能是需求品。也就是说，商家的利益决定了生产，而不是消费者的需要，决定了生产。你能得到什么，不是因为你需要什么，而是因为你的需要，能够带来商业利润。因此人不是目的，人是工具，是商品获得利润的工具。这样，所有的人都丧失了尊严，即人人都不知道为什么要尊敬他人。人不在彼此的心中。

人们尊敬你，是你有钱。没有钱了，你的生死只能自己负责了。

人无论为了什么都必须有消费能力，而且无论做什么都必须给他人带来利益，否则你的行为就会停下来。

| 上篇　人与存在

　　社会鼓励消费，人们羡慕消费，因此缺钱就成为一生的主题，无论穷人还是富人，都感觉自己贫困，只是贫困的方式不同而已。

　　贫困不是缺乏财富，而是以消费财富为原则，这样的贫困是无法消除的。因为人的消费会升级，因此贫困也会升级。这种贫困是消费化的贫困。

　　在科技和市场日益发达的今天，消费贫困正在世界蔓延。

　　没有受到市场侵扰的发展中国家，当地人根本没有贫困的感觉和事实。奴瓦阿图是部落社会，他们是世界上最快乐的人。他们用得很少，却幸福满满。他们共同生活，没有扩大生产的行为，只是把一切耗费物品的行为都奉献给神灵。神灵就是他们的世界。这样他们就过上了没有分离万物的经典生活，因而没有因消费能力的大小而产生的得失的痛苦。他们的满足不是所谓精神的超脱，精神超脱只有在面对物质丰盛的时刻才会出现。他们没有物质的丰盛，也没有物质的贫瘠，因为物质在他们的世界不是消费的对象，而是表达了人、物、神灵关系的手段，因此，就地取材，智慧创造，虔诚奉献，神人同乐就是一切了。他们每个人都在世界中，每个人都在创造世界。

　　也许奔波在科技和市场日益发达的城市里的人们会说奴瓦阿图部落社会很落后，可是就自我肯定的程度而言，他们更优越。就内心的世界与外在的世界融合而言，他们更完美。就人生与行为的统一而言，他们更彻底。就人与人接纳程度而言，他们更亲密。

　　一句话，他们有世界，我们有市场。他们是人类，我们是个人。

　　当人和世界在一起的时候，万物只是表达了我们的智慧的经典之物，它不是用来消费的，它会永久存在，无须更新，无须再劳神，发展只是使眼前富足丰富和永久。发展不是消费水平越来越高，人们越来越感觉跟不上消费水平的提高。

　　任何一件物品都是经典，都是世界存在的证明，是永久的富足。

　　在世界的建设中，我们的世界的内涵日益丰富，我们的日用只是按部就班地经典。美好的生活在经典应接不暇的习俗中不断丰富和坚守，它只是证明人的自由、高贵和永久。

市场经济冲毁了经典的生活，使人与人之间的经济往来没有了节制的限度，一切都是服务商业利润的无限的增长，因此用占有多少来衡量贫困与富裕的生活理念就成为指导人生的最高标准。

个人的生活如果被市场支配，那么就会有富人，也会有穷人。因为市场以营利为目的，必然扩大消费的档次，这就会造成生活领域的穷人。富人是在财富竞争的领域里诞生的，同时，他们也会在投资领域里变成穷人。

工资是劳动力的价格或价值。正常情况下，工资可以使工人过上正常生活，没有贫困的发生。福利制度也会保障工人克服一时的困难。资本家获取利润只是占有了工人的剩余劳动创造的价值，而必要劳动创造的价值归工人所有了，因此能够满足工人对生活必需品的需要，这样保障了工人可以继续劳动，也使资本家能够继续剥削工人获得新的剩余价值。贫困是一种消费化的生活方式导致的，而这种生活方式是资本家集体竭力推广的。人类贫困就是丢失了经典生活，而去追求精致生活。

按理说，新价值是社会新增长的财富，它应该使社会富裕的同时，使人们更富裕。可是，新价值根本没有服务社会生活，而是用来服务资本家对更多财富的追求，因此都投入到扩大再生产中去了。这样就会导致一个宏观现象，一方面工人的购买力增长有限，而商品生产具有无限扩大的可能，因此出现了在消费领域的贫困问题，工人感觉自己缺少货币，跟不上社会的消费水平。这是相对贫困。

但是，这个根源是资本主义社会化生产的绝对规律——剩余价值生产规律，即生产不是满足人的需求，而是满足资本家对利润的需求，反而制造了大量的虚假的社会需求，使工人感受到了物质生活贫困和社会消费分层的双重折磨。

只有制造了社会贫困现象才能促使人们劳动；只有制造了虚假

的社会需求才能促使人们工作。这一切都是为了使资本家获得更多的利润。

走出市场,回归生活。只有这样,只有在经典生活中,贫困才会被消除。

也许有人会说,落后地区怎么办?

落后如果从生活角度理解,它产生的原因是市场经济,那么就要减少市场的虚假的需求的影响力。落后如果是生态环境,那么就搬迁。落后如果是基本服务设施,那么就要靠社会科技和投入来提高。落后如果是个人素质,那么就要加大教育投入。落后如果是消费观念,那么就要放眼看世界,抛弃小我,追求大我的经典生活。

(二) 精致使人类烦恼

精美总是使人产生占有的欲求。一是它如此完美无须你再为它做什么,这是对你的拒绝,同时也是对你的否定和挑战。二是它远离了世界,孤独无依,傲视天下。这样的它,只有占有,即把它当成某种功能物,你的内心才能摆脱焦虑,获得狂喜和膨胀,有了在众多精美面前的存在感。

关注自己如何精美的现代人类,实现自己精美的同时会产生三个麻烦。一是有了无法自我完美时的失落感,二是有了渴望得到完美前的焦虑感,三是有了实现自我完美后的迷失感。

追求完美是一种依赖。它是把某些极致集中起来,因此与世界分离了,孤立了,一旦没有了完美就什么都没有了。它只代表某类比较,不代表万物共生的世界,因此世界消失了,它只有在个体之间取得比较的优势,才能获得狂喜和膨胀,才有了在众多精美面前的存在感。没有了自我完美的肯定,人时刻都无法快乐。如果人真的日渐远离了完美,那么痛苦与毁灭就日渐来临,并日渐真实。

任何完美都是特定时空的产物,随着时空的变化,曾经的完美就不再完美,孤芳自赏就会变成孤独自怜。

在污浊的环境中,洁身自爱的人会呵护自身灵魂的高贵,不允许自己的言行有一丝污点。为此，他会远离尘世，倍感孤独。他在内心的理想的世界中肯定自己，用自己的言行预示那个理想的世界终究会到来，因此即使孤独，但他内心也是宁静和坚定的。

在经典生活中，他的形象和居舍不是精美而是表征，表征一个人与万物存在的世界。只有懂得他的理想的人，才能看懂他的表征。

商品时代通过生产精美的商品给人们造成某种压力，逼迫人们必须工作，必须购买。这样就有利于一切商品生产者和销售者。但是，不断推出的新的时尚，总是使人们喜新厌旧，同时为自己的财力和各种不足所限制，因此苦恼总是缠绕在身边。

时间久了，人们只是关注各种精美的事物，渴望集各种精美于一身，没有了万物共生的世界，又难于实现精美的永驻，人就会有了一种自我失落的情绪，人需要自我安慰。

于是，放松地生活就成为一种调剂手段和虚假的生活本身而出现在人的日常中。人们主张放弃复杂的搭配，只求舒适，达到消除消极和沉闷的情绪的感觉。在简单和明快中找到自我，对抗精美的难得。

因此，生活中的一切设计流行起来了颜色纯正、线条简洁的本我的风格。它让人视觉安宁，目光集中和缓慢地流淌。你不会想到其他，只看眼前。它就是它，你就是你。你我都不会代表什么，只是眼前的视觉的愉快。不要忘记，这一切都是为了使内心和外界的喧嚣归于平静和淡泊，因此人本身没有了厚重的感觉。这是对依赖某物的逃避。

遗憾的是，这是远离人的统一万物的本性的行为，是对渴望精美而不得的进一步远离了世界本身，它只是暂时的安慰，很快就会感到空虚和茫然。因为，人本性残缺论告诉我们，人克服分离导致的压迫，不是占有什么，而是统一一切的偶然的现在。

人不可能不证明自己在一切面前的价值和意义。人不可能只是回到内心世界。

| 上篇　人与存在

　　追求经典使个人暴露在众人面前，得到了众人的肯定，一切都同在了。

　　人不可能只是视觉的感觉，还应该是社会历史的留存。当人追求精美人就会割舍万物，独求完美，这样人就会单薄，就会与社会历史分离，不但苦恼，而且转瞬即逝。人只是在某种情境和时段感觉自我美好，却在大部分时期为寻找美好而烦恼。更多的是无助之感。

　　人是伟大的，因为人时刻面向无限的偶然，时刻统一万物。当我们炒菜的时候，我们添加各种作料，无数个分子在运动中飘逸出美妙的气味。当我们言说时，我们展开联想，无数个思想在演绎新的光明。人的真正的智慧就是不拒绝一物，而是化育万物。人可以转化、升华，而自然只是相互作用，被现有限定。

　　人不需求什么，人只是创造什么，把压迫我们的偶然统一起来，找寻创造的喜悦。当经典呈现时，我看见了自己和我们。

　　在经典的世界里，没有什么功利，人类只是精巧地联结一切偶然的相遇，让它们的生命永驻，使人的世界不是僵固的自然程序，而是由变化的个性统一的自由的世界。

下篇 经典与人类存在

人与世界都不是实体性存在，人与世界的存在都需要证明。我们不仅需要证明自己的各种社会角色，还要证明人作为一个类是如何存在的。我们不能从人与环境的角度来理解人，无论是自然环境，还是社会环境，都无法说明人为什么总是渴望认识一切，同时把握一切。因为，人如果不能认识与把握一切，人就不知道自己的行为与认识是否有价值与意义。同时也不知道自己如何表现是本真的状态。我们一直认为可以认识客观世界的一切，并因此确定自己是谁，确定自己本真的样子。但是，我们发现我们要么最终被科学技术包围与湮没，要么受它决定一切，人成了一个依附者，而且科学技术越是强大，人就越是渺小。当然我们可以夸大自己内心的精神世界，认为我们的精神决定我们是什么，认为主观自足就是本真的状态，结果也只能是否定外界一切的真实性，走向虚无主义与个人主义。

　　经典是在现有的条件下，共同面对"偶然无序的无限压迫"，用某种象征的手段升华分离，表征物与物、人与物、人与人之间的同在的关系（定义）。在日常生活中对经典的追求形成了经典生活。经典生活就是升华日常中分离的万物，形成经典，在思维中感知人物共在的世界（定义）。关系内含无限可能。构建与面对表达了关系的经典，就可以使人认识一个内含无限可能的关系世界，在这个世界里，人可以找到自己的价值与意义，找到自己本真的状态。因此，人通过经典证明自己与世界的存在，证明自己幸福的生活究竟是什么。

第一章　经典与世界

经典表征关系，当我们懂得了关系内含一切可能，那么世界就是思维的呈现了。

第一节　面向偶然才能创造世界

如果我们用物质交换来理解人的各种行为的统一性，那么人与一切只是建立了联系，还没有建立关系。没有关系，一切都是彼此分离的联系环境，还不是彼此一致的关系世界。人们用万物表征关系，我们就能通过万物看见关系，看见万物同在的世界，同时使万物获得尊严。

有了联系，物与物暂时统一，但一旦"不用了"，很快就失去了统一性，成为弃物，分离再一次出现。联系中出现的统一只是一种假象，分离是其本质。

一　一草一木表征关系眼前就是幸福的世界

世界在哪里？其实就在我们眼前。通过眼前的一草一木如果我们在思维中发现了它们表征了关系，那么就发现世界了。

世界在思维中，世界表征个人的类存在，世界是人的类的对象化。世界不是由经典直接构成，因此世界不是像环境可以直接外显，即直接由事物构成，它的出现必须借助思维，所以世界是人面对经典感知一切"偶然无序的无限压迫"解除中人与万物的外显。**世界是人直观经典在思维中外显的人与万物的存在（定义）**。

下篇　经典与人类存在

我们都习惯把各种关系误解成联系，或者说把关系等同于联系，忘记了关系包含联系，就如世界包含环境一样。

联系是用需求的眼光看待外物，把任何事物都分成有用与无用，形成了满足人的需要的环境。而人的需要是繁多的，人的环境是有限的，况且环境与需要总体是分离的，必须借助能力。

面对环境与我们的分离导致的需求满足的不确定性，我们可以和具体的人结成共同面对的联合体，去共同面对这种不确定性形成共同面对的关系。但是，这种关系不是内含无限可能的关系，因为它不是共同面对一切"偶然无序的无限压迫"，而只是共同面对眼前的某些需求的不确定性而形成的关系。这个关系需要能力落实，并且到一定条件下，无论这种需求是否实现，关系都要结束，其实就是联系结束，因此，这里的关系就是联系，不是内含无限可能的关系，它是有限的关系，即联系。

而关系是我们共同面对一切"偶然无序的无限压迫"，面对一切压迫，我们不可能用能力去解除，只能用象征共同面对的经典来表达。如何表达？或者说，如何形成经典呢？经典不是精致，精致是把一切最好的集中在一起。经典是在现有的条件下，用某种象征的手段表征我们因共同面对一切物与物、人与物、人与人之间的分离导致的压迫感而形成的关系（定义）。因此，面对经典，我们对一切的感知没有了分离感，看见了人的本质的外化，即看见了关系，即我们在思维中看见了人与人之间的统一，看见了物与物之间的关系，看见了人与物之间的统一，看见了一切都在，看见了世界。看见了万物、关系、人类三位一体形成的世界。

如果某物不仅是某物，还是表达关系的经典，即表达了共同面对，解除了心中的压迫感，那么面对一物，我们就看见了万物、关系、人类三位一体的世界。所以，一草一木皆世界。

看见了"千里鹅毛"就看见了人间的友情，就看见了我们可以共同面对万物，因此看见了一切的美好，即世界。当一切都在呈现时，世界就在了。表征了关系，就表征了内含无限的可能，因此一切都在了，世界都在了，即没有分离的压迫感，我们看见一切都和我们同在。

如果我们用联系的眼光看万物，就会因有用与没用的区别，使一些在，更多的不在，只有在者，没有了在，即一切都在。

二 偶然与成为——世界为什么可以被创造

人类的美好生活来自哪里？是需求的满足，还是创造经典？那么创造经典的生活的原动力来自哪里呢？就是偶然。必然只是形成了环境，因此环境只能改造，改造就是遵循必然性。环境是不能创造的，因为环境预先就在那里，人必须尊重环境的预先性，不能创造。

偶然使创造世界成为可能。把偶然统一就是创造，偶然就是不确定，因此才可以创造。

人本性残缺论告诉我们，本性残缺导致人必须改造需求物，满足各式需求，构建环境。同时本性残缺也导致人与环境分离，一切都成了压迫的力量，人必须解除压迫，找到统一，成为世界。

某个具体的压迫感对于任何个人都是具有同样的感觉，因此面向偶然，解除压迫的行为，就具有了人类统一性，统一就是世界本身。所以我们才说人是世界的创造者。

世界不需要改造，它是在经典中的成为。在环境中人只是需求者，环境需要改造，目的是满足人的需要，且环境是预先存在的。而在世界中，人成为创造者。创造者就是存在者，改造者只能是依赖者，你依赖你改造的那个事物。

人类一直把环境和世界混同，认为世界由环境构成。其实，二者有本质差异。环境属于个人，它满足了人的各式需求。世界属于人类，它实现了个人永久的存在。环境由精致组成，世界由经典构成。环境是暂时的，而世界是永久的。

| 下篇　经典与人类存在

就这个问题，以往的人们认为是因为自然界不会自动满足人的需要，因此人要改造自然界，创造一个满足了人需要的属人世界。在这种认识中，人需要改造的是自然界，创造的是属人的世界，属人的世界就是满足了人类需要的世界。这里我们不禁要问，属人的世界还需要人改造吗？如果还需要改造，那么改造的依据是什么呢？依据恐怕还是属人的世界不能全面满足人类的需要，因此要改造它。所以，需要改造的世界，其实是环境。世界一旦创造出来了就永恒存在了。

可是任何满足了人类需要的世界都是由必然性构成，改造世界就是改变必然性，人类如何能够改造必然性呢？如果我们说，人类只是认识了必然和利用了必然，那么是否可以说，必然决定了一切？如果必然决定了一切，那么人的行为随着改造的深化和全面展开，必然性逐渐被人把握，成为自动和全面满足人类需要的力量，人还是自由的吗？答案一定是人是不自由的，而且人的改造范围会越来越小，人类社会逐步进入完全自然状态，人类成了动物。人只是生活在一个有限的环境中，无法与无限联结，体现人本性的创造性。

看来，我们说的改造世界的依据不是为了满足人的需要，因为满足人的需要必须把握必然性，构建由必然性支配的世界，实现主客体统一，人被必然性控制。那么，在这里，人与自然都是预先存在的，人只是自然界进化的产物，如果说劳动创造了人类，劳动中人类也只是把握了必然性的力量，使人逐步回归由必然性支配一切的、自动化的自然界，找到了一个完美的生活环境，也就是满足需求的劳动最终一定是消灭了人类的能动性，消灭了人类的高贵、自由、价值和意义。

三　创造世界的原动力来自理想与现实的反差

（一）理想与现实

人本性残缺导致人与外界分离，并产生了"偶然无序的无限压迫"，因此人必须对一切有了自己的看法，即形成了世界观。

人们对世界的看法是为了解除压迫。如果解除压迫就是从个人的感情和利益的角度理解，那么就是满足需求。满足需求的能力是有限的，因此没有满足的需求仍旧会产生压迫感，况且能满足的需求仍旧让人焦虑和空虚。更加严重的是其他分离中的压迫仍旧存在，如陌生人的来临造成的压迫感。

人必须同时思考一切压迫，既包括自己直接感知的，也包括他人直接感知而对我是间接感知的。有句话说得好，"看三国，落眼泪，替古人担忧"，就是讲，任何人都会思考人世间一切分离导致的压迫感，这个压迫感没有时间空间限制，是超时空的。统筹考虑就是把一切个人压迫感放到世界的层面来理解，形成一个对世界比较理想的看法，这个看法就是解决一切个人的现实的压迫感。只有形成世界理想，用这个理想统筹现实，人们才能解除压迫，解放自己，同时又创造了一个美好的世界。这个理想的世界就是克服分离，实现万物统一。而生活的现实就是分离与压迫、利益与得失的不断困扰。

世界理想与生活现实的反差会升华和刺激个人的感情和行为，要么使他有逃离的感觉和行动，要么使他有面对的感觉和行为。这样看来，世界理想与生活现实的反差就成了个人、集体和人类创造美好世界的原动力。人们用万物统一的世界升华了分离与压迫，利益与得失的现实，而这个升华就是共建经典的世界，不是满足人们的利益需要。

首先，创造美好世界的原动力来自人对美好世界的向往，它是对个人利益的升华，有了对世界的理想，人们才会寻找和创造世界。

其次，创造美好世界的原动力也来自于现实生活与理想世界的反差。如果现实生活与理想世界基本一致，人们就不会有较大的行为动力，人们就会满足于眼前。正是反差的大小决定了人的行为动力的大小，焕发出了个人、集体和社会奋斗的豪情。没有这个反差，个人、集体和社会的行为就没有原动力，也就没有了世界价值和意义。

（二）环境与世界

如果人们把世界理想理解成个人利益的充分满足，人们一般会寻找，希望在现实生活中直接发现这个理想的世界。如果找到了心中理想的伊甸园，人们就会远离原有的生活环境，来到这里。事实上，没有这个理想的桃源之地。要想找到只能在天国，不在人间。这里必须指出，这个世外桃源式的理想的世界，不是为了解除社会压迫，而是满足个人的感情和利益需求，因此它只能是寻找。这个寻找在现实是幻想，在天国是梦想和祈祷。

在世外桃源，人们安居乐业，其乐融融，没有了压迫，没有了对压迫的不断升华，没有了创造理想世界的行为，在日复一日的按部就班的劳动中，人的一切需求都得到了充分的满足。个人的存在没有了世界价值和意义，反而是世界以环境的形式存在，环境存在具有个人价值和意义，个人只是生存，不是生活，既没有"活"，也没有"活"的世界价值和意义。没有对世界的创造就没有"活"，因此就没有世界意义的价值和意义。当没有了世界，即世界蜕化为环境时，人只是生存，没有生活。这里，人是个人，个人只是对自己而存在，个人只是对自己有价值和意义。当然，并不存在这种个人。这个一心只想自己的个人，在现实的生活中，注定是痛苦的。因为，他的需求的满足必须靠自己全力争取，而且无法回避外界存在的各式"偶然无序的无限压迫"。

什么时候世界是环境，不是世界呢？那就是，人们只是想满足个人的需求，他把外界当成了满足他需求的场所，这种场所就是环境。这如同动物生活在大自然这个环境中一样，它无须创造大自然，只是从中获得生存必需品。这样的环境在现实的生活中，由于存在无限的偶然无序的压迫，由于存在各式需求的压迫，因此生活对个人而言是十分艰辛和痛苦的。

看来，人不可能从个人的感情和利益出发获得创造世界的原动力。就是说，个人美好的同时不会使世界美好。世界与个人同时美好就是人类升华了个人利益诉求，共同面对分离和压迫，通过创造经典的社会环境，解除了分离和压迫，同时实现了个人的社会价值和意义。

四 现实就是在经典与精致中穿梭

现实既是经验的，也是理性的，它是经典与精致的穿梭，因为二者的背后是人本性残缺导致的万物分离。我们用经典与精致的对比来理解如何面对生活。

任何极端的看法都不是正确的，任何极端的生活都不是真实的。其实，**真的生活就是如何面对眼前的分离（定义）**。正是对这个问题的不同的回答形成了不同的生活理念与方式。如果我们从需求的角度来理解如何面对万物分离，就会形成精致生活观念与方式。**精致生活就是制造各种分离追求必然，寻找最优，满足各种需要，即通过生产与消费，追求与创造精致的生活环境（定义）**。

如果我们从共建论的角度来理解如何面对万物分离，就会形成经典生活观念与方式。**经典是在现有的条件下，共同面对"偶然无序的无限压迫"，用某种象征的手段升华分离，表征物与物、人与物、人与人之间的同在的关系（定义）**。在日常生活中对经典的追求形成了经典生活。**经典生活就是升华日常中分离的万物，直观经典，在思维中感知人物共在的世界（定义）**。人需要生活是因为人要克服万物与人的分离，这一方面要求人如何在具体的环境中生存下去，另一方面要求人如何在偶然无序中解放出来。这两个问题在不断地困扰每个人。事实上，我们只能在两个领域不断地穿梭，因为它们时刻都在眼前，只是当我们的感觉经验发挥作用时，我们就看见了生活环境的无奈，当我们的理性思维发挥作用时，我们就会看见人类世界的自由与尊贵。同时，正是感觉经验与理性思维的不断交融，我们才能感觉人的生命的本质是创造，才能真的理解无论是精致的

下篇 经典与人类存在

生活,还是经典的生活都是真实生活的不可缺少的两个方面,这样的生活才会波澜壮阔,才会宁静致远,才是痛苦与快乐的融通,才是困惑与明了的共在,才是生命与死亡的呼应,才是个性与共性、运动与静止、绝对与相对的统一,等等。

我们不可能在某一个领域停留,因为它们是同时存在的,正像一切的运动都是由不同方向的运动的结合一样。

但是,这样理解人似乎是最辩证的,因为人就是既有感性,也有理性,是二者的结合。人应该是二者的永久的纠缠。

可是,我们忘记了,是什么让我们明显地感觉到了二者如此泾渭分明,而且又辩证统一?也就是人为什么必须回到精致的生活中,不能忘记精致生活的真实性呢?为什么不能忘记人最终的沉沦?是因为,人是在私有制条件下生活的人。人是个人,人必须最终靠个人能力去战胜他人才能生存。即使我们进入了经典的生活世界,也会被精致的生活纠缠,再一次跌出经典生活,面对精致生活的死亡的气息,我们始终都无法摆脱个人不幸的命运,因为在需要满足面前每个人的需求都是内含冲突的,我们只能靠个人的力量解决自己的需求难题,依靠他人就是寄生与剥削,因此人还是个人。个人就是一系列的现实的生存的对立统一体。这里的统一体是现实的生存的对立统一体,而且是生存成为矛盾的主要、根本与基本的矛盾方面,这样,人的自由与高贵就必须不断地被困扰与低贱所缠绕。

因此,人始终都是一个过路的生存体,不是一个在直观万物中有自我的能动的人。换句话说,人原本能直观万物中自己的思维的神奇性,现在始终都无法体现,反而被分离的万物遮蔽,变成万物面前的乞讨者。人不会甘心坠入这样的境地。当然人也不会甘心不断地被精致生活意外抛出,而远离经典的生活,人要永远地生活在经典的生活中,证明自己的高贵与自由。人要成为人。

当我们共同面对"偶然无序的无限压迫"就会找到辩证统一的充满活力的人生,在经典的生活中,由于我们信仰共建,个人的现实的不幸都成为人类的概率，成为我们共同面对的证明，成为自由表征的契机，使每个当事人都获得了尊严。

在经典的世界里，没有个人的生存的不幸，一切必然的力量都被人类利用与表征，成为人的自由与尊严的载体，成为人可以直观自己的对象世界。

精致生活就是沉沦，是面对必然性对个人的一次次抛出，最终人是沉沦的。如果没有了私有制，就有了共建，那么就有了美好的经典生活。

当需求变成了人类支配必然的行为，那么需求在人们的意识中就是一种自发的感觉，没有了思维的意义，没有了统一与分离的纠缠，只有了得失的衡量，只有快乐与痛苦的焦虑。

因此，公有制是科学与生产力发展的结果，是人类改变自己是需求者身份的前提，也是人类幸福的前提。在公有制中，人就不是需求者了。

第二节　人不是需求的存在

要想找到人本身，就必须懂得人不是需求者。

一　人只有存在没有起源

人有起源吗？

在一般理论家看来人应该来自于自然，是自然界长期发展的产物，人是社会发展的产物。人就肉体而言是有起源的，它来自于自然，是自然界长期发展的产物。那么，人是否也来自于自然，或者是有起源呢？在我看来是没有起源的，他只有存在。

当猿人进化到一定程度的时候，形成了本性残缺，没有了可以适应的环境，就与万物分离了。当人们意识到还需要从外界寻找食物时，人就是需求者。如何满足人类的各种需求，一直困扰着人类。

下篇　经典与人类存在

这种困扰一直延续到了今天。时至今日,人类还是需求者,如同动物一样,还是需求者,还不是人,因为需求者都是被外界决定,动物也是如此,人被外界决定,人就是需求者,那么人就是动物。如果人是需求者,在外界必然寻找需求物,必然探究它们的起源,这样才能把握它们满足人的需求。同时,人也会追问我究竟需要什么?我为了什么需要?最终形成"我从哪里来?我到哪里去?"的追问。这样人就有了起源问题。需求和被需求不会无缘无故地产生,它们都是客观存在的反映,因此就会追问起源。

人追问起源问题,是为了满足肉体的需要。凡是考虑肉体的需要,他都是需求者,因此人有了起源问题。有了肉体与精神,谁是根源的问题,也就是我们的主观需求是否有客观依据,如何从客观中获得满足。因此,有了肉体与精神的二元对立。在他们看来,必然有一个是预先存在的,要么是精神,要么是物质。一切唯心主义者都承认精神是根源;一切唯物主义者都承认物质是根源。这是近代哲学的基本问题。就是追问谁是根源,谁决定谁?这种思维的前提就是把人当成了需求者。决定才会有秩序,才会利用规律满足需求。因此,需求者才会探究起源。任何需要物必有产生的根源,把握了根源才能不断满足人的需求。所以才有了"我从哪里来?我到哪里去?"的追问。这就是整个西方哲学的思路。海德格尔要打破这个思路,他开始追问"在",而不是追问"在者"。"在者"就是需求者。因为"在者"被"在"决定,所以,"在者"是需求者。

中国哲学不是这样的。中国哲学是"有物混成",遵循"统一、分离、统一"的轨迹,追问"在"如何在。运动是物在自己运动,运动的力量来自自身的分离与统一的矛盾关系。阴阳之间没有需求关系,只有分合关系。因为二者不存在一个满足另一个的问题。阴阳合和是为了生万物,这叫"道生万物"。道生万物不是起源,而是合和成万物,因为万物同时存在,因此是存在。当在不是同时存在,就是起源。当都在时,才是存在,这就是中国"大团圆"的文化。

都在就是存在。谈起源就是谈需求，就是谈过程，谈先后产生，就是谈尊卑。阳尊阴卑，就是为了维护事物运动的秩序，相互满足，追求的不是共同创造，追求的不是克服分离实现统一。

马克思的实践观点就是谈如何同时产生万物。人类不仅要认识世界，而且要创造世界。马克思的实践观点认为，在实践中产生了主体和客体。在实践中主客体分离与统一形成了万物共存的世界。如果从认识论理解实践观点就是把人当成了需求者，人之外就有了个需要认识的世界。认识外界客体，是为了满足人的需求。虽然我们也说"认识世界和改造世界"，但是我们把实践当成了一个过程，这只是探讨了需求和起源问题，是事物如何由低级走向高级的过程，万物因此不同时存在，因此就没有世界。把实践当成一个过程，实践就不是同时创造万物，形成世界。在实践中如果人为了克服分离，追求的是万物统一，创造了万物统一的经典，那么才会有世界。这样，实践就不是追求满足需求的过程了，因为创造经典不是满足需求的，而是统一万物的。所以，如果把马克思的实践观理解成创造经典，那么就破解了如何实现——"问题不是如何认识世界，而是如何改造世界"——的理论与实践的双重难题。

在人的世界里，万物不是来自如何演化起源，而是来自如何克服分离和实现统一。分离了，才有压迫，才有统一，才有万物。因此，万物在人的世界中不是来自起源而是来自实践中的统一。统一中才有万物。起源中形成具体事物。统一中有在。起源中有在者。因此，万物是人创造的，当它们同时存在时世界就存在了，人也因创造了世界而存在。所以，人是世界的存在。反过来世界也是人的世界。自然界只有环境，没有世界。世界必须一切都在。只有人的世界才是一切都在，因为一切都在的时候，就没有了分离与压迫，就是中国的"春节"。只有大公无私的无产阶级才能担负起"人成为人"的使命，因为无产阶级只有解放全人类才能解放自己。人类解放就是使一切人最终都成为人——自由人联合体。

下篇 经典与人类存在

无产者不是需求者，就是说他们不依赖外界事物而存在。但是资本追求剩余价值，使工人成为商品的生产者，人依赖物而存在，成了需求者。工人阶级只有摆脱单一的需求者的身份，面向偶然无序的无限压迫，创造经典，形成世界，工人阶级成为无产阶级，人就会获得解放，人就成为人。

一切自然的事物都是需求者，因此都有起源问题。人的肉体使人成为需求者，因此肉体有起源问题。孩子的肉体来自父母，这是起源问题。但是孩子却是男女统一的标志。如果没有孩子的诞生，男女结合就是肉体需求，就会有谁是主动，谁是被动的问题，男女是预先存在的两个肉体，都有来源，永远是分离的，满足需求时，只是二者有了生理联系。如果有了孩子，那么就证明了分离的男女变成了统一的父母，是世界的创造者，孩子就是他们的世界，不是来自他们，而是克服了他俩之间的分离，是他俩的统一体，是统一，不是来源，孩子就是他们，他们就是孩子，是一体的，是存在的形成和证明，不是来源，是存在。

因此，当我们不用起源来理解人，而用分离理解人，有了统一，人就存在了。时至今日，中外理论界都没有认识到这个问题。人们还是按照人是需求者的理念来理解人，探讨人的起源，必然形成理性主义、个人英雄主义和宗教主义。理性决定万物，上帝创造人类，英雄决定历史，都是从起源说来理解人类问题。因此，人还不是人。

懂得了环境共建论，我们才能明白人如何是人，而且人就是自己，当下的那个不是需求者的你。任何分离都促成了人的存在，因此人是自己创造自己的存在。每个人都存在，因为任何人都面临分离。只要你意识到了分离，而且准备表征统一时，你就是人了。本性残缺，使我们时刻感觉到了分离，如果我们只是意识到了需求的不足，人还不是人，人还被外界决定，不是独立的存在者，我们只能追问人来自哪里。人作为需求者永远劳累和痛苦，人永远渴望远方。

今天，我们知道了人不是需求者，人是万物的创造者。人类第一次明白了自己是谁，自己如何存在。人因此不卑微了，每个人都是高尚的，因为人是万物的创造者，使它们同时存在形成世界，人就存在了。世界就是一切都在，只有人能使一切都在，人能使一切都在，因此人是创造者，创造者没有起源问题。如同你不能询问上帝来自哪里一样。人只有看见一切分离者，感知它们的无序的无限压迫，人才能统一万物，成为世界的创造者。

世界就在每个人的生活中。当我们意识到了万物与我们分离，且是"偶然无序的无限压迫"时，我们就成为统一一切的创造者，我们创造了世界，也创造了自己。

二　需求者消失万物复苏

人类如果是需求者，那么万物就是满足人类需要的资源，结果是人类与万物一同走向毁灭。

人不是需求者，人类才会是文明的。因为人类因此可以成为万物生命的复苏者。

如果人是需求者，文明就是遵守规矩，克服欲求膨胀。这只能证明规则是文明的，人是不文明的。有的人不遵守规则，侵犯了他人利益，导致人类内部互相残杀。规则就是对人的欲求的限定，所以规则本身就意味人类时刻存在邪恶的种子，因为规则是以承认人是需求者为前提的，而且个人的需求是无止境的，因此就需要彼此限制，这就使个体之间陷入冲突中。规则只是由第三方来裁判而已。如果没有第三方裁判，个体或集团之间就会不断地残杀。因此，自觉遵守规则的人就是文明的人，而人本身却是邪恶的。

有的人不顾规则，最终侵害了他人的利益，受到了相应级别的惩罚。遵守规则的人就是压抑自己的需求而且是为了他人的需求。不管规则怎样有利于人类，人类都是在规则中侵害自然界的生命，因为为了满足人类毫无节制的需求，缓解内部需求的冲突和争斗，就必须提供更多的自然资源，哪怕人类对待自然资源的获取采取十

下篇　经典与人类存在

分谨慎的态度，在牺牲人类和牺牲自然的两难选择中，人类肯定牺牲自然，暂时缓解人与人之间的冲突，最终人和自然一起走向毁灭。

没有了自然界就没有了需求者的人类。有了需求者的人类，最终一定没有了自然和人类。所以，遵守规则并不意味人类就是文明的，只有懂得人不是需求者，人类才会走向面对偶然无序的无限分离导致的压迫，创造统一万物的经典，人人共建，没有了个人的欲求，只有把自己的存在看成万物统一的存在。此时，人是文明的本身。没有了欲求的个人，只有与万物同在的人类。

人类用美的眼光看待一切生命，把一切分离统一，人因此忘我。忘我，就是没有了个人的得失，有个人得失就会有我。我们也用同样的眼光看待人的各式行为，用美的尺度取舍，没有了个人的欲求，也就没有了个人之间的欲求冲突。人是自由且文明的。

文明就是没有个人欲求，只有万物复苏。因为，文明的本质不是单一遵守规则，而是使世界越来越丰富。人类把自己纳入万物复苏的世界中，成为万物的创造者，即使自己身上发生了什么，那只是意外，只是为了人的世界还在。这不是冷血，而是无私地热爱万物统一，这种爱使人没有了个人得失的痛苦和欢乐，只有无上的高贵和美好。个人的失去只是暂时的世界在某个方面的失去，不是个人的失去，即使是发生在个人身上，它是世界不幸的概率在我身上的发生。我发生了，就减少了在他人身上的发生，我是在替人类承担这个概率。事实上，这个概率在每个人身上都发生过，而且时刻发生，只是人们对它的态度截然相反。至今为止，人类只是用需求论的眼光看待这个问题，完全不懂得这才是人类存在的契机。

人的世界就是在偶然无序的无限分离导致的压迫中诞生的，这就需要人类共建经典。发生在个人身上的不幸就是世界的不幸，是我们共同面对的不幸，人类就是要面对这个概率而共同存在。如果这个概率就是个人的概率，那么人就是需求者，个人就必须通过寻找必然性，回避偶然性，满足个人的暂时需求。因为在必然性面前人与人之间不可同时兼得就会发生冲突。虽然人类发明了人人平等的交换原则，追求有序交换，但是这使人类无法根除犯罪的本性，更无法找到文明的世界，找到自身存在的依据。人只有在物与人同在的世界中，人用万物表征自己的存在，人才是天使。

如果人类是独立存在的，那么就没有必要证明人是存在的。如果人是独立存在的，那么人创造世界就表明了人是全能的。如果人是独立的，而且人创造世界，岂不是存在了对立面吗？因为世界也是存在的。

第三节　世界是人本真的样子

人不是有限的样子，他是有限与无限的统一体。因为人要认识无限，且表达无限，这样他就是有限与无限的统一体。他用这个统一体表征自己的存在。因此，世界就是人本真的样子。存在只能是创造了一切的存在，人面对"偶然无序的无限压迫"的思维内含无限，人表征思维就创造了世界。世界内含一切。因此，如果人的创造物不表征自己，那么创造物就不是人创造的，所以人就是他的创造物本身，人就是世界。

一　三个无限与人生三不朽

人类一直在寻找自己的无限在哪里。这不仅是看见了无限的星空，也不是看见了人间众生无尽的苦海，更不是看见了个人的微薄如草芥，而是看见了人是万物之灵，人必须形成不朽的人生，与天地同辉。

那么，人依据什么而不朽呢？当然依据他创造的经典。那么我们就要问，他的哪些能力会使他不朽？

以往，我们都是根据个人的实际贡献的大小，以及品格的高低来理解人的不朽，而且是少数人的荣耀。不朽是被人敬仰的少数人。

下篇　经典与人类存在

作为人，我们每个人都应该是不朽的。只有我们不从需求贡献角度进行比较，回到生命本身，每个人都是面对无限而生，每个人都因此是不朽的。

因人的本性残缺导致偶然的压迫是无限的；因关系的共建导致人的行为的可能性是无限的；因经典的生活导致人创造的世界的内涵是无限的。这就是每个人都有的三个不朽。

当我们是需求者的时候，我们看不见三个不朽，我们只是在能力与需求满足的程度上理解人生的价值意义。偶然因为总是排挤了必然，破坏了需求的有序实现，因此看不见人究竟是依据什么而存在的，他们看见了能力，看见了发现偶然背后必然性的能力，利用必然控制偶然，获得所需，结果是人利用有限的能力，构建了有限的生活环境，困于必然性的包围和保护中，脱离这个必然性的环境，人的肉体生命就即刻表现出来了脆弱性，而且人的内心也恐慌于荒野。人们回避了偶然，就只能看见有形的深不可测的物质世界。是偶然为人类打开了独有的领域，那是任何非人类生命都恐慌和回避的未知的领域，因此，动物们只能生活在由必然性笼罩的狭小的环境中，而人类可以面向一切而生，那就是因偶然而开辟了一切，偶然使一切都不固定，都在变动中，使人必须面对一切而思考。因此，唯独人有了思考的意识，想看见一切，而动物只有满足需求的感觉，感知有限的事物，不会面向一切而思考。人想在一切中找到自己的答案。

人类是世界上唯一考虑自己是否存在，以及怎样存在的。考虑万物与自己是什么关系。为什么会这样呢？因为，人能够感觉到分离导致的"偶然无序的无限压迫"的威胁，他惊恐于分离，他渴望解除。由于本性残缺，分离处处存在，人人如此惊恐，因此有了同类的感觉。这就是人们形成共同面对的关系的萌芽。如果我们看见了他人抗争的行为，看见了渴望统一的行为，彼此就有了患难与共的情感，他人构建，也等于是我们构建，这就是共建关系。因为我们是面对"偶然无序的无限压迫"而构建关系，因此关系内涵无限共同行动的可能，它不同于联系的具体性，因为关系是共同面对一切分离，因此是内涵无限可能的。联系是当事人各取所需，是具体的利益的得失，因此具有暂时性与行为的确定性。一旦人与人之间形成共建的关系，那么人类就有了无限行为的可能性。分离背后的"偶然无序的无限压迫"激发了人类共同面对的无限行为，导致了人类命运共同体的意识的产生。只有看见了共同抗争，人类对分离的恐惧才能解除，也只有共同抗争，人人才有了同类的感觉。各取所需总是把我们分离了。

为什么我们有了共同建设的感觉，人类就有了传承，有了进步，有了个人与全体人类的交流？那就是人为了统一偶然，解除压迫，创造了万物与人们共在的经典。在经典面前，人类全体成员都看见自己的存在。每个时代都有自己的需求，这些需求都是具体环境的产物。随着环境的巨大变化，相应的需求就会消失了，同时产生新的需求。另外，人的日常需求不会太多，总是有最大和最低的限度，超过都会破坏人的正常的生活和生命。但是，人类今天由于受商品经济的决定，我们的各种需求变成了一种欲望，不断突破最高限额，人成了欲望的奴仆。每个人都感觉自己的能力是有限的，都感觉对他人的贡献是有限的，因此价值意义是有限的，只有少数人的贡献是杰出的。只有更少数人的贡献是超越时代的。就需求的满足能力而言，我们有历史传承，但是更加先进的能力总是否定了过去。甚至，人们向往的是未来。人们感觉的不是现实的丰满，而是能力不足，财富匮乏，环境凌乱，个人的不幸。如果我们看见的是共同面对偶然创造的经典，那么历史就会积淀起来，我们就拥有了越来越多的关于如何面对偶然的故事和标志，我们的环境充满了共同面对的经典，我们每个人的生命都随着历史而丰满和自信起来，因为我们也要加入这个历史长河，因此也是不朽的。在经典面前人人都有同感，都是共同建设，因此个人就是历史的存在。人类因此就有了

传承，有了进步，有了个人与全体人类的交流

经典是在现有的条件下，共同面对"偶然无序的无限压迫"，用某种象征的手段升华分离，表征物与物、人与物、人与人同在的关系（定义）。在日常生活中对经典的追求形成了经典生活。**经典生活就是升华日常中分离的万物，直观经典，在思维中感知人与物共在的世界（定义）**。面对分离，用表征的方法把偶然统一起来共同建设，解除压迫，形成万物统一的世界，人类具有了创造性，人类因此是永存不朽的。

上帝的不朽也在于上帝的创造性。上帝创造了宇宙而永存不朽。人的不朽在于创造了世界。**世界是人直观经典在思维中外显的人与万物的存在。**

二 由适应环境到创造世界

人不能在环境中证明自己的存在。因此，人不是个人的存在。因为需求的不同使个人成为个人，但是，这样的个人要依赖需求物来证明自己的存在。这还是马克思说的"人对物的依赖"。所以，人在个性中是无法存在的，即使他去创造，只要他是需求者，那么他就因需要他的创造物，而无法独立存在。他必然依赖环境而生活，可是没有完美的环境，因此他就无法充足存在，即不存在。

反过来，人只有在个性需求中，他才是某个个人，但是这个个人却没有了独立存在的可能。如果说他存在，只是我们要尊重他的权益，不能侵犯他的权益，他只是政治学意义上的独立的个体。这就是政治哲学兴起的原因，人们企图在个人权益中寻找人存在的依据。这只是符合了资本主义私有制的企图。要想论证私有制的合法性就必须把人说成是需求者，人是依法独立追求个人利益的存在者，而且它是人唯一存在的方式。但是，这种存在者，却因依赖需求物，而时刻处于被否定中。

没有独立存在于世界之外的个人。个人与环境是对立统一的，

第一章　经典与世界

因为二者都是独立体，都有自己的需求。而人与世界是完全统一的，没有对立，因为二者都不是需求者，人是世界的创造者。世界就是人，人就是世界。美好的生活，就是人与世界的统一，即个人感知到了自己的无限存在。因为，在创造世界中，人没有得到什么，只是解除了内心的压迫感，同时却形成了自己的世界。世界表明，他创生了一切，因为他是面向一切"偶然无序的无限压迫"而创造的，这里内含无限。如果他是需求者，他就必须从自己的创造物中走出来，并把其中的某些部分分割开来，满足自己的需要，且把自己的创造物消耗掉，因此他不等于自己的需求物，而是与需求物一同消失。这样他就没有融入某个世界的可能。

因此，人真正地创造世界，人不是个人，不是需求者，而是为了解除自己思维中的"偶然无序的无限压迫"统一分离的万物，形成经典，且融入到了世界中，因为在世界中他看见了自己的存在。因此，他的行为就是解除压迫，这样，他的行为就是全体人的行为了，个人就此消失了，而成为类人。

在人们的眼里，人是存在的，而且是在世界之外存在的。人与世界只是需求联系，不是关系，世界也只是环境，人是有血有肉的需求者，不是经典世界的创造者，人在需求的得失中形成了痛苦与快乐。为了满足需求人必须认识世界，遵循客观规律。这种观点导致的结果是人被世界规律所支配，人在创造世界的同时，人必须服从世界规律的支配，人在世界之外，人没有了无限，人没有了自由。其实，这个满足人类需求的世界是环境，不是世界。道理很简单，你不能需求一个世界，只能创造一个世界。但是，他们找不到创造世界的理由与依据。

人本性残缺理论认为，在生物进化中古猿脱离了具体的专属的生存环境，导致本性残缺，预示古猿与外界的分离。当干旱频繁导致水源匮乏时，人意识到了与水分离后的压迫，意识到了不确定的偶然的存在，人为了把握偶然出现的水，防止匮乏，发明了储水器。

· 149 ·

下篇　经典与人类存在

人们看见了储存水的器皿就看见人与水的同在。而且人越来越多地意识到了万物与人是分离的，一切都是不确定的，人类开始想象神灵统治世界，万物是有序的。这样，人就开始了万物统一的神话世界的历史。神灵是人类表征族人因共同面对一切物与物、人与物、人与人之间的分离导致的压迫感而形成的关系。在那个时期，神灵就是他们的经典，就是他们的存在方式，神人共在就是他们的本真的状态。

人的内在素质的残缺性使人没有能力去与具体的环境相结合，形成确定不变的人类，因为人类和必然是无缘的。因此"我是谁"，总是无法从必然性的环境中获得确定的答案。在我发问的时候，因为面对的是偶然，我总是不确定的无。我必须统一偶然，形成世界，解除分离导致的压迫，了解一切，我才是确定的，原来我是世界的创造者，我与世界同在。**什么是世界？世界是人直观经典在思维中外显的人与万物的同在（定义）。**那个时期的人类，只有直观神灵中，才会发现自己与万物是怎样存在的，而那个正在直观神灵的人会消失的。在敬拜神灵中，我们看见了神的世界，也间接看见了自己的世界。

人是世界的存在，动物是环境的存在。如果人不去创造世界，世界就是环境，人只是适应环境，那么人就是动物了。人只有统一偶然形成了世界，人的内心才是安宁的，他才知道自己的行为是什么，自己是什么，那就是创造无限的世界。一切神仙理论与宗教理论把这一切都颠倒了。不是人创造世界与自己，而是神灵创造世界与人，因此神灵是真实存在，而人与世界只是神灵的产品。

今天，我们懂得了是人创造了世界。因此，有了世界就有了人本身。具体的人是什么都是由具体的世界说明的。

要想懂得世界是什么，就必须区别"市民社会"和"人类社会"。

劳动创造了"市民社会"和"人类社会"。市民社会和人类社会相加就是世界，就是人。我们不能在世界之外理解人的存在，人

第一章 经典与世界

的存在就是世界,世界的存在就是人,二者是完全统一的。世界就是人与偶然统一的结果。这个统一是关系的统一,不是实证的统一,因此世界是表征,不是实体的环境,且需要借助实体的环境表征世界的存在,即人的存在。

对于个人而言,首先二者是对立的,即个人是一个求生者,他有他的需求,他只是从社会中的某个方面获取所需,整个社会并不在他的视野里。而客观环境不会自动满足他的需求,二者是对立的,社会只是他的生存环境,并有自己的运行逻辑。他看不见世界,他看见的只是社会——是需求支配的市民社会。

对于个人而言,二者是统一的,即个人为了解除与无数的偶然的分离导致的压迫感,人们必须看到所有的偶然,并且统一偶然,形成有序的经典,经典统一了当事人所感知的一切分离,这样个人的行为就不是获得所需,而是创造世界,使个人与人类社会相统一,因为你不能需要人类社会,只能需要"某个市民社会"来服务你。"人类社会"是"市民社会"的升华,是你面对"市民社会"中的偶然无序的无限压迫,而创造的经典世界。当你使个人与人类社会相统一,你就创造了一个世界。世界就是无数偶然因人的感知而形成的统一体。环境的内涵是需要某些事物,世界的内涵是统一一切。统一一切才是创造世界。人由感知分离压迫,变成感知万物统一,人就和万物统一了。

正是有了思维中的分离的压迫,才有了共同面对的关系,才有了表达关系的经典,即共同面对一切。一旦有了经典,就意味有了共同面对的关系的显现,就没有思维中的分离压迫感,那么万物分离就变成了万物统一,世界就在人的思维中显现了。一旦古人相信神与人同在,那么压迫感就消失了,万物就有序地与人同在了。

我是谁?不能从需求来理解。因为人的需求具有外在性,暂时性,依赖性,被他者决定性,因此人不能用需求证明自己。人因本性残缺而导致与万物分离,一切都是"偶然无序的无限压迫",使人

下篇　经典与人类存在

没有了确定的对应行为，人是丧失了需求的自己。人必须解除压迫，统一偶然，形成经典，确定自己的行为，看见自己的本真的存在。因偶然都是个人的偶然，所以在统一偶然，创造经典时，个人得到了确证。因任何经典都说明了整体的精神，所以它不能买卖和占有，只能敬仰，且永恒，因此当事人的存在得到永久确证。我是经典的创造者，我来自面对偶然，我走向存在。脱离经典的创造我就是不存在的。经典表征了共在，因此我因创造了经典也与一切共存在了。

在人与环境对立中，人只是有感情和利益需求，人生活在环境中，人只是消费者，这和动物没有区别。感情和需求只有在匮乏时才会产生，满足时行为就会消失，人不能用感情和利益证明自己的存在，因为人不能忍受自己的消失。动物就是凭借感情和需求而行为的。感情和需求都是从外界获取，或者是获取者之间相互交换感觉和所需物，不是创造世界，因为需求一旦满足，人的行为就停止了。且它们都是有限的。即使他们改变了环境，也仅是以满足需求为前提，而不是统一万物。甚至为了满足需求就必须破坏外部世界的和谐。因为他们只是需要"某个"来服务自己。人此时是被决定的。资本主义社会就是不断制造分离，制造了生产资料和劳动者的分离，制造需求点，推动人的需求变化。

在感情和利益面前，万物与人，人与人，人与社会是分离的，他是偶然的到来，没有永久的存在。也正因如此，人的感情和利益才会支配人去不断地行为，导致冲突。人们为了克服需求的不足，必然划分利益范围，结果世界在他的眼前是一个不断变幻的有用的场所，不是生机勃勃的万物本身。人的一切行为只是获取，他对世界没有价值和意义。因为，他没有创造世界。

甚至为了满足需求破坏了外部世界的和谐。因此，对于世界而言他丧失了价值和意义感。他只是依赖某人和某物，并要求它们不断满足感情和利益需求。他恐惧失去，惊喜获得。他厌恶和憎恨一切和他争夺的行为。他有了依附性和被决定性。

需要使他人和他物与他发生联系，获取感情和利益，他人和他物的独有的生命运动并不在他的关心范围。不需要时，他人和他物对他而言就没有了感情和利益的价值和意义。此时，他会茫然和虚无。为了克服茫然的痛苦，他就必须不断地寻找新的依赖者，结果使不必要的感情和利益需求在扩张，且与他人发生了冲突。因为他把需求当成了他的本质，所以他并不会回避这个冲突，而是当成了必需的战斗，用胜利证明自己比他人更强大。他以为胜利就是他的存在。例如，尼采的自由意志就是如此。

战胜他人间接地满足了他的感情和利益需求，为了更大的获得感，他就开始了对一切他人的征服谋划，并开启了憎恶一切的邪恶的感情。此时，个人原有的生存化的感情和利益需求被湮没了，贪婪和竞争主导了一切。人类开始破坏世界了，人类开启了自我迷失和毁灭。

在农耕时期，信息闭塞，缺乏现代交往手段。交往，还只是为了日常生存化的感情和利益需求。也就是说，只是迫于日常生存化的感情和利益需求压力，才会发生各种交往。这个时期，个人都生活在狭隘的世界里，用习俗回避了个人直接面临各种"偶然无序的无限压迫"，人们每一天的行为都是维护彼此的关系，因此生活在已有的经典之中，个人是被动的。因为那个时期，个人征服偶然与改造偶然的能力是十分有限的，这就形成了个人行为的狭隘的生活世界。某个人是谁，总是通过他的社会角色来理解，甚至通过他的家族和历史来理解，感情和利益是被修正的，他个人面临的"偶然无序的无限压迫"的人生意义是被忽视的。人们更重视他为大家做了什么，即如何维护原有的经典，他不能离经叛道。人们赞美的是能工巧匠、才子佳人、英雄豪杰与帝王将相，歌颂的是他们的奇迹和意义，普通人是被忽视的。人们不会更多展现需求得到满足时的快乐，却经常展示自己的特殊的境遇与感悟，而且唾弃只有贪欲的商人。人人都注重个人修养，形成了丰富多彩的个人生活，创造了许

· 153 ·

下篇　经典与人类存在

多经典的文化成果。人们因此彼此尊重,深深地感知了为社会和他人的需求的完美而行为的人生价值和意义。人本性善的理论认知得到了广泛的认同。善就是帮助他人,人们还是用需求来理解人生。人们时刻用善良衡量自己的行为,并把家族、故乡、民族和国家的美好当成自己的荣耀,等同自己。同类人的任何荣耀与困苦也归属于自己。人们生活在同一个世界当中。有了需求,痛苦与快乐就会相伴。

到了资本主义时期,由于商品经济支配一切,个人的需求商品化,人都依附商品而存活。商品是用来交换和消费的物品,彼此没有统一性,因此商品经济破坏了一切传统的社会关系,人与人之间是分离的,一切都当成了满足需求的物品,没有了体现生命的经典,经典只是被当成欣赏品,生活世界没有了统一的力量,人依附商品而成为孤独的原子。资本为了获得更多的利润,扩大商品生产,鼓励人们追求高消费。人们把创生万物的价值和意义理解成了物品本身之间的价值和意义,即一个物品比另一个物品更有市场价值和意义。人们创造了奢侈品这个概念,就是完全脱离了对商品的功能需求,只是考虑它的市场价值,以此证明这个商品拥有者的富裕程度,即市场价值的占有能力和实际占有的财富数量的大小。任何与世界呼应的经典都不存在了,因此在一起生活的世界不存在了,人们只是从个人感情和利益理解一切存在物,包括人本身也必须用他人感情和利益需要来理解存在的理由。个人把家族、故乡、民族和国家当成自身的存在的思维方式和生活方式消失了。美好只是个人需求得到满足的美好,只是我的美好,如果不属于我的就都不美好。因为人们不是用统一万物的视角看待一切事物与人,他的衡量标准不是万物的统一,而是我比他人更强,甚至没有了更好。因为更好的标准只能是世界的视角。更好就是我的创造比他人更能体现世界本身的美好。更强只是占有能力的问题。人们喜欢更强,不是更好。

所以,在商品时代,人因需求而存活,人因短缺而消失,一切创造物都是用来消费的，人没有了创生万物的价值和意义，人是不存在的。人甚至没有了正常的属于动物层面的感情和利益，只有贪欲和焦虑，人时刻因此而否定已经获得的一切，即自己的生活。

在生产力高度发达的时期，人的基本需求得到了满足，人不再是需求者，人面向偶然而生，克服分离，在解除"偶然无序的无限压迫"的同时，人不断创造世界的经典，使个人不断增长自己的社会价值和意义，找回人类失去的自己。因此完全抛开了个人的感情和利益，使人与世界完全统一，这时人的感情是无限宽广的，它是对世界的爱，是创造，不是依赖。人直接在自己的创造的物品中看见了世界与自己。人把劳动当成快乐的行为。

一旦人成了感情和利益的需求者是十分不幸的。人只有不断创造世界才能证明自己的存在，因为人与一切都分离了，他必须与一切相统一，形成属于人的世界。人在其中而存在。

三　无我才能看见世界的倩影

平凡不是粗茶淡饭，土布黑衣，更不是与世界无争。平凡就是每个存在物都因自身的处境表征了克服分离内含万物的世界而无我的境地（定义）。

平凡是在我们创造的经典中只看见了世界的倩影，那是美好的倒影，因此没有了欲求的我。我们不能用简朴来理解平凡，而是通过简朴看见了经典经历的岁月，看见了世界的倩影，也间接地看见我们今人也在那个昔日的岁月中。

古老的村庄已经没有了昔日的繁华和奢华，在褪去艳丽的残余后我们可以感知昔日的经典的高度。它们已经不再夺人耳目，位居中央，但是历史的那个时刻，因它的残留而永久隐现，仿佛它已经再普通不过，却永久不可离去，你和它没有分离和距离，彼此交融。

平凡不是明白了自己荒唐的过去，厌恶了酒色，懂得了克制和节俭，过简朴的生活。人不能因赎罪了就心安理得，更不应该自鸣

下篇 经典与人类存在

得意,这充其量是洗尽了污浊,只是待用的消耗之物,缺少了灵魂,不知该去何处。

当我们静下来看见了自己创造的物品成为验证了美好的世界的倩影时,看见了万物统一,我们才知道那个构成世界的万物之间的关系是如此简单,万物只是因为恰巧在某个时刻克服了分离而在那里,构成了无限世界的一隅,才有了平凡的含义。任何看似平凡的事物都是在一隅去赞美光芒和敬仰世界本身的大化运行,因为正是这个大化运行给了虚无的万物成为平凡的机遇。而我们人类只是觉悟了这个天道,让虚无的我们在某个时刻和地点也幸运地因体现了"大道"而变得平凡起来。当我们都是世界的表达者的时候,我们彼此是平凡的,就是世界的众多载体之一。平凡就是每个存在物都因自身处境表征了克服分离内含万物的世界而无我的境地(定义)。

人本性残缺导致思维中的我和物都是分离的,没有存在的时刻和地点,不归属于任何环境,我与物都是虚无的,都是引起我焦虑的因素。在实体的环境中,我是微不足道的,我且依赖环境才能存活。

我如何才能看见自己真实地在那里,我就是我本身呢?万物分离,我与万物的分离都是我对无限偶然追问的结果,因为在思维中我发现它们因分离而混乱会对我将来的行为构成无限的可能的破坏,因为我的一切行为都是被否定的。在它们面前,我是不存在的。

我只有使这些偶然包含的无序的无限变成有序,我的行为才会找到无限存在的依据。这就是我在创造一个世界。

我只能用表征的方法表征一切偶然的统一形成共在的经典,使世界呈现,这样我和物就会找到属于自己的时间和地点,趋于久远的平凡。这时,我们的平凡才是世界的倩影。

当我们是世界的一隅时,我们才知道面向无穷的世界我们是平凡的,只是世界的一隅;只有是世界的一隅,我们才有了平凡的感觉,内心才会宁静,行动才会致远。

如果我们脱离了世界，脱离了万物，我们还是什么呢？我们就会在环境中灭亡，就会孤寂。

世界在哪里呢？就在我独自创造的经典中。当世界呈现时，我感觉自己是十分平凡的——善良和美丽——我就在我的一隅里绽放。

当我的生活中没有了自己创造的经典时，我就会四处消耗他人创造的经典，把它当成精致，通过占有来填补我空虚的灵魂。当我无力占有那么多时，我就会毁灭看得见的经典，嫉妒他人的美好。如果我没有创造世界，只是饥饿的人，我只是看见菜肴，却无法直观宴席。

人类的世界一定是我创造了一个经典后，就无限地延展开了。当我不懂得人应该创造经典而生时，人类的世界对我是遮蔽的。此时，世界只是一个艰难的生活环境，一切都需要生产、获得和防范，我获得了虚假的与艰难搏斗的孤独的苦难者的感人形象。

我独创经典，我就是我的世界的创造者。我的世界躲在一隅。如果有人懂得，那么他要么进入我的世界，要么我们两个世界联盟，形成了我们共同的世界。在我们的世界里，没有利益得失，因此我们永远在一起，就像微风与树叶在一起一样平凡。

我会因我的经典而理解众人的各种经典，我们因此形成一个人类的世界。经典使个人突破了环境的限制而完全地自由起来。这也是在地球任何封闭的自然环境中人类都能世代生活的根本因素，无论环境多么恶劣。**无论在哪里，有了经典就一定有属于人类的世界。人类能够欢乐生活，因为万物与我们同在。**

四　世界天然完美

凡是世界都是完美的。人创造的世界都完美，而人的生活环境就客观而言永远都不是完美的。

（一）完美的动物与环境适应

任何动物因适应了环境而完美。它的本能使它与环境完全吻合。

下篇　经典与人类存在

它所需的一切都能从环境中获得。它的感情是饱满的。它们的关系是愉快的。它没有烦恼和忧愁。任何动物如果没有发生意外，它们都会走完完美的一生。这一切的完美都是自然进化的本能给予的，动物无须努力什么。它们也不知道，它们来到世界意味什么。事实上，它们作为个体，对环境只是一个数量，因为它们没有意识把一切联系起来，也没有创造任何环境必需品。所以，任何个体的离去，都不会让其他个体感到缺失，环境也不会因此而变成不完美。即使某个物种消失了，大的环境因此恶化了，但这种恶化也只是对某个或某些物种的伤害，而自然界自我修复的能力很快就会使自己表现出新的完美的境况。

但是，日常的操劳使人直接面对需求的得失，人有了不完美的感觉。在私有制的社会环境中，个人负责自己的利益的满足，而且彼此展开竞争，造成了人与外界的分离，世界是四分五裂的。个人的生活也是不完美的。个人感觉自己的能力是十分有限的，对自己有了不完美的感觉。

人们反而更加强烈地希望占有完美，向往完美的他者。例如，完美的外表、完美的容貌、完美的物品、完美的结局。在人们对完美的理解中，完美是自身完美，是满足需求的完美。是两个事物的结合。这样不完美是预先存在的，完美是不完美的消除。因此，人被不完美驱赶，只想得到完美。这种不完美是需求的不完美，不是外界的不完美。它是从主体的需求出发理解不完美的。外界是否完美在于是否能满足人的需求，能满足人的需求就是完美，不能满足人的需求就是不完美。人本身是否完美也在于外界是否能满足人的需求，如果人的需求能够得到完全的满足，那么人就是完美的。因此，人们渴望拥有一种力量，这种力量能够满足人的一切需求。它可能是神，可能是科技，可能是市场，可能是金钱，可能是实力，可能是权力，可能是容貌，可能是特技，可能是奇迹，总之是使人得到一切的力量。

这些使人完美的力量，不是用来改造世界的，不是创造世界的完美，而是为了获取满足人的需求物。人因此而变得焦虑、孤独、痛苦、无助。因为没有能够使人获得一切的能力，没有只要人们找到了它，或练就了它，人的一切都会满足的能力。

（二）相互赞美与世界完美

人的世界也是天然完美的。这个完美在节日里得到了充分的证明。人类用共同欢庆节日的方式，其乐融融，实现了万物统一。在节日里没有遗憾，即使不能相聚，但是我们的心是快乐的，是相通的，万物也呈现出了完美的气息。往日的一切不愉快的事情在节日里，人们都忘记了。仇家见面也要彼此祝福，因为在节日里人们需求的是友好关系的共同表达。

人的世界是天然完美的。这个世界不是需求的世界，而是共同面对分离的世界，是人们共同用万物表现统一的世界。人因此而拥有了完美的关系。关系是人们共同统一万物的关系，不是彼此满足需求的关系。彼此满足需求没有关系，只有联系。就是人与人之间本身分离的，只是各得所需，因此得到之前与得到之后人与人之间都是分离的。人们在需求的互换中并不关心对方得到了多少，并不关心对方的命运，所以世界是破碎的。在单一的联系中，没有关系。

从联系到关系就是从不完美到完美，就是从需求到共建，从小我到大我，从痛苦到快乐。

在关系中，我的需求消失了，我与他人完全统一，不是能力的统一，而是理想的统一和行动的统一，是共建世界的统一。我们之间、我们与我们的世界之间完全融合。

在经典的世界里，我们赞美我们的世界中的万物，赞美一切。赞美就是我们无形的关系被肯定，我因此不会孤单，是完美的充分显现。即使我没有直接听见他人的赞美，但是我相信我创建的经典的环境使世界更加完美，一定会有人从世界本身完美的角度赞美它，也赞美我，因此赞美预示我们之间有了完美的关系。当人们不是需求者，他天然也是世界的建设者，他就没有了需求者只是从自己的需求能否满足来理解眼前所见的事物时，他就会赞美一切。

由于不是需求满足后的感恩，因此赞美是令人愉快的，没有负担，是彼此的欣赏，尤其是欣赏建设者的行为。没有个人需求的介入，欣赏是彼此的融合，是心的交融。所以，没有直接听见赞美，建设者也能感觉到他人的赞美，而内心充满喜悦。

他人的建设也是我的建设，因此我在欣赏他人的建设的作品时，我的内心是真的无比喜悦的。

这样，我们就永远在一起了，这就是世界的天然完美。这个世界没有分离，当然还有困难。

赞美产生英雄，羡慕产生小人。

第二章 经典与社会

如果社会以创造经典为自己的生活方式，那么人类就会永存。

第一节 需求者的悖论

生产方式决定生活方式，生活方式如果是经典神圣型，那么人类就会因创造了世界而永存。

一 需求使生活蜕化成对环境的纠缠

当人是需求者的时候，人的生活就是和环境结合在一起的。任何环境，因为人本性残缺，都会以偶然的方式呈现出来，所以，人始终都要经受匮乏与分离的双重的困扰。

由于生产资料私有制和生产能力的低下，人类必须解决物质匮乏的问题，因此人成了需求者。

作为需求者就必须生产和占有更多的物质财富，而且以财富的多少为人的终极目的——各种需求的充分满足。

这样一种理想必然使人类和环境发生各式的冲突，且没有最终的解药。因为，人本性残缺是永久的，而环境的混乱也是长久的，因此人类得失的痛苦也是长久的。这一切都源于人的需求是变化无常的。

人们渴望能力与权力，因为那意味着物质财富的多少。

人是需求者，因此物质就是人是否成功的标志了。还因为，只有物质才是需求终极的保障。

| 下篇　经典与人类存在

　　这样，人生的价值的大小在于贡献的多少，人类的尊严也在于个人权益是否得到尊重。一个地区和国家是否物质富足成为决定个人形象的首要问题。

　　人类四处挖掘和收集能够使人的需求完美满足的物品，一切都遭到了破坏，物种在急剧减少。人类用这些资源制造了各种精致的物品。

　　精致成为生活品质的象征。拥有大量精致的物品成为成功人士的象征。

　　可是，人类越是拥有大量的精致的物品，人类自己直接制造的分离就越加增多，贫富对立与环境恶化在急剧扩张，已经到了威胁人类最后存活的地步。因为精致都是在标新立异中否定他者。

　　因为，人一直在追求物质满足中制造了越来越多的分离，所以偶然无序的无限压迫在急剧增加，因此心理焦虑的人数越来越多。

　　这就是"有物质发展无生活幸福"的原因。人类没有把克服分离实现统一看成首要和根本的人生问题。

　　人类一直把物质消费的统一协调看成人类的终极理想——大同社会，因此不断完善各种分配制度，不断加大社会生产能力，不断完善个人的各种生存和发展能力，强调法治，强调道德，强调未来理想和个人奉献。

　　人类还没有看见人本性残缺导致的人与环境分离后形成的"偶然无序的无限压迫"，才是人类感觉的起源和一切感觉的内容。人类只有觉悟到这个问题，人类才能在世界的共建中，永恒幸福。不是物质在决定人的行为，而是各种物质背后的分离在影响人类的一切。

二　理想社会不是个人梦想的实现

　　人作为需求者总是个人，而满足个人需求的社会理想或梦想总是要破灭的。因为，社会的理想或梦想总是世界意义的，它不是建立在满足了个人需求基础之上的，而是为了克服分离，实现万物统

第二章 经典与社会

一。个人之间的利益联盟不会形成传承永久的经典社会，只能形成利益往来的市民社会。今天，人们都把理想理解成建成能够满足人们各种需求的社会，满足个人需求是理想社会的核心精神。因为需求都是个人式的，他必须凭借个人能力而实现，而个人的能力是十分有限的，二者没有匹配性。只有上帝作为一个需求者，才能用几天创造一个完整的世界，实现了他的理想，满足了人类的基本需求。

商品时代把人作为需求者裸露出来，共同创造美好社会满足每个人需求的大同理想破灭了。个人不去追求需求的满足就会饿死，就会贫困，就会痛苦，就不知道自己还为什么活着。即使追求需求的满足也会在得失中痛苦。追求个人需求的更好满足就成为梦想。在商品时代，人们看不见岸边，只是看见了眼前不断出现的新的孤立的岛屿，总是感觉远方的那个看见的岛屿最是美好，这就是"梦想"，其实它是幻想。因此，人们总是重新开始了抛弃与追逐，在兴奋与焦虑中孤独地行走。

我为什么会是这样的呢？

他人和远方与我是分离的，是压迫，因为他人是我的敌人，远方是我的欲求，我必须摆脱他人，必须占有远方，我才能愉快。我不可能和他人分享欲求，因为我的欲求很大很大，凡是我看见和听到的都是我的欲求。为什么会如此这样呢？因为，停下来，我就会贫困，我就被人忘记了，我就被后来的陌生的人群湮没了，我没有了行为的参照物，我就会迷失自己，我必须追上或超过他们，占有更多，使我更安全，更能防范他们，成为他们模仿的自私的标准和旗帜。况且，所有的人都希望别人停下来，这样自己的欲求就能够更好地满足。

人们的欲求就这样演变成了比别人更强，即占有更多的物质和更大的控制他人命运的能力。这样，理想就演变成了我自己的成功。

商品是自我逐利的，因为某一个商品一旦在市场上实现了自己的价值，就可以重新选择高利润的投资方向，不受任何限制，不管

| 下篇　经典与人类存在

其他商品是否因此而失败，而且恰恰相反，其他商品的失败意味自己获得更多的利益。这就导致了商品是为自己而生存的。

　　由于每个人都是为自己而生存的，目标各不相同，这不但失去了共同的建设目标，而且也抽象不出来这个目标，因此没有了共同的目标，个人的行为都是相互冲突和挤压的，是混乱和迷茫的。人们只好在混乱中学会挣扎，这个挣扎就是避免沉沦的过程。你不去挣扎，你就会被湮没。史铁生在《我与地坛》中写到了这种挣扎的心态，"意义的确证应该从目的转向过程"，"生命的价值就在于你能够镇静而又激动地欣赏这个过程的美丽与悲壮，从不屈获得骄傲，从苦难获得幸福，从虚无创造意义。"在他看来生命的基调就是悲伤与渴望、苦难与不屈、虚无与挣扎，人类原本没有自己可以驾驭的目标，为了避免沉沦，就去追求挣扎的过程，正是挣扎使我在他人的眼光中获得骄傲、美丽、幸福、意义。挣扎的过程成为每个人的新的理想，这激起了更多、更强的挣扎。每个人都在挣扎又逐步演变成因没有可固化的永久的世界而彼此的敌对、厌烦与逃离。但是，失去了挣扎就失去了一种勇敢的精神。没有了挣扎的勇气，就失去了人人都可以获得赞美的唯一都可能有的理由。没有了挣扎的勇气，带来的只是耻辱。因为大家都在挣扎，需要相互鼓励。

　　但是，这个挣扎是孤独的，因为挣扎的原因来自于每个人都想依附商品而且只能依附商品而存活，而大家又离不开市场交易，这就形成了排挤与依赖混合成的挣扎。所以，任何个人的勇敢都是他排挤他人的勇敢，都是对其他当事者痛恶的勇敢。人们都是冷漠的、经常的、擦肩而过的共事者，因为彼此隐藏争斗。悲剧的是自己必须自己认可自己的勇敢，因为你的勇敢并没有给我们带来什么，反而使我失去了更多的勇敢，因为这个勇敢意味残酷无情。所以，个人的悲歌并没有给人类带来团结，并没有给人类带来安宁，没有给个人带来名垂千古，只是带来了更坚强地挣扎下去的决心。既然没有好的结果，那么就只有挣扎的过程了。这如果不是公开喊出的战斗的虚无主义，也是自我麻醉的虚无主义。

挣扎中总是有人有了更加惊人的收获，大量的物质财富在某些人手中集聚，人们恍然大悟，人们开始了为了实现眼前物质的目标而奋斗的历程。人们注重手段与目标的嫁接，不再因没有了宏大的人类理想而迷茫痛苦，似乎人就是为了协调手段与目标而生存，人开始"理智"了。这就是工具理性主义。喜悦在一个个目标实现中绽放。人们不再相信人活着就是一个勇敢的过程，而是相信奋斗与收获相结合。人生是胜利的个人的狂欢。

但是，工具理性主义使每个人都只是看见了眼前，忽视了他人，忽视了社会，忽视了人与人之间的分离感在加深，而且发展和变化的社会与个人之间的分离感也在加深，人们由于注重眼前的个人目标，没有办法放弃眼前的得失，潜下心来协调个人长远利益与社会未来发展的关系。即使个人一时富裕，结果是很快就被发展的社会淘汰了，只能勉强维系生活，而且生活清苦与寂寞。这就是工具理性的弊端。

至此，人类再一次跌入迷茫的苦海。如果我们永远把人当成需求者，不当成万物的统一者，就无法看见世界，看见我们共同建设的喜悦，我们就没有发现世界的素养，鉴赏经典的品位。人本真的追求不是得到了什么，而是统一了什么。这样，没有分离与压迫，只有共建与经典。因为，世界一定是统一了一切而存在的，只有面对偶然，一切人和一切事才能统一，世界才会存在。

热爱和乐趣是很抽象的词语，只有热爱共建，统一万物，创造经典，人的热爱才是最美好的。

三 私有制使万物分离世界消失

私有制使生产资料与劳动者分离了，财富与人分离了，中间是资本逐利的本性。有资本的人才拥有财富，其中包括生产财富和享受财富的权力。人与人之间正因为资本而分离了。

| 下篇　经典与人类存在

　　人们为了财富而展开权力斗争。人们为了发现新的财富而四处奔波。得到的越来越多，失去的也越来越多。因此，得失共同构造了分离，世界四分五裂，形成了漏洞百出的供需环境。我们无法预知究竟需要什么，只是知道只要能够买来一切就好了。

　　这时人开始思考我是谁？答案是，我是需求者。我随需求得失而沉浮。我依赖外物，因此，我无法确定自己。我依赖的外物越多，我就越加渺小，因为，一旦失去，我就会更加可怜。当我富有时，人们能够感知到我的威严，我自己却不能够感觉到我的尊严与尊贵。因为，一旦失去，我就是永恒不存在的，我只是可怜或遗憾。环境是得失的环境，环境让所有的人都感觉到紧张。环境是真实存在的，而个人却不真实存在。

　　什么是环境，就是人与物因某种权力暂时结合的场所。人们建设环境，只是满足了某种权力的需要。人也因某种权力而被束缚在某个环境中了。一切都和他无关，都是异己的外物，他只有不停地寻找，想找到令他一切都满意的环境——这需要他有某种权力。

　　可是，只有神拥有无限的权力，只有神的权力才能拥有一切。

　　人们开始转向自己的内心世界，希望发现一切，拥有一切。可是，我最终发现只有忘记一切，我才能安宁。因为，我的内心世界，也是由无数的需要得到的精致的事物构成。我是无法得到它们的。也许，我应该相信神秘的力量。

　　无论是内在的，还是外在的，还是神秘的，都是不确定的。我不知道向何处去寻找那个最美好的。那个最美好的总是不确定的。因为是我的需要，而竞争中的需要不可能是一个，而是全部。需要全部，就会因我的需要而混乱，我的本性是残缺的，而一切皆是偶然与分离的。

　　人类必须找到使人拥有一切的世界。它不是需求的世界，一定是建设的世界。

　　资本把生产资料与劳动者分离了，因此一切都分离了，人成为需求者。人是需求者，如何满足人的需求，就成为了资本主义话语体系和理论体系的根基，并借此而拥有了合法性。反对资本主义就是要反对人是需求者的理论，使人成为历史的创造者。

第二节　历史与经典

是生活方式决定支付的多少？还是收入决定生活方式？可以说，是生活方式决定支付的多少，不是收入决定生活方式与支付的多少。当你的生活方式确定时，你的收入如果与之匹配，那么你就是使万物统一，人与万物同在。如果你的收入超过你相应生活方式的需求量，但是你又极力把它投入生活中，你就会打破原有的生活方式，使自己渴望更多的满意的物品，因此感觉到了对生活的不满意。时尚生活就是让生活追求收入，感觉收入的匮乏。经典的生活是收入与生活方式的统一。

一　自谋的世俗生活使人无法存在

什么是世俗生活？世俗生活是美好的吗？

世俗生活就是自谋的生活，人们自力更生，日夜操劳，尽力使自己的生活十全十美，彼此相互关照，相互攀比，以占有多少美好的事物为成功的标准，形成了人与人之间金字塔式的自我肯定和相互肯定的比较与压迫的理想模式，结果是一旦能力和目标脱离，失落与出局就成为必然。

这样，人与人、人与群是分离的，甚至是冲突的。为了解决冲突，人们追求社会权利。公平和改变成为社会阶层之间互动的缘由，社会被分裂成利益集散体，人无法在社会中找寻到自己永久存在的栖息地，人的存活以利益得失为标志，几度沉浮，荣辱参半，没有笑到最后的个人。人与人之间的关系被利益的得失驱使，人与人成为彼此的弑杀者，因为人们都以获得或占有更多作为人生成功的标

| 下篇　经典与人类存在

准，必然会不断入侵他人的领地。

当我们说这个人很俗的时候，是在否定他。一是他考虑问题就是自己能得到多少，因此决定投入的多少，精于算计，不顾及他人的利益所在，看不到社会的美好，看不到自己的社会价值和意义。他评价他人时，喜欢用否定句，总是看到人家的缺点，看到对自己不利的地方，而对自己有益的他人的言行不给以积极肯定，似乎自己取得的成绩，完全是自己的功劳，是自己优秀的结果。他不会替他人、集体和社会着想，不会关心也不懂得他人的理想，只是把他人当成满足自己日常需求的仆人，不停地支配他人。二是他会尽占美好，而不顾及各个美好之间是否彼此呼应。他评价美好的标准是贵重否。花钱越多，越美好。因此，他理解的美好就是各种市场中集各种美好的精致品。他会羡慕精致品较多的地方和个人，厌恶和回避落后或脏差，看不到自己的义务，看不到自己的存在对于他人和社会的价值和意义。他的积极充其量是礼尚往来，无关自己时，就高高挂起。

他们不会调和万物，只是筛选自己心中的精致品。因此，他们不是创造美好的一切，而是享乐有限的事物。在他生活和工作的地方，实物只是堆积或摆放在一起，彼此没有内在的生命逻辑和外在的审美意义。在他的生活中，事物不是被爱的，不是人与世界存在的表征物，而是被用的，因此事物无法获得新的生命表达形式，而被人尊崇。人们因此，感知到了一个内心荒凉的人，无心表达的人。他在享乐时，却给他人制造了不美好的环境，留下了否定的印象，破坏了世界的存在。

他孤傲地面对，这只是表明他已经占有和享乐了一些美好的事物，他要与一些人和事物分离，把它们驱除在自己的享乐之外。

当他们求而不得时，就会怨恨和逃避。因此，他们日渐消沉，为了安慰自己，沉迷于一隅，毫无生机。

他们不会用建树改变命运，因为他们根本不懂得万事万物内含的生命机理。他们用臆想来理解万物，认为万物就是满足人的需求的功能物，没有了人的需求，就没有了物的价值。因此，他们可以随意决定生命的留去，任意生产、使用和废弃。结果，他们越美好，万物越孱弱，世界日渐支离破碎，生机和和谐消失了。

也许他们也竭力维护环境的生机，积极采取一些措施，甚至是革命性的措施，但是，他们把人当成了需求者，因此，人的需求的满足就具有了刚性和第一的位置，亿万的需求者组成了不可更改的碾压一切的洪流，荒芜了一切生命。任何人都被需求驱动，没有减少的可能，否则就会感觉空虚和茫然。

人们暂时因需求相同而有了归属感，需求过后就是失落，既没有目标，又没有手段，只有比较的欲求。

人与人之间如果欲求同一目标，那么就会发生冲突。

美好的社会生活，都不是闭门造车，都是按部就班地使生活的经典的再现、传承和创新。人人都是生活世界的创造者，人与人因此而联结成一个生命的整体。

衡量美好生活的标准发生了革命性的变革，即化腐朽为神奇，实现了多维的统一。个人因此而永恒，生活因此而长久，人生因此而安宁。

二　弱势群体的产生与消失

当个人必须满足自己的需求时，弱势群体就产生了。

人本性残缺论告诉我们，个人能力与环境总是不完全匹配的，有时面对有些事情就会无能为力，表现为弱势。为了满足个人的各式需求，人人都要为自己努力，面对同样的需要困境就形成了不同的弱势群体。这种弱势群体一是相互比较的主观认识的结果，二是彼此竞争的客观失去的结果。弱势群体就是在满足个人需求的社会竞争中的不断失去。

今天的人们都认为，弱势群体的存在是必然的，也是不合理的。

必然是因为人的能力和机缘不同，不合理是因为人人都享受社会发展成果的权利没有很好落实。总之，弱势群体没有实现自己的权利，这是个人的能力和机缘不同的必然结果。

这种认识是自相矛盾的。一方面承认必然性，另一方面又承认不合理性。而且必然性是根本，不合理性是次要。因为如果个人是需求的追求者，那么就必须依靠自己的能力来满足自己的需要，而每个人的能力又是不相同的，因此满足的程度就是不同的，因此必然性是根本，不合理性是次要。

如果有了这种认识，那么对于弱势群体问题的解决，也只能是一种救济帮助与制度构建，即弱势群体将长期存在，根本无法解决。

现代西方社会正义理论认为，正义就是对弱势群体的帮助和关照。但是，因为在他们看来，人是需求者，人必须靠自己满足需求，因此正义就是制度正义。这种正义论，在个人能力差距很大的情况下，仍然会有大量的弱势群体产生，同时加大了社会救济的难度和个人失落感的程度。因为正义的诉求就是更高地满足弱势群体的需求和期待，对社会和个人都是双重压迫。所以，正义论只是在物质满足提高的同时，加重了社会失落感，远离了归属感。越来越多的人成了社会边缘人。

弱势群体产生的根本原因是人的需求竞争。一个人必须有全面满足自己需求的能力，否则就是弱势群体。但是具体个人具有的能力种类是十分有限的，而需求的种类是无限的可能的。如果事事需要个人亲自完成，这根本是不可能的。通过社会分工合作全社会的各种需求都得到了满足。但是这并不意味个人的各式需求自动直接都得到了满足。个人要想获得各种需求物或服务，就必须与之进行价值量交换，即等价获得各种需求物或服务，这就必须有足够的等价的金钱。而事实上，拥有足够的等价的金钱的个人是全社会的少数。也就是说，多数人的金钱拥有的数量并不够全面支付他的需求费用。就此意义而言，几乎人人都是弱势群体。可以说，市场经济

第二章　经典与社会

使所有的人都成了弱势群体。

每个人的能力是有限的，能够使他的某种能力发挥最大可能化，因此获得足够的等价的金钱换取全面的各种需求物或服务，对于多数人是不可能的。因为各种职业的社会报酬是有很大差异的。只有极少数的职业或岗位有足够的金钱收入。

单凭个人的有限的能力，任何人都无法满足个人需求的全面满足。另一方，多数人又不可能占有足够的金钱来换取他的全面的需求的满足。看来只要把人当成需求者，个人就必须满足自己的需求，而个人能力和社会经济发展的不平衡性就会时刻使多数人的需求无法得到充分的满足。

个人无法满足自己的全面需求不是他没有工作能力，而是没有全面满足自己需求的能力。全面满足个人需求的各式能力并不存在而导致了人人都是弱势者，处处都是弱势群体。弱势群体的产生不是个人没有能力，而是没有全面满足个人需求的能力。

在市场经济中似乎解决了这个难题，即借助金钱的力量通过价值交换，个人的需求得到了充分的满足。

可是在平等的制度面前，人与人能力不同，竞争的结果也不同。那么，满足个人的需求的结果也就不同。

在农耕时期，个人的能力种类虽然十分有限，但是人们彼此是熟人关系，因此可以长期互帮互助，满足个人的各式需求。那时，各种需求的满足不是市场消费式的，即遵循追求最好的消费品的时尚原则，而是每个人根据自己的境况过属于自己的经典生活，因此人的生活是富足的，这种经典使每一个消耗物都获得了新的生命形式，丰富了世界，同时证明了生活者的尊严的存在。

今天，弱势群体的出现是市场经济的必然产物。当年，市场经济在英国出现时，大批农民因失去了土地而进城成为工人，由于资本家的剥削导致收入低，无法满足一家人的正常生活，普遍成为城市底层人。

下篇　经典与人类存在

弱势群体一是个人收入低,二是消费时尚化。是二者共同作用的结果。时尚化消费因偿付能力的不同天然把人分成不同的阶层,而且时刻因支付能力的减少可能把人引入较低的阶层。例如,因疾病变贫困等。也有的是工作变动导致收入绝对减少。更多的是生活日益时尚化,人们不断地变化和提高家里的消费物品的价格、档次和种类,使得家庭收入在生活中的分配不具有稳定和统筹性的文化结构,导致时时刻刻方方面面都缺钱。

在中国人的传统家庭生活中有个好的习惯就是"攒家底",人们通过世代努力和传承的方式,遵循传统文化,置办一些家庭必需品,这样平日里的开销主要是生活费用,人们不会因为定期更换时尚化的家庭用品或装饰品而面临资金压力或短缺。那时的人们的生活标准是经典生活。

因此,美好的生活应该是人人都凭借自己的能力,人人都可以在某个社会岗位中,获得的报酬使人人都过上有尊严的生活,这就必须倡导环境共建论,追求世代传承的经典生活,个人的家庭生活遵循"用最小的价值消耗创造最大的意义人生"的原则。抛弃时尚消费生活模式,追求具有地方特色的经典生活,使生活的目的和标准不再是消费多少社会产品,占有多少社会财富,而是因地制宜创造经典生活,并因经典生活的世代追求而形成受人赞叹的家风,一家人因此不断修养自己的内在品质和外在的形象和气质。这时,人们不会只是用时尚的外表来衡量一个人生活的好坏了。这样就没有了社会底层人的观点和生活了,只有收入与自己的经典生活是否符合的问题。换句话说,就是不断改变生活支付方向,不追求高消费,让家庭中的万物获得生机与尊贵,形成人与万物共在的世界。

家风不仅是道德行为,更是使万物变成特定的经典之物的行为,家风不仅可闻,更加可视。家风不仅是行为遵循,更是使万物成为经典的永恒。家风借助经典之物而永恒。这样,家家富足,人人幸福。

三 人民创造历史

历史总是有某些规律支配着人类。那么这些规律是如何形成的呢？如果懂得了规律如何形成，那么就可以懂得谁在创造历史。

规律在万物相互运动中形成，相互运动形成规律。规律是各种运动中那个最大的运动。它"大可无外，小可无内"。因此规律都有存在的时空范围，这就是度。度有两个端点，突破任何端点规律就会变成另一个规律，事物就会变成另一个事物。

人类的运动有三类，第一类是受自然规律支配，如躲避或利用寒冷的规律等，不是寒冷的规律，而是躲避或利用寒冷的规律，也就是人与自然相互运动形成的自然生存规律，它是人类生存的底线，突破这个底线人类就会死亡，如没有粮食。第二类是人与人合作躲避或利用自然运动形成的规律，如果只是涉及个人交往就是环境需求规律，如果涉及所有人员就叫社会发展规律，在这个社会规律中表现为公有制的合作规律和私有制的竞争规律，社会发展规律是扩大了的环境需求规律。第三类就是人类面对各种"偶然无序的无限压迫"因共同面对而形成的多样性统一，它属于人创造世界的规律。

三个规律形成了人类的三个领域，每个领域都是相应人群相互作用的结果。它不是某几个人在起决定作用，因为规律遵循最大化的时空原则，几个人相互作用的时空是十分有限的，因此是人民创造历史，人民是人类本身，它既包括现代人，又包括以往的人们。回避自然灾难的环境规律、利用万物的社会规律、形成世界的历史规律。其中，历史规律支配社会规律，社会规律支配环境规律。生存规律也支配环境规律，社会规律决定人类多大程度控制了环境规律并使环境规律服务社会规律。社会规律就是现今人类共同生存利益相互作用形成的规律，它遵循经济利益最大化的原则，例如，经济全球化。环境规律只是有着具体利益诉求的人们之间相互作用的规律，也遵循最大化的原则。历史规律是古今人类为了克服各种分离而构建的多样性统一的世界的规律。历史规律遵循交往最大化的原则，它是对生存规律和社会规律的超越，抛弃了狭隘的具体利益和经济利益对立和诉求，实现了根本利益一致，实现了万物统一，个人摆脱了生存束缚并自愿遵循个人利益最小化原则。

有一类不觉悟的人会把规律决定的顺序颠倒，认为个人生存需要决定一切。另一类不觉悟的人会认为个人命运受外界规律决定。只有历史唯物主义者懂得人民创造历史。历史规律是人民相互运动的结果，每个人都是规律形成的因素。这个历史的规律就是世界规律。世界规律不是古今生存规律的共同性，而是古今一直遵循的克服分离实现多样性统一，创造经典，彰显人类存在的规律。历史规律证明了人类存在的依据和价值意义。历史规律使人摆脱了利益束缚，通过克服"偶然无序的无限压迫"，实现了万物统一，人类统一，形成了世界。

每个时代的经典都是世界的有机组成部分，永久流传。如果人们只是看见了个人利益诉求，那么他们只能看见环境规律和社会规律，却无法看见构造世界的历史规律。甚至破坏世界，例如丢掉习俗，追求时尚。

只代表物质财富的东西就无法标识历史前进。例如，大量的专为满足需要的房屋建设一旦丧失，人们的需求就会荒芜。只有代表了当地风俗的建筑才会构成世界本身，它标识了多样性的统一和分离的克服，时间使它有了历史感，即使没有人使用，也不是荒芜和浪费，因为，它就是历史本身。

人们相互作用形成的世界规律有益于每个人的命运。积极、理智地参与历史的创造就是把握自己的命运。积极、理智地探讨历史规律就是明智的社会公民。

人们一直相信人是需求者，不知道自己是万物分离的统一者，因此就不懂得人民创造了历史的真谛。即使他们承认人民创造历史也仅是从大量实现了的社会物质和精神需求来理解人民的决定作用。

作为需求者，人们依赖于环境，向往能够更好满足自己需求的环境，因此个人在环境面前总是弱者，能力强者就会左右大家的需求命运，而不是什么建设者。普通个人只有依靠某个强者才会生存下去。这使人们不会看见人民创造历史的规律。多数普通人只是需求极度匮乏时才会反抗现有的环境。

人民创造历史不是因他们的需求而是因他们的交往行为，只有完全摆脱了需求支配的交往行为才会真正地创造历史。人的需求服务人的交往时，历史就会展现在人们的面前。

人的基本需求能够得到保障时，人们出于对各种分离的痛苦克服而积极行动就会团结大多数的人形成万物统一的世界。当某个不幸发生时，闻讯赶来的人们就形成了共同面对的世界，它永久促进人类的健康发展。交往就是克服分离。交往就是人的真谛。表征交往，形成经典，就创造了世界。

人民是个历史概念，就是一切促进了统一的人们，它追求的是人类的共同一致的克服各种分离促进万物统一的行为。这里的行为不是满足多数人的需求，因为在需求方面各具特色，无法统一，只能是在社会科技与生产力高度发达时各自满意。每个人都面向自己的"偶然无序的无限压迫"，追求万物统一就是我们在共同创造历史，因为任何个人面对的"偶然无序的无限压迫"都有同感。他的就是我们的。因此，任何个人的行为都是我们在行为，人民在创造历史。创造历史就是表明人们可以共同面对一切"偶然无序的无限压迫"，实现万物统一的新世界，使我们生活在人人认同的经典化的世界里。因此，古今同在，共创历史。

四 历史是经典的沉淀

通常，历史在人们的眼里是个时间轴，它由过去指向未来。因为过去的事物是不完善的，人们活动的能力弱，无法抗衡外界，无法更好地满足需求。他们认为，事物的历史就是由弱到强，追求更

| 下篇　经典与人类存在

好地满足自己的需求，美好就是能够全面满足人的需要，因此美好都是指向未来。

这样的历史观只是史学历史观，不是哲学历史观。可惜，哲学界还没有自己的认知统一的历史观，因为哲学家们仍旧在时间的维度来理解历史，没有把历史看成世界万物本身同在的运动，是一个都不缺的相互作用。对于人而言，历史就是如何统一偶然，解除压迫，创造经典，形成永恒的运动，找到（不是找回，因为人开始并不存在）人本身。

这是以往通识地从时间维度理解历史的观点，要点是历史就是为了强大，只有强大的才能生存，发展是为了更好地满足需求，征服领地，战胜弱者。被战胜者即使不是人类的同胞，也是一切自然存在物。强大的都是符合某种原则的事物，如果个体是不强大的，就要通过历史发展使个体强大。

人类也是如此理解自然万物进化的。"物竞天择，适者生存"恐怕是人类最大的谎言，它强调通过努力遵循某种规律，战胜一切对手使自己强大起来。自然界中，狮子不会努力地突破自己的领地，更不会努力突破本能的限制，飞到天空去。万物相互作用，形成了固定的依附关系，这种关系不依赖万物的意志（根本没有意志）为转移，因此不存在努力改变，突破本能如何更加强大的问题。一只羊被狮子吃掉是概率问题，跟羊是否努力成长没关系。

把未来当成最美好的存在，一方面是需求论在发挥作用，另一方面是社会内部的竞争，最根本的是人类还不懂得人是非需求的存在，人是统一万物的创造者。

由于人本性残缺导致万物分离，在生产力低下的情况下出现了生产资料私有制，为了更好满足个人需求，形成了需求和竞争的双重压力，导致人类必须努力奋斗，积累力量，把奋斗理解成一个历史过程，相信未来更加美好。如此解读历史，是一切旧理论的共同特点，但是却无法理解马克思主义的历史唯物主义。马克思主义的

第二章 经典与社会

历史唯物主义不是历史学,它是认识人类的全新理论。历史不是时间过程,而是事物相互作用的动态。在相互作用中,事物之间由分离到统一。自然界的一切统一被限定在特定的范围内,甚至是亿万年都无法打破。因此自然界就是被限定的统一性,固定的统一性。自然的历史就是流逝的时间长河,一切都在规定中,而且动植物的周期性发展使美好都指向了未来。

而人由于本性残缺导致万物与人分离,所以,人类就面临了两个选择,一是如何获得生存所需的全部物质资料,这需要指向未来,未来就是需求满足程度的不断提高;二是如何与分离的万物相处,这只能指向现今,它是以往的叠加,是即刻的美好。如果人是需求者,由于生产能力的落后,人的体力劳动和机器劳动必须结合,因此逼迫每个人都必须是生产者,所以,如何获得生存所需的物质资料问题成了主要问题,并且遮蔽了"如何与分离的万物相处"这一贯穿人类发展始终的根本问题。主要问题使人类成为需求者,并且相信,只有提高机器的劳动效率,人才能获得更多的物质资料,同时逐步把人从体力劳动中解放出来,这样,人类的希望就是指向未来的。用需求论理解人类的行为,就遮蔽了马克思主义的历史唯物主义的根本含义。

历史唯物主义理论是在实践基础上来理解历史,因此又叫实践唯物主义和辩证唯物主义。实践不仅是劳动和生产,但是无法脱离劳动和生产。在劳动和生产中人是受外界支配的需求者,当在劳动和生产中人发现了万物分离而且需要万物统一时,人类才找到了人只有统一分离的万物才有了自己存在的依据,这就形成了实践本身,实践是认识世界和改造世界,它的对象是人行为外化的世界,而世界只能是万物统一的状态,是眼前,人的世界就是世代的眼前的经典的叠加。因为需求具有暂时性,而万物分离的压迫性却具有永恒性和对于所有人的一致性,所以,个人面对分离追求统一就是人类共同面对分离而追求统一,与其他人的追求具有叠加性,因此个人

· 177 ·

下篇　经典与人类存在

具有了永久的人类性，人类找到了自己存在的依据，同时个人也找到了存在的依据，而且个人就是人类，人类就是个人，人在创造历史，即创造世界中找到了自己。这是使人高尚的依据，人因创造万物统一的世界而存在。况且，面对"偶然无序的无限压迫"而生是每个人的共同话题，是我们共同面对，是共建，是把一切都统一的经典，是历史。历史就是共同面对，共建经典，它永久是当下，因为偶然永远都是一个当下的偶然，你时刻都要面对它，即使它在过去或将来发生，你只有在当下表征了同在，才能解决分离的压迫感。

凡是经典都留存了——而且没有了功能，留下的组成了世界本身。经典就是在特定背景下的多样性的统一。经典表征了共同面对的关系。

此时，历史就不是更好满足需求的未来，而是指向现今就实现的万物统一的眼前。当我们共同面对了，万物分离的压迫感就消失了，万物就统一了。我们不可能等待明天解除压迫，实现万物统一，因为任何分离导致的压迫存在一刻，人都会痛苦万分，怀疑其他行为的价值和意义，使人的任何行为都无法继续使人快乐。人类需要终极关怀，那就是共同创造经典找到归属。共同面对形成关系就是统一，表征统一就是经典，经典因此就是所有人的经典。因此经典就是历史，历史就是所有人都在。

失去了最亲密的亲人，世界万物就会支离破碎，就会变得昏暗。这种感觉也许有一天会突然改变，那是另一个人来到我们身边的时候，万物同时光亮起来了。

备受战争和贫困折磨的人们，当长期感觉不到人性的光芒，却震惊人性的丑恶时，即使和平了，富裕了，他们也不会有什么理想和快乐，他们只有努力工作和沉默，只是为了活着，因为他们感觉不到来自社会的人们共同面对的人性的善良，旧时战争和贫困导致的裂痕已经无法愈合。施舍不是共同面对，因此乞丐不会幸福，共同面对是共同统一。你每天都施舍给乞丐，也不会使他幸福，因为一切都和他分离了。

人本性残缺导致人指向的只是眼前的万物统一。人类的一切行为如果不是带来万物统一，而是产生新的分离，人们都会认为这是邪恶的，痛苦的，无论这事发生在哪里，什么时候，是谁，动机如何，结果如何，谁受益，我们都会认为是错的。这就是人性善的本意。善不仅是帮助，更是共同面对分离。如果没有人帮助，当事人就会与社会有分离感，就会痛苦。哪怕是微小的帮助，人们都会在一起，社会是团结的。但是帮助不是共建，只有为了共建而帮助才是归属的幸福。

当人实现了万物统一了人就自由了。自由不是选择符合理性的行为，那是需求论的原则。共建论认为，共同面对"偶然无序的无限压迫"，统一分离就是自由本身，因为统一分离不会被什么限定，共建不是个人得到什么，只要共建就有我们同在，因此就是自由的。这样，自由不是个人的自由，是人类的自由。这是真正的自由。

本性残缺导致万物与人分离。如果人追求需求的满足，人就是有限的存在。如果人追求万物的统一，人就由有限的存在变成了无限的存在。人的有限是需求的有限，不是非需要的有限。当你是需求者时，注定是有限的了。人只有是非需求者，当他面对偶然无序的无限压迫时，才由有限者变成无限者，因为他面对的是无限，而且要把握无限的压迫而生，否则他是被否定的。

当人们共同面对了就会有许多经典的事情发生，这些事情就会标识人类共同的面对，人类就会幸福，在永存人类的记忆和行为中，积淀成人类的历史。当我们面对"偶然无序的无限压迫"时，我们就会结合我们的现有条件，形成共同面对的表达方式，形成可以共识的经典。经典就是多样性统一的共识。因此，经典就是归属幸福。

凡是经典的才能传承，才能构成我们的历史，即生命本身。什么是历史？历史就是经典的创造、积淀和传承。凡是不经典的以往都会丢失，都不是历史。如果丢失了经典，社会就会存在相应的分

下篇 经典与人类存在

离，我们的生命就会更加脆弱，我们就缺少了更多的自豪和存在的依据。

人的历史就是在不同的时代形成统一万物的经典，同时传承以往的经典，当经典多了，我们的历史生命就厚重了。生命力强大的民族都是有更多经典积淀的民族。

凡是更多追求物质生活的丰富和奢华的民族或时期，都会在繁华过后，烟消云散，因为他们没有机遇利用繁华创造足以使自己坚守下去的更多的经典，即没有了团结共建（牺牲自我需求）的信念。

我们愿意回到故乡是因为那里有值得回忆的一些经典的事情，它们是我们共同面对分离的故事，是我们过去的骄傲。如果我们只是感知故乡的贫困，只是感知某些故乡特有的享乐，缺乏共同面对的艰苦卓绝的建设故事和那些永久的改变，我们就会永久地失去故乡。离开故乡是人类还不懂得经典就是个人生命本身，不懂得故乡是我们不会漂泊的根系。古老的村落都是有了更多的经典的世代叠加，生命力仍旧在是因为叠加在继续。更加根本的原因是，商品经济使个人物质生活的费用日益提高，形成了相对贫困的市场化生活方式，个人因需求膨胀而无法坚守经典和创造经典获得尊严。反过来，坚守经典就会更加远离社会时尚，成为边缘人，无法满足膨胀的需求。如何满足自己的物质生活需求成为人活着的无奈的主题。

任何经典的形成都是我们面对某种分离必须众志成城，才能生存下去的时刻。只有用隆重的仪式纪念它，人类的个体才能克服个性的弊端，找到永久的共性力量。并且可以一个人怀揣对经典的信仰，快乐而坚定地生活下去。有了构建经典的冲动，人类才会伟大下去。一个人只有用一生创造一个经典，他才能感知人类的经典和人类的历史，他才知道自己的生命的宏大与永久。即使那里已经荒无人烟，圣地仍旧在那里，他仍旧在那里，人类永久在那里。

可惜的是，在商业时代，任何分离的克服都通过金钱的购买行为由他人代替实现了。这样克服分离，就不再是我与他的共同面对，而是他人的替代，甚至是一种技术操作行为，一种金钱购买的技术操作行为，没有了构成我的生命阅历的感觉，因为是专业技术操作完成或克服了的一个事件，在这里没有当事人，只有事件，一个需要克服的事件，不是克服了分离形成了值得纪念的我们共同创造的经典。任何事情的发生都没有人的存在，都是技术操作，都是一种需要的满足，是金钱链接的技术操作行为。

这样，人类没有了构建经典形成世界的可能，只有个人的及时行乐，每个人都独自面对分离的苦难。

第三章 经典与生活

经典是在现有的条件下,共同面对"偶然无序的无限压迫",用某种象征的手段升华分离,表征物与物、人与物、人与人之间的同在的关系(定义)。在日常生活中对经典的追求形成了经典生活。经典生活就是升华日常中分离的万物,直观经典,在思维中感知人与物共在的世界(定义)。

关系内含无限可能。构建与面对表达了关系的经典,就可以使人认识一个内含无限可能的关系世界,在这个世界里,人可以找到自己的价值与意义,找到自己本真的状态,找到自己存在的无限性。因此,人通过经典证明自己与世界的存在,证明自己的幸福生活是什么。

第一节 生活就是按部就班的经典

真的生活就是如何面对眼前的分离。正是对这个问题的不同的回答形成了不同的生活理念与方式。如果我们从需求的角度来理解如何面对万物分离,就会形成精致生活观念与方式。**精致生活就是制造各种分离追求必然,寻找最优,满足各种需要,即通过生产与消费,追求与创造精致的生活环境(定义)**。

如果我们从共建论的角度来理解如何面对万物分离,就会形成经典生活观念与方式。

一 经典是一种生活方式

生活是什么?这是困扰人类的几千年的问题。有没有一切生活

第三章　经典与生活

的共同点？即表达了人本真的唯一的生活方式呢？它使所有的人都幸福，而不是只使一些人快乐一时，到头来谁都不了解幸福。如果人们懂得经典生活就会找到这个美好的生活。使美好的生活源于所有的人，属于所有的人。

以往人们把美好的生活理解成享乐和财富。一切存在物都是为了人的享乐。享乐就是最好地满足人的各式需求，使人避免了短缺，而且能够顺从心愿。为了更好地享乐，必须有足够的财富，因此美好的生活就由享乐和财富构成。

可是，财富需要通过劳动创造，通过竞争获取。因此，为了享乐人必须辛苦地劳动，必须经得住成败的考验。看来，更好的享乐是建立在"苦中的享乐"，它本身就伴随痛苦与不幸。尤其是当一个人占有了更多的财富时，必然导致更多人的艰辛生活。这一切都会使觉悟的人们不得不反思，享乐的生活是道德的吗？享乐究竟证明了人具有什么样的价值和意义呢？难道人活着就是为了更多地获取吗？那么，人走后，这些获取物还有哪些是他人的享受物呢？而且一个人在享受的同时又给他人造成了怎样的不幸呢？我在享乐的时候对于多数人是正面的有益吗？如果一个人的享乐必然导致多数人的痛苦，那么人类还有真的享乐吗？

通过对这些问题的反思，我们知道了，人的生活不是如何享乐，它应该有更有益于人类的行为。有人说，如果不是一些人去享乐，而是天下人都去享乐，那么是否就没有了人间不幸了呢？

古人讲"同乐"。"同乐"就是共同享乐吗？共同享乐是否会导致平均主义的产生，无论干多干少都一样，那么多数人是否没有了自己存在的价值和意义的证明呢？人人都能享乐，如果是各具特色，那么他单凭自己又是如何实现的呢？如果事事互帮互助，那么，如此繁多，人与人不同的需求如何安排呢？如果是单凭自己之力，那么他的享乐又如何是与人同乐呢？

如果是每个人的享乐都是不一样的，那么如何证明他的享乐对

· 183 ·

| 下篇　经典与人类存在

他人具有广泛的价值和意义呢？而不是妨碍呢？如果单个人的享乐没有广泛的价值和意义，那么人和动物的享乐又如何区别呢？因为，狼和羊就不会同乐。

看来要想让享乐能够把人们连成一体，那么只能是享乐同样的东西，感觉同样的结果。这样，恐怕人类就会因单一而灭亡了创造能力。

人不是享乐者，即不是需求者。人与其他万物的唯一区别是人有思维能够感觉"偶然无序的无限压迫"，人被这个"无限"不断地逼问，人只有使之有序，才能解除压迫，人因此是万物生命的创造者，而其他万物都是需求者。动物只是在适应环境过程中获得所需的一切。而且获取充分，生命就会饱满。而人则不同，他必须共同创造世界，人类才能对自己的存活表示满意，人与人之间才能更团结，才能证明自己是如何存在的。这样，他的存在是正面的，积极的，有益于所有人的，因为我们是共同创造者，不是需求者，我们的同乐不是需求的满足，而是共同创造万物的快乐，因为你的创造就是我的创造，我们都解除了压迫。这样，他一开始就是饱满的，因为他不是需求者，没有需求的焦虑。这个饱满不是需求满足后的饱满，而是灵魂的饱满，因为在共建中，世界就已经在他的理想中了，而且现实的世界就是他本身。

人们不是为了满足需求而创造什么。为需求而创造，那是平庸的活动。因为，需求最终会消灭一切创造。创造是创造经典，它使每一个事物都找到了自己存在的位置，成为不可缺席的万物同在的表征者。它们与世界融为一体。这样它们就因永恒而神圣。反过来，那个神圣之物不也是创造者本人吗？此时，人何需之有？他已经融入世界的历史长河之中。这样的生活就是永远幸福的生活。每个人都遵循"用最小的价值消耗创造最大的意义人生"的原则，人就不是需求者了，而是世界的创造者了。

当人出现时，他只是神圣之物的来源，即创造本身，他没有需求，因此不会破坏世界，因为他要一直思考与万物的关系。他在世界面前是自由的，因为他可以使一切有序，不是为了需求，而是为了使后来之物也经典地融入已有的世界之中。

如果他不是需求者，他就不是多元主体之一，而是人类主体的集合因子，他不会有人权的理念，他是类的存在。因此，人人都不会相互妨碍，也不是互助——人不是需求者，也不是和平——人不是需求者，也不是自我——人不是需求者，因为我们是万物共在的共建者。

经典生活就是借助日常活动中出现的大量的偶然性创造每个人自己的经典，使这些偶然的事件变得有序。经典融合形成了生活本身。这是在重复的日常中，人摆脱了单纯的物质消费，使每一次消费都具有了经典性，即直接体现万物融合。因此，生活就是按部就班的经典。

生活为什么是按部就班的经典呢？只有在日常往来，四季轮回，人物交往中处处经典，我们才能克服人本性残缺导致的万物分离与人与人分离，消除人与物分离形成的"偶然无序的无限压迫"，才会统一行为，直指世界本身，直观自己的存在与自由，在经典的不断再现中，永远感知自己的价值与意义。

有了经典生活，日子就没有了贫困与富裕，环境就没有了艰苦与便利，人生就没有了痛苦与快乐，世界就没有了战争与和平，生活中就没有了你与我的分离。因为，经典生活不是比较需求满足程度的个人生活，而是共同面对分离的生活，这种生活没有得失的困扰，所遇之物都是表征世界存在的契机。因为是共建了，是人人共建，人物共建，因此处处是表达，处处是宁静致远了，处处都是我们了。我们生活在共同的思维中，不是生活在需求互换中。

每遇一物，我们都倍加珍惜，都看见了内在的世界，看见了我们的自由与尊严，这无关贫瘠与富有。它们都帮助我们直观了解自己，表征了世界。它们受到了神般的礼遇。我们也因此像神一样地行为庄重与面部祥和。

| 下篇　经典与人类存在

　　这样，我们的心情不是因为某物是更好的而快乐了。我们的心情始终都因共同面对与共同建设而喜悦了。我们不是需求者，因此没有了得失的纠缠了。

　　如何单单是某物让我快乐，那么我是依赖它的，我没有生活，只是活着。**真的生活就是如何面对眼前的分离，就是让一切没有生命感的分离物，获得永恒的生命与尊严（定义）**。永远使之活着，才是人的生活。因此，生活就是人的存在证明。所以，生活总是人的生活。

**　　二　经典生活形成的认识条件性**

　　经典实现的条件是特殊条件吗？是一般条件，还是一定条件？经典的实现是无条件的现有。那就是表征共同面对分离的关系就会形成经典。千里送鹅毛，就是最好的表征。表征不需要特殊的条件，只是需要现有的条件。

　　第一，我们要有即刻解除一切压迫的愿望。

　　人类一直把希望寄托在某个具体条件下，或者寄托在未来，这是动物式的思维。人本性残缺，因此人没有了任何具体和未来可言，因为，人是面向一切偶然而生的。面向一切偶然而生，哪有未来和具体呢？偶然是不确定，因此没有具体的偶然；既然不具体而且又是包含一切的无限压迫，你怎么指望它有未来呢？你想即刻解决一切，因此它既不是具体，又不是未来，而是眼前呀！

　　有了即刻的价值取向，我们就必须面对一切了，必须拥有世界了。因此人不是得到什么具体，而是拥有世界了。这样，就没有了佛家的分别心，而是统一一切。没有了爱和恨，只有博大的宇宙胸怀，悠远的情感。这如同我们登上了最高的山脉，一望无际的天地，我们忘记了任何具体的事物，只有博大的宇宙胸怀，悠远的情感。人的幸福感是充盈的。

　　如果考虑一生的得失，一切都会被撕成碎片，喜忧交加，都感觉一生碌碌无为。即使我们忘我地投入了造福他人的事业,因为个人和团队的能力总是有限的,因此遗憾总是有的,而且有的是一生的遗憾。

第二,我们要面对偶然而生。

如果我们面对偶然而生,共同面对,那么一切都会是美好的,没有了成功和失败,没有艰苦和优越,没有先后和聚散,没有了得到和失去,没有了生死和别离,没有了安危和祸福,真的进入了无我的极乐世界。

如果面对必然而生,就有了具体和未来,就有了成功和失败,就有艰苦和优越,就有先后和聚散,就有了得到和失去,就有了生死和别离,就有了安危和祸福,真的进入了人间地狱。就有了人无能为力的条件性。**无条件性就是人在任何情况下都是世界的创造者。**

第三,我们要与万物共生。

人在创造经典时是无比强大的。在学术界,我们至今不懂得在封闭的大山中,人们还能创造如此辉煌多样的文化活动,为什么他们世代在这里能够繁衍生息呢?是因为,他们借助面向偶然而生,借助日常敬畏经典而生。因此,他们没有了在现代优越的城市生活中的不便的感触,没有了个人式的市场化的生活。他们的生活既不是个人消费和享乐,也不是普天下的"消费和享乐",也不是大同社会。由于封闭和物资匮乏,他们必须面对偶然而生,用万物表达共同面对的关系,创造经典而生。即敬畏万物和珍惜万物而生,把万物与他人都当成有尊严的人的生命本身,人物同体,都在那封闭的世界里永存。看见他人与万物就如同看见了自己。在创造经典中,他们看见了无数的偶然的身影,感知万物神秘的变化,他们追求万物统一,因此思维异常活跃,智慧如此博大,世界如此完美。人们群策群力,共同创造经典,人人归属幸福。

第四,我们要表达共同面对的关系。

现代人由于是为了享乐和占有,因此一切都是指向未来的焦虑。

下篇　经典与人类存在

经典的生活，就是即刻面对眼前的一切分离，用象征的手段，表明我们共同面对，形成了关系。关系就是内含一切可能，因此发现与相信关系，就没有了个人的苦恼。反过来，证明关系是否存在的标志物是经典，当关系被证明了，那么世界就存在了，我们就都在了。婚礼仪式就是面向两个人生活的经典。有了这个仪式两个人就有了夫妻关系，就有了共同面对一切分离物的可能，就形成了二人世界。夫妻之间同甘苦共患难，面对一切，没有内心的恐惧，只有共同奋斗的行为。经典的家庭生活就是共同面向偶然，即刻解除压迫实现了多样性统一，人们看重彼此之间共同面对的家人关系，看重的是因共同面对而表达出来的亲密的感情关系，因此每个表达物都是我们共在的证明，都是神圣的不可或缺的，都是世界的组成部分。这样的家庭是有着丰富内涵的，是不断丰盈的，是感人的，是无我的，是快乐的。这样的家庭故事是永远留存的，是永久的故事与世界，因为没有了左右人的过度消费需求的压力，它是独立长存的。在处处经典的文化氛围中，个人就会找到同类与共同面对，内心就会有博大的力量。

可是，人们都把自己当成需求者，总是渴望能满足一切所需，一切都随自己的需求之愿。心里就会不断涌现消费压力了。因此，即使有了经典的结婚仪式，由于把好生活当成了需求的充分满足，因此焦虑无比。

经典的伟大意义在于使人拥有了人的各种社会关系，因为经典意味共同面对，人因此获得了解放。没有经典就没有人的社会关系，只有社会联系。社会联系只是使人成为暂时的人，社会关系使人成为永久的人，人的存在被证明。有了关系就意味人与人共同面对一切分离，而经典证明了关系的存在。

人为什么需要解放，是因为分离产生了压迫。解放就是从分离压迫中解放出来。解放同时也是人本身本质确定的证明。而且人看见了万物如滔滔江水般流逝，人必然思考人与一切是什么关系，且要看见人自身的高贵、伟大和永久。

第五，我们要在思维中形成无限的观念。

人为什么会看见万物流逝，就是人本性残缺，没有了内在的本能把人与具体的环境结合起来，人是环境变迁的产物，只需感觉具体环境的变化凭借能力获取所需，无法实现个体与环境的完美的整体性互动。本性残缺使人与一切都分离了，且一切都是"偶然无序的无限压迫"，这个压迫让人思考人与一切是什么关系。因此人发现了一切。而这个一切是通过偶然表现自己的，因此具有不确定性，就形成了无限压迫之感。这样人就必须面对"偶然无序的无限压迫"而生，思考如何与它们相处。

反过来，人必须考虑自己也是如何无限的问题。形成了肉体永生的无限观，或者是灵魂永生的无限观，或者是上帝救赎的无限观。但是这些观念指导下的生活都把人当成需求者，也就是人都要依赖外界而永生，这样永生的人就不是人的永生了，他总是被某种外部力量支配的永生，他是苦于自己生命的短暂，生活的艰辛，他是痛苦的苦行僧。因此，一旦永生就是逃离苦海，就是永恒的静止。这样，他即使逃离了苦海，获得了永生，也没有了存在的价值意义，而是在现世的消失。

第六，我们要在思维中感知包含万物的世界。

人如果共同面对"偶然无序的无限压迫"，就会形成共同建设，创造统一万物的经典，形成社会关系，并通过经典证明关系，且使关系永恒存在，也使人永恒存在。因此人这时是创造性的，他创造了统一万物的经典，形成无限面对的关系，形成了永久变化的世界。

"偶然无序的无限压迫"是不确定的变化，因此人面对它就会形成永久的变化和创造中的世界。世界就是万物统一，一切同时存在。只有人才能使世界存在。世界就本质而言就是一切同时存在。自然界不是世界，它是大化流行，生生死死，来来去去，没有长久的事物，一切都是暂时，它是万物生死的环境。而人创造的经典内含一切，本身永存，因为"偶然无序的无限压迫"是永存的，人对它的感觉是永存的，因此表达感觉的经典是跨时间和空间的永存。

一切为什么会同时存在？这是理解世界的关键，世界必须是一切都同时在其中。自然界也会永恒流淌，但不是一切事物同时存在，因此自然界是个过程，一切都是暂时的过客，且被必然性决定，这就是环境，不是世界。世界是一切同时存在。为什么会有一切同时存在的世界？是因为人本性残缺导致一切都与人分离了，而且一切都变成了"偶然无序的无限压迫"使人痛苦不堪，人必须面对一切"偶然无序的无限压迫"，且同时解除压迫，人才能获得解放。为同时达成诸多目的，只能是用非需求化的表征人们共同面对分离的万物而创造经典，表达关系，内含无限，形成一切同时都在的世界。因此，经典生活也是创造世界的生活。

第七，我们要懂得共建的伟大意义。

为什么是共建，而不是单独建？因为最初的目的是要解除压迫，消除痛苦。要想解除压迫，就必须共同面对，共同面对就会没有个人得失，人就不是需求者，人就是建设者，人就没有痛苦，单独面对就会因个人能力有限而有了得失，就会永久痛苦，就会逃离。所以，经典生活是需要共同面对的。

怎么证明我们彼此是共建？那么就是创造经典。因为经典不是满足了谁的需要，而是表征万物统一，彼此没有了分离，解除偶然无序对人的压迫，因此经典属于人类，你建就是我建，因为面对"偶然无序的无限压迫"我们有同感。

有了共建更加重要的是，我们彼此形成了关系，关系就是我们共同创造新的生命，且不是为了满足谁的需求，而且是自愿自觉的渴望。令人惊奇的是只有共建经典，才符合既创造新生命，又不是满足某个人需要，且又是自愿自觉的渴望的条件。这样人的本质形成了，而且我们第一次明白了人的本质就是共同创造经典，形成世界，而且人不是需求者，也是自己本身的创造者。这就是关系的本质。

第八，我们要懂得人在创造世界中形成自己的本质。

为什么说，有了关系，人就形成了人的本质呢？人就是人了呢？人只有彼此形成共建，成为世界的创造者，人才有关系。有了关系才是共建，才能创造一切且是同时在创造。"共建"与"关系"因面对"偶然无序的无限压迫"而同时形成。因关系有了永远无限可能性的创造行为，人因此是无限创造本身，人成为人。只有创造者才存在。当上帝是创造者时，上帝是存在的。当人是创造者时，人是存在的。理性创造一切时，黑格尔就认为一切都是理性的产物，理性是创造者，理性是独立存在的。创造者是内涵无限可能的存在。

人是唯一独立于自然之外的存在，因为他有创造性。关系使人有了创造性。因为关系表明我们面对一切偶然而生，创造一切而生，一个人不会面对一切，也不会创造一切，他会畏惧一切。一个人活下来的例子可以找到，但是面对误解产生的分离，如果他相信没有人能懂得他，永远都没有人懂得他，即使是上帝也不能懂得他，那么他还有可能面对一切分离产生的压迫吗？这个压迫就是无限的压迫力，就会毁灭他的。因此人总是渴望有人理解他，懂他，就是和他有共同的追求，哪怕对方根本无法协助他。陌生化就会毁灭人类。没有关系，人只是生存，只是和环境发生联系。他依赖环境而生死。

因为共建，所以，每个人都在永恒地建设（如同中国传统的家族行为，世代相传，一脉相承，没有个人死亡，只有个人永生，他的影响永远在家族中，因为他的经典是永恒的），人只有生，没有死。

三 传统幸福生活的路径

人是如何通过确切的形象而存在？这不再是思考的问题，而是形象确立，且可以感知的问题。任何人的确立，都是人类本身的共同确立，个人无法确立。人类通过经典生活，找到了自我确立的终极答案。

· 191 ·

下篇　经典与人类存在

人类一直在寻找美好的生活。他们的思路一部分是从感性出发，另一部分是从理性出发。

从感性出发，就是从眼前贫瘠的凄惨的处境，来理解美好的生活应该是需求的完全的满足。为了完全满足需求，一部分人走了善良互助的道德之路，另一部分人走向了来世的宗教之路。这是从封建社会开始到如今，人类主流的思路。

从理性出发，就是通过现象看见变化无常事物背后的恒常不变且支配万物的理性，人们普遍相信只要人掌握了外部环境中一切事物运动的规律，就可以利用眼前的一切事物，满足人类的一切需求。

无论是从感性出发，还是从理性出发，都是把人和外界对立，个人的生活环境永远是不完美的。如果环境完美了，那么人就在完美的环境中自动满足了一切需求，人就是适应了环境的动物了。不管这一天是否能够实现，可以肯定两个问题，一是在没有实现之前，人一定会因需求得不到满足而普遍处于痛苦中，二是一旦完全满足了需求，人就回归到了动物界。

人生是短暂的，如果按照需求论的观点来理解人的问题，人就是悲剧的存在。人们终日忙碌，四处奔波，即使到了所谓理想的地方，也会发现难以抹平以往的痛苦的阅历，而且，眼前的理想之地也会存在众人的苦难。因为，需求是变幻莫测的，更因为人的感觉也是变幻莫测的，而且人感觉器官有一个机制就是关注一段时间后必然产生麻木现象。人必须不断变化自己的关注热点，否则人就会疲劳沉闷。如果人们的关注点始终都是需求的满足，而新产生的需求不一定能够实现，因此人总是在关注点转移后茫然无助。这样，就会产生不满足的焦虑和满足后的无聊。因为没有满足和一直满足都会使人痛苦。为什么人会痛苦，因为人在需求中始终都是对外界的依赖者。

看来，更加重要的问题不是如何全面地满足人的需求，而是如何解除人的痛苦，永恒地解除，且让人永远幸福。

有没有在人的需求之外使人类时刻幸福之路呢？我说的是时刻的幸福之路，是所有人的幸福之路，是任何时代的幸福之路。

至今为止，他们把人当成需求者，因此还无法发现这个幸福的天地和思路。因为，他们都把人当成了需求者，这样，人类就不可避免地产生了对外界的依赖，而人的能力是十分有限的。

他们看见了人的肉体，看见了为了满足肉体需求而发生的合作与冲突，如何通过合作减少冲突，增加财富，成了他们的根本任务。

有的人直接否定人的需求，主张在无欲和无求中冥想或修炼中感知人之外的佛界的无限，并把自己变成法力无边的佛。这里的人佛统一，一是人的消失，而且是极少数人成佛，人成为被否定的对象，人成为依赖人之外的佛，这样，人还是需求者。如果没有人之外的佛的预先存在，那么人就不会解脱苦海。在没有成为佛之前，人还是痛苦的，而且成佛之路，也是苦修。在成佛之前和成佛之后，人都是被否定的对象，所以佛教否认人的需求，并没有使人成为人。

有没有，在否定人不是需求者的同时，使人成为人，即幸福者？

如果我们懂得了人的需求是如何产生的，那么人就会找到人本身。

四　早期人类使需求匮乏升华为图腾世界

动物凭借本能适应了特定的环境，获取了生存资料，因此动物不存在创造事物、满足需求的问题。

在宇宙进化中，猿脱离了森林，来到了地面，环境由简单变成了复杂，这样，猿攀缘和摘取的本能优势就丧失了，内在的本性表现为残缺性，这样猿就和特定的自然环境分离了，一切都与它分离了，成为异己的力量，它必须努力劳动营造新的非自然的生存环境，获取所需之物，这就产生了满足各种需求的劳动行为。

由于人类的生产力在早期是十分微弱的，如何满足需求在私有制产生后，成了所有个人的根本问题，因为，在任何团体中，人与

下篇 经典与人类存在

人之间展开了需求争斗，原有的部落之间的生存争斗转变成了国家内部的阶级之间的斗争和每个人之间的斗争。如何满足需求，成为人与人之间往来的根本理由。

在没有产生私有制之前，人们共同生活在部落里，平等满足每个人的需求，人们的需求不是个人之间的问题，是人与支配外界的神灵中之间的问题。由于神灵的绝对强大，且不和人争夺同样的需求物，所以，早期的人类一方面承认神灵支配一切生命的生死，另一方面也相信神灵也能满足人的需求，因此人类通过祭奠神灵，获得神灵的恩赐。这时，人和一切都是统一的，人类不是生活在一个满足人需求的自然环境中，而是生活在神人共在的世界里。神、物、人三位一体。这种万物共生的世界是自发的、自然而然形成的。人类主要依靠采集和狩猎生活。一切都依靠自然生长物，同时也需要人类通过集体合作才能满足全体氏族成员的生存需要。任何个人的自私都会导致氏族的毁灭，同理任何个人时刻都无法离开氏族而存活，因此没有个人需求问题，只有同建问题。

人通过神灵描述了一个神灵的世界。人生活在这个世界里是无比幸福的。这种幸福更多的是共同的生存需要而与需求物的天然的神秘的结合，而且是神创造了一切，且是与人同体的，神人一体。这是个神灵的世界。人们相信人与物通过神灵没有分离，除非某个神灵受到了触怒。因此，在人的生活的世界里，神是中心，是世界存在的标志，是共同的图腾，一切的一切因此而统一了。生与死，得与失都是具体事物在世界中的不断转移。一切都是具体的，包括神灵、石头，等等。人始终存在，没有了分离，就没有了恐惧和欲望，更没有了部落内部的争斗。反而，每个人都感觉无比强大，他能够感知他独有的神灵的存在，借此把握自己的命运。

神的形象一定是当地能够让人们团结统一的力量，且是日常所需的供应者和主宰者。个人之间是分离的，他属于自己的神的世界，因此他不孤独。人与人之间通过神而统一，不是因为每个人都创造了什么，所以个人的留去并不重要，每个人的生死都不会影响他人。

一切都是统一的，因此没有时间的流逝，只是事物与人的不同的转换。这就是由神统一的世界，不是统治，因为没有谁对谁的需要，我们永远都在。

第二节　现代生活的弊端

一　资本使生活方式利润化

在现代资本主义的今天，生活已经不具有万物融合的人生意义。人们原本通过融合万物的生活，证明自己生活的独特性和自身的存在。可是，资本主义商品经济只是获取剩余价值的经济，为了获取剩余价值，必须雇佣工人劳动。资本家付给工人的工资只是劳动力再生产的费用，不包括工人创生万物的费用，因此工人的生活只是一种通过商品消费实现了自身劳动力再生产的实现商品利润的生活。

现代资本主义社会一方面通过生活消费化，使生活与商品生产相结合，实现了商品的利润，另一方面通过提前消费和高消费，使工人处于更加贫困的境地，逼迫工人积极出卖自己的劳动力，实现了剩余价值的扩大化。总之，使社会变成消费社会，使个人日常生活消费化，就是使社会和生活完全服务于剩余价值不断扩大的生产，完全消灭了人创造世界，实现人与万物共生的行为。一方面，消灭了人类通过创生万物的方式形成各异的地方特色生活，也就消灭了证明了人的存在的生活方式；另一方面，生活消费化，社会消费化，工人为了提高消费能力，必然更加积极地出卖更多的劳动力，使资本家获得了更多的剩余劳动时间，获得了更多的剩余价值。

社会和生活消费化就会使工人把人的存在，即人生幸福当成更多物质与精神消费的实现。资本家雇佣的学者们倡导人是需求者，公开和巧妙地把实质是资本主义生产剩余价值的商品生产说成是满

下篇　经典与人类存在

足和扩大工人日常消费需求的生产，这样就麻痹了工人阶级自我解放和解放全人类的阶级觉悟，使全社会都坠入了消费的深渊。

西方社会和生活消费化就是人类自我存在的迷失。人类发展的方向是追求"自由人联合体"社会的实现，人们逐步从强迫性的生产活动中解放出来，拥有自由支配的闲暇时间，去创生万物，克服分离，构建和表达各种社会关系，创造了多样性统一的经典世界。科技的发展，生产效率的提高实现了劳动时间的缩小，工人有了更多的闲暇时间和高额的收入。如果收入和闲暇时间是用来创生万物，那么就必然遏制了工人的消费欲望和水平，使社会消费能力下降，这十分不利于资本主义扩大再生产和剩余价值生产，因此，只有让工人追求高消费的生活，才能达成资本主义商品生产的目的。让人们相信消费就是人生，高消费就是人生的指向，工人就会把时间和工资用来消费，那么就会使市场活跃，就会促进生产，获得更多利润。

在资本主义社会早期由于生产效率低下，工人不但工资收入少，而且工作时间长，这就形成了贫困普遍化。社会存在大量的失业的工人，贫困就会驱使工人去工作。因此，资产阶级可以借助工人阶级的贫困化不断扩大被剥削的工人的人数，获取绝对剩余价值。当科技发展了，相对剩余价值生产开始了，工人获得了更高的工资和闲暇时间，无法再用贫困逼迫工人在工厂长时间劳动了，更加的可能是工人如果日常生活消费维持以往的水平，提高了的工资收入就会意味他可以相应减少上班的天数也能养活自己和家人，这和扩大了的社会生产能力背道而驰，资本家集团是无法容忍的，因此必须扩大工人的消费欲望，购买更多的商品，帮助资本家集团实现更多的利润。因此，一个消费的时代来临了。用超前消费诱导，不是用贫困逼迫，是后资本主义和前资本主义驱赶工人把自己当成劳动力商品出卖的本质性差别。高消费生活也掩盖了工人阶级被剥削的本质，好像工人是为了获得更多的报酬过上美好的生活而去工作。

马克思主义始终认为，资本家对工人的剥削发生在生产领域，不会发生在消费领域。在生产领域，资本家占有了工人的剩余劳动，获得了剩余价值。而资本家要获得商品中的剩余价值，需要在消费领域通过等价交换的原则来实现。因此，当生产效率提高，商品的数量和工人的工资一起提高时，使社会和生活消费化就十分有利于商品中的剩余价值的实现，这就是高消费社会的秘密。剩余价值生产仍旧在主导资本主义社会的运行，消费只是商品中剩余价值实现的手段，处于从属地位。

二　商品的流动性使世界失去了神圣之地

韦伯在《学术作为志业》的演讲中，有一个被广泛引用的著名段落："我们的时代，是一个理性化、理知化，尤其是将世界之迷魅加以祛除的时代；我们这个时代的宿命，便是一切终极而最崇高的价值，已自公共领域（Öffentlichkeit）隐没。"古人通过对超验存在的体验，确立生命的意义与目的，获得所谓"安身立命"的根基。而今天，世界因科学而知识化了，以往"神秘"的天象变得清澈而简单，一下子就失去了魅惑之处。对人类而言信仰失去了以往神秘的根基，而科学又无法为生命的意义提供新的根本依据，没有了客观性和公共性终极价值，人茫然若失，行为没有了共同的依据。但人会思维，会询问万物与人的关系，因此，人不能没有对终极关怀的信仰。

人是世界的存在，在世界的存在中，人克服了分离，找到了归属。他通过持久地活动，融入经典环境的建设中，因此而使自己具有了世界性。

世界，不是地理概念，它是人的生命融合体，是人类共建的结果。每个人的生命只有融入世界，他才能找到永久的价值和意义，获得永久的生命活力。他的内心宁静而致远，他的行为稳重而大气。

人活着不是在世间游荡，寻找最美的享乐。更不是羡慕他人，怨恨世界。

下篇　经典与人类存在

　　我欣赏世界，是因为我懂得，我创造，我不是局外人，世界在某个点上离不开我，正因为我的努力，使那个时刻、那个空间的世界的那里的存在是独特的美好。正如过去的历史，正如人类流传下来的经典。

　　如果我是享乐者，我只能懂得我需要什么，世界是什么我是无法懂得的。因为，世界对我是外在之物，它又很大，我不可能看到一切。

　　如果我是世界的创造者之一，那么我会理解世界的精神，我依据理解就会统一我和世界的关系。虽然我没有游遍世界，只是生活在我的家乡，但是世界和我在一起，世界上一切美好的事物都属于我，因为我的生命已经和世界融为一体。因为我了解我的故乡发展的艰难，而且今后的艰难还需要我来面对。

　　可是，商品经济把一切神圣的事物都变成商品，而且四处推销，勾引人们的欲求，为了财富人们四处流浪，忘记了构建世界，没有了长期厮守的地方和爱好，忘记了把万物统一。

　　残酷的商业竞争，不断搜刮世界财富，把它们聚集在一些地区，使世界各地区财富两极分化，穷人的生活没有尊严，无论多么努力都会被嘲笑。理论家们又把人说成是需求者，幸福就是更多需求的满足。人们居住之地不是人们创造经典世界的场所，而是物质消费的欲望之都。

　　在欲望之都，没有了财富，就无法维系肉体，更无法懂得人活着的价值和意义，我不会关注你的命运，更不会关注万物与我的统一。

　　儿女长大了，也只是终要分离的个体，只能自己对自己负责。两代人之间，也只是血缘感情，没有了共同的追求，因为享乐的事情只能自己追求，只有你才懂得自己需要享什么乐。即使是分享，也只是对等的交换，没有了交换物，分享就是寄人篱下，低人一等。

　　父母老了，没有劳动能力了，收入固然没法资助儿女了；身体不行了，无法帮你照顾孩子了；父母的时间不多了，趁身体还好，需要四处看看，弥补过去的遗憾。人的一生快到了漂泊结束的时候了。

在需求论看来，人劳作就是为了满足基本需要和更多的自己享乐，人只能对自己负责。

在享乐主义看来，美好是自己集各种美好于一身，美好不是世界的美好，是我比别人更美好。因为商品经济使一切都流动起来了，有竞争能力的人就会更美好。

为了获得更多美好的事物，我要四处寻找财富，因此我无法确定我究竟在哪里生活、对什么负责。因为四处寻找使我不知道应该在哪里生活，真正需要我建设的是什么，因为我没有时间深入地研究什么，也就不知道自己对于世界的价值和意义是什么。

人本性残缺，不是本性自私。人本性残缺告诉我们，万物与我们天然分离了，当你不了解与万物如何相处，那么你就无法懂得自己的价值和意义，你就找不到自己的崇高和神圣。

如果你认为一切都有规律，受规律支配，一切都会自然成长，都会自然美好起来，正如你看见了春天，看见了花朵，那么就有了占有的冲动。如果你懂得春天是在与寒冬的搏斗中步履蹒跚地走来的，那花朵上还流淌着胜利与凄凉的眼泪，你就懂得了需要人类留守和呵护它们。更加关键的是在留守和呵护它们的过程中才会形成人类自身的价值和意义。

是太阳持续的温暖，才有了大地的春天。没有一个生命是独自成长的，一帆风顺的。这意味美好的春天是万物共建的结果。

互帮互助，使我们作为当事人美好起来，那么，他们呢？还有它们呢？当我们一切人与物都互帮互助时，就不会遵循满足个人需要的原则，而是演变成了环境共建了。

美好的世界不是通过一切人与物都互帮互助的方法，满足了一切人的需求，而是面对分离，人们考虑的不是需求如何更多地满足，

下篇　经典与人类存在

而是遵循"用最小的价值消耗创造最大的意义人生"的原则去创造各自的经典，使一切人与物都在世界中找到了自己存在的价值和意义。即世界是我们共同建设的，世界需要我们去建设。

美好的世界不是通过生产能力高度发达的方法，满足了一切人的需求，而是发达的生产力使越来越多的人能够多样性地创造经典，使一切人与物都在世界中找到了自己存在的价值和意义。即每个人都可以使世界有了新的经典。

美好的世界不是一切需求都得到了满足，而是世界的发展永远有艰难，在人们面对各自的艰难中，因创造经典，一切人与物都在世界中找到了自己存在的价值和意义。人是神圣的存在。

我是独立的，因为我在生活中遇到的问题都是特殊的，我必须独自面对。但是，这个问题对每个人都构成压迫，又是世界的组成部分，因此我和世界又是统一的。在各自的经典建设中，我们都在彼此影响中。

人不能只懂得自己如何生活，还要懂得在生活中如何建设世界。人不是对自己好一点，生活就美好了。只有把生活和世界统一，你的生活才是美好的。因为，集世界中各种美好于一身的生活不但是幻想，而且是绝望和贪婪。

当我是享乐主义者时，我的观念、情感、品位都会与绝大多数人不同，我找不到全心全意的知己，因此即使是夫妻这样最小的人数组合，在需求面前，也只能彼此通过相互尊重的方法在一起生活。

好在，人们在对世界发展艰难的共同感动中会找到统一我们行动的落脚点，让我们尽量协调观念、情感、品位，形成了真正的我们的共同体。此时，我们不是享乐，而是共建。

没有共同的感动，没有共同的理想，就没有我们的共同体。

如果人生就是如何享乐，那么就没有了我们的世界，只有使人四处奔波的商品世界。

人只有忘记自己是需求者，才会幸福。

三 当经典生活方式消失

人本性残缺，导致万物分离，解除压迫成为个人与人类永恒的主题。为了克服分离，人们就必须建立关系，形成对关系的信仰与表达，创造经典的生活。人因此成了一种文化的成长者。在经典生活中物的流逝表征信仰，是万物统一的经典表达。

人类的成长是文化成长。而文化成长就是克服各种分离的经典创造过程。有了经典，人的日常行为才有了共同的依据，同时使个人的行为上升为社会历史行为。这样就形成了进一步推动社会历史变革的力量。

人类的经典创造都内含某种理念，而理念内涵丰富的过程就是克服人间各式分离的过程，使人与人、人与物、人与社会进一步统一和丰富起来。

理念是共识。

如果没有某些需要克服的分离，那么就没有理念的产生。没有不断克服的分离就没有理念内涵的丰富。

没有了理念就没有了社会生活。没有理念的社会就是物质交换，没有人的存在，甚至连物质交换都无法发生。

人的存在只能用理念理解，用关系统一，用经典表达。考古就是要找出三者的关系。消灭一个民族，首先混乱其理念，其次淡化其关系，最后毁掉其经典。事实上三者是完全统一的，它们统一的基石就是克服分离的社会历史实践。

人们看见了利益纷争，以为人类就是利益纷争的升华过程，而这个过程就是更好地、充分地满足每个人的需求。他们不知道利益纷争导致了人与人、人与物、人与社会分离，分离中的压迫是人类不幸的根源，也是人类前进的动力。

利益纷争导致的分离只是人类漫长历史某一阶段的产物，更多的分离来自人本性残缺。因此，不要夸大利益纷争在人类生活中的

下篇　经典与人类存在

地位，它只是某一阶段，或者是某一时刻的主要矛盾，始终都不是根本矛盾。当人们迷失了自我，财富无论多少都失去了意义，人们就会无视财富，苦苦挣扎，或自甘堕落。

因此，人类的利益纷争最终靠建立公有制，调节利益关系来解决，不是靠做大蛋糕来解决。当利益关系合理且明晰时，如果是财富绝对短缺，那么做大蛋糕就有了绝对的意义。一旦财富与生活方式相匹配，做大蛋糕就会导致新的利益纷争，导致关系混乱，进而进一步导致深层次的信仰迷失。这种情况一旦出现，就意味经典的生活方式消失了，人类开始暂时进入物欲的混乱时期——把消费的数量、质量与种类看成高于一切，唯独忘记了克服分离，追求统一的意义。

人的社会性、历史性不是工具的存在，它本身就是人本身。因为分离导致人的各种关系单一、匮乏。社会性、历史性就是人的各种关系丰富、饱满的过程，一个人的生命力也因此丰富、饱满起来。

如果人的社会性、历史性是工具性的存在，那么就是各取所需，就是利益交换和纷争。一个人的利益最大化就意味其他人利益最小化；一个人成为人就意味更多的人不能成为人。而且，一个人拥有的利益可能对其他人意味着无价值和无意义，那么这两个人都是不存在的。

事实上，人的一切正常需求的满足都是为了更多的表征，而且本质是"应然"，不是"实然"，即表征我们共同面对，共同建设，共同存在。

如果是纯粹的"实然"，那么只是利益交换的短暂的、平等的联系，一切都是分离中的压迫，而且逐渐加强。人被外界否定。因为更多的需求是无法满足的，而他人却可能大量拥有并且借此支配你的活动。

人只有利益联系，没有关系，就无法成为人。

关系就是共同面对分离，表征我们的存在。

而我们的关系是需要不断加强的，因此通过不断完善经典更加明确了我们的关系。构建关系就是共同面对分离，追求经典表达。

关羽屡次被加封称号，就是要丰富其忠义人格精神的内涵，在个人与国家关系中，为世人树立经典的楷模。

汉朝封关羽为寿亭侯，宋徽宗封关羽为忠惠公，明万历皇帝封关羽为大帝，清朝封关羽为忠义神武灵佑仁勇威显关圣大帝。

他为什么被官方和民间同时拜奉呢？而且民间的庙宇之多，没人能及。究其原因就是人们需要一个人格完美的个人，这个人一定是坚定的践行者。就此而言，关羽完全具备。关羽的一切言行都表征了忠君爱国的个人与国家的关系，因此他是典范。

他秉烛达旦，苦读《春秋》领悟忠义精要。他挂印辞曹，千里走单骑，只为情义。他华容道放曹操，恪守了知恩图报、义重如山的道德准则。

关羽的精神是历代共建的典范。军人供奉关羽代表无惧生死的人间大义；警察供奉关羽代表惩恶扬善的人间正义；商人供奉关羽代表童叟无欺的人间信义；百姓供奉关羽代表患难与共的人间情义。

为了引导民众的行为，中国人各行各业都有自己的圣人，圣人表征了人与人之间应该有怎样的关系。例如，文圣孔子，武圣关羽，亚圣孟子，茶圣陆羽，画圣吴道子，医圣张仲景，酒圣杜康，三百六十行行行都有自己的圣人。这些圣人规范了行业，密切了交往，使人们能够共同面对分离，形成关系，产生归属感，找到了共同的价值和意义取向。

今天有人把敬拜圣贤理解成造神运动，是愚民政策，是民间盲目的偶像情结，是民众无知。在他们看来，人应该个性觉醒，遵纪守法，凭能力吃饭，公平交易。但是，他们不懂得仅是公平利益交换，社会如何发展。因为完全凭个人能力获取，某些人发展了，并不意味大家都发展了，更不意味社会发展了。

他们不懂得人的发展不是需求发展，而是归属发展，即关系发

下篇　经典与人类存在

展，是共同创造美好的世界。他们只想公平地得到，不顾其他，只有联系，没有关系，结果是世界坍塌了。

没有了经典的生活，我们共同面对的关系就消失了，人与人之间的心就散了，彼此的交往就成了异类、冲突与否定。

为什么经典的生活会消失呢？

人本性残缺告诉我们分离是时刻永恒存在的，改变的只是我们如何对待分离。如果我们都是单个人去面对分离，相信能力，相信用实体性去不断克服各种分离，逐步追求统一，那么我们就失去了经典生活，走向了各自为政、物欲横流的混乱之地。

那么，我们要问，是什么力量使经典生活在人间产生的呢？是人的智力活动的结果吗？答案是否定的。当然，我们可以说，当丢掉了经典生活方式，那么就说明我们的智力是丧失的，有了经典生活我们的智力是正常的。但是，经典生活是生产力与生产关系相适应的产物。

人类的经典生活可以分成三类：人对人群依赖的生活、人对物依赖的生活、自由人联合体的生活。而这三种生活对应的是手工生产方式、机器生产方式、智能生产方式。因此，是生产方式决定了生活方式，每一种生活方式都是对如何对待分离，解除压迫（不是满足需要），追求万物统一的回答。

人在如何对待分离中，不仅满足了需要，而且要获得自由。如何共同达成这个目的呢？

事实告诉我们，单一追求满足就不自由。平等追求满足也不会自由，因为利益不可兼得，平等追求利益只能是相互限制。有人说，干脆放弃利益追求，回归自然，获得心灵自由。事实上，这种自由是虚无主义与个人主义，既不看重自己也不看重他人的处境，是完全地放弃，是完全听从命运的安排，或者说接受外界的支配，这就是人的虚无，即个人对自己命运没有了任何关怀。

自由永远是人创造了经典生活的自由，人在经典生活中，不是需求者，是世界的创造者，需要完全服务创造，因此，人是真的自由，人就是那个自由的世界。

自由，是衡量经典生活的根本标准。经典生活就是使人自由，即使人成为人。这里的自由不是政治自由，而是创造中的自由。在人对物的依赖时期，人获得了政治自由，即个人之间利益平等交换，没有了特权。在自由人联合体时期，人的自由不是利益平等交往的自由，而是人人共同创造世界的自由，这是真的自由。政治自由，还不是人本质的自由，它是利益交换的自由。人的自由一定是创造世界的自由，即人人都自由且又联合起来了，这只能是人类共同创造世界的自由。

在手工劳动方式中，人的自由是不充分的，因为人在自然界面前还是茫然无知，行为的范围十分有限，根本无法把握命运。人只是假借神灵的力量把人与人统一起来了，构成了人与人之间交往中虚假的幻想的精神的神灵的自由。人听从神灵的安排就在各种分离中感觉到了自由，是神直接给予的自由，不是共建关系中的自由。因此，不是真的自由，在手工劳动方式中人们还认为，人还是自然或神灵的产物。那个时期，人根本就不知道自己要创造一个世界，只是把外界看成就是如此的世界，或天然，或神话。其实，人用神话已经创造了一个世界。在神话世界中，万物是统一的，人与万物是统一的，且人与神也是统一的。但是，人在认知上还无法懂得人已经创造出了一个神话世界。人把一切美好的希望都寄托在神的身上，因为物质的极度匮乏与恐怖的自然灾害，人自感无能为力，只好祈求神的保佑。因此，可以说，生产方式决定了那个时期的人们的生活形式与自由方式和程度。

到了商品时代，没有了对万物一体的追求，任何认识都是把事物当成商品，当成需求品。资本家追求商品的价值，其他人追求商品的使用价值。在商品时代，一切必须首先是商品，然后才能是需求品。也就是说，商家的利益决定了生产，而不是消费者的需要，决定了生产。你能得到什么,不是因为你需要什么,而是因为你的需要,能够带来商业利润。因此人不是目的,人是工具,是商品获得利润的工具。

这样,所有的人都丧失了尊严,即人人都不知道为什么要尊敬他人。人不在彼此的心中。人们尊敬你,是你有钱。没有钱了,你的生死只能自己负责了。

在商品时代,人们从神的经典生活演变成商品的生活,这是一个旧的经典生活丧失,到新的经典生活过渡阶段。在过渡阶段中,充满了行为迷失与物质匮乏,因此悲剧也就充满人间。只有新的生活方式构建成功,人才能找回幸福与自由。

可是,资本主义时期,人完全丧失了经典的生活方式,人只是一个需求者,因此人总是被各种分离与欲望所折磨。

没有了经典的生活方式,个人之间就不会共同面对分离,创造经典,感知世界,获得自由,人就会在匮乏与物欲中迷失自己。人就会永远感觉贫困与不足的痛苦。

当我们没有了经典生活的引领,即使我们的生活环境金碧辉煌,我们也会感觉匮乏,感觉贫困,感觉欲望。仿佛人人都是穷人。

如果我们的心态与认知贫困了,所有的物品就会混乱地堆积在四处,它们要么有用,要么没用,都是等待审批的物品。它们没有了表征世界与人存在的意义,就是看见它们,你只能知道主人是富裕还是贫困,根本就无法知道他内心的世界是什么。人们根本就没有内心世界,只有无穷的欲望与痛苦。

这样,我们的世界消失了,一切都是消费场所,人类迷失在物品中。

人们开始厌倦、挥霍,寻求刺激,甚至甘于毁灭,才能消除分离导致的无序的压迫感。

第四章　经典与个人

第一节　经典面前人人共在

人如何存在？如果人不存在是因为本性残缺，同时又是万物分离，一切都是偶然的存在，没有了必然性，那么人的存在就一定是把"偶然无序的无限压迫"统一起来的创造世界中的存在，由于这种创造本身就是为了解除压迫，因此是我们共建，必然形成社会关系，使人拥有了自己的本质，且创造本身不是满足需求的行为，这样创造世界人本身就存在了。而创造就是克服分离的统一，所以有了经典就有了世界，经典就是多样性的统一。所以，人类必须在经典中存在。因为经典是永恒的。

一　没有中介的经典世界

一旦人把自己当成需求者，那么分离的万物就需要凭借人的需求活动而把它们在不同的时期有限地统一起来，人就成为它们统一的中介，这就产生了主客分离，以及万物成为没有自我生命的客体，且与人更多地处于分离状态，成为异己的压迫力量，因为人不会同时需求一切外在的事物。

人有意识把自己当成需求者是工业文明的产物。工业文明使人可以把自己加工的原料当成没有生命运动的静物，加工成满足人类各种需求的物品，并依据需求的顺序，周而复始地让它们入场，人的需要成为它们统一的中介，它们自身没有融合一体的动力。万物

下篇　经典与人类存在

第一次摆脱彼此的自然相互作用，成为被支配的静物，成为被消耗的物品。它们按照人的需求意愿被加工成符合人类需求标准的物品，加工、储存、消耗就是各种加工物的命运。有时，它们自身的外观特性被破坏，只是符合标准的物件，按照人类的理解的规范彼此结合，形成一个有用的建筑物、装饰物、公共环境、私密空间、器物等可以长久置放的组合体。这些组合体只是符合当事人的审美观念，根本没有考虑它们之间的组合是体现了各个构成体特性的生命的链接。

古人利用发酵技术使物体之间相互作用，利用时间的魔力形成了新的事物。中国的古代园林就是让万物彼此呼应，自然变幻，形成随时间流淌的生命世界。世界就是多样性的统一。任何一个统一体都是一个世界。

在埃及卡夫拉山谷寺庙中每块石头都和下一块石头完美结合，并能体现每块石头不规则的外形。

今天，我们并不知道古人用什么样的技术实现了如此巨大的不规则石块之间的天衣无缝的结合。也许我们只能相信那是因为没有人类需求的介入，只是为了实现石块之间的结合的审美哲学使古人有了如此魔力，或者是神秘的外星来客的完全的自然的审美哲学才形成了这些古代奇迹。在秘鲁马丘比丘的太阳庙岩石之间如此吻合，一张纸都无法塞进岩石之间。秘鲁库斯科省的印加罗卡宫的石墙，大量不规则的石块砌在一起，其中一些看起来好像是"融合"在一起。如果只是寻找古人的技术手段，就会误入歧途。技术是标准，它不尊重特殊性，因此无法理解如此不规则石块的天衣无缝的贴合。只有从纯粹的自然审美哲学出发，我们才能找到这个技术，理解古人创造奇迹的原因。

纯粹的自然审美哲学不是不要人类的利益，而是使人类追求自身利益只是为了做到促进万物融合。古人完全实现了这个目标，且没有丝毫的人的欲望，目标就是目标本身。他们的需求的实现是在尊重自然的情况下完成的，因此他们的日常生活世界就是一个完全的每家都各具特色的生命体。一草一木都是彼此共呼吸的生命整体。每个个体的特异的外部特征都变成了它们的尊称，受到了人们的喜爱。即使是残疾的动物也会得到很好的照顾，不会变成工业化饲养场的淘汰物。人们在享受丰收的喜悦时，总是充满对万物的愧疚和敬意，毕恭毕敬地奉献供品，对它们顶礼膜拜，祈求它们的谅解和保佑，这样人类才能在内心深处接受它们的生命完全转变成人类的生命本身的事实，实现彼此的生命和感情的融合。古人用万物有灵来解读这个行为。他们不是把人当成独立的需求者，万物也是独立的生命体，人与万物彼此生命互动。人为了满足自己的需求，因此牺牲了万物的生命。万物是有生命的，因此人要尊重万物，敬畏万物，否则就会遭到自然惩罚。

本性残缺论认为，本性残缺导致人与万物分离，一切对人都是"偶然无序的无限压迫"，因此人要解除压迫，使分离变成统一。这样，人就不是需求者，人也不是万物统一的中介。万物统一只能是体现自己特性的自然统一，但是这个自然只是指没有了人的需求欲望，没有了摆布万物命运的行为，只是解除无序。如同满山散落的石头，人类在尊重每块石头特殊外形的情况下，把它们贴合成墙壁，仿佛它们自然成长在一起一样。人们充分利用每个石头，尽管它们都是不规则形状，人类依然使它们严密排列，把工程和几何完美地结合。可惜，今人追求效率和利益交换，充分社会分工，会把石头按照统一标准切割，只是让它们变成有用之物，而不会让它们原有的特性继续存在，且统一在一起。这样，一切没有功用的其他外物或人们，在人类看来就成为异己的分离物，永久地成为人类抛弃的垃圾。

今天，处处都有人类利益的介入，因此利益交换导致标准化盛行。个人利益和标准化共同发力更加剧了世界的分离。如此看来，今天人类的审美远不及古人。钢筋水泥建筑的楼房，只是造型各异，但是各个部分衔接的细节只是精密，却没有了体现众多特异个性的偶然因素。

二 终止流浪的人类灵魂

人无论是在家里，还是出去，为什么灵魂都有流浪的感觉，是因为人是需求者，人需要在拒绝与获取中选择，其中包藏了得与失的感觉。

当我们需要的时候，我们就有了得与失的感觉。如果是长期得不到，我们就会有了人生的痛苦，灵魂就会流浪。如果仅是具体的某一时刻得不到，那么我们就会遗憾，痛苦感很快就会消失。

长期得不到的人生痛苦就是个人能力和成功的脱节，是绝望。有时候是外界条件的限制，如自然条件，社会条件，生活条件。更多的是个人条件。

在这里我不是想说明如何实现需求的满足，因为不仅因它很复杂，更重要的是，即使我们满足了一些需求，懂得了需求满足的方法，但是事物是变化发展的，原有的需求会改变，新的需求会产生，我们永远都会在希望、选择、实现的过程中焦虑，除非我们没有感情，只要有感情过程就会造成等待的焦虑，因为，这个需求满足后还有更多的需求需要满足，因此眼前的满足就成了次要的东西，这就会造成焦虑感。其实如果人是需求者，那么任何眼前的具体的需求与未来的更多和更美好的需求相比较都具有次要性，因此人的一生都会在指向更多的、美好的、未来的需求中非常焦虑。

反过来，如果未来的需求不是越来越多，不是越来越好，那么人就会即刻绝望，因为眼前就成了最好的需求，可惜它终究要结束，因此，人们即刻就会绝望。

更加可怕的是灵魂还会在选择与拒绝中漂泊。我们不会有与一切相遇的需求，更多的相遇是麻烦，是烦躁，同时我们又会在权衡中左右摇摆，举棋不定，不知道哪里是最终。这就是漂泊。

第四章　经典与个人

　　无论是巡游四方，还是出走他乡，我们都会有得失的焦虑，选择与拒绝中的漂泊感，追问哪里是归属之地。

　　无论我们是否走出故乡，对精致的迷恋都会使我们在比较中不安。精致就是集天下最好。精致的本质就是占有，因此才有得失。精致不代表什么，它只是代表自己，因为精致构成的要素，脱离了母体，已经成为一个抽象的符号，它们组合在一起只是符合一些抽象的标准，它仿佛就是一切，你没有任何顾虑地就和它拥抱了。因为符合标准，因此它是完美的。你和完美结合在一起没有了改变的必要，且它外在于一切事物，成为异己的压迫力量，因此如此强烈的结合就是占有，让它为你而存在和消磨。此时，任何精致都是许多要素符合了标准而被组合在一起的，因此任何要素都没有自己生长的艰难，都失去了独有的灵魂，只是为某些标准而存在。这样，在精致面前，你可以按照你的标准去选择它们，同时，又按照某些标准拒绝其他。在选择和拒绝中就有了灵魂的漂泊，因为占有支配了你的行为就是流浪，你占有的事物是没有永存之地的，你想占有更多，因此就得流浪。

　　游子就是欲望之子。我们厌恶了自己的出生地，想寻找更好的生活之地。别人的美好都是我的希望和渴望，它如此之多，我既难得到，又不能兼得已有的美好。我四处寻找，我成了游子。

　　与精致相比较，经典总是代表了自己的出生之地。"一方水土，养一方人"，反过来"养了一方水土的人，才能成为真正的人"。他养育了一方水土中的万物，因此他有了创造的喜悦，他与万物共生长。他认为，最好的东西都是能够成长的东西，它不但吸收了周边的精华，而且它就是万物共生的证明。一个人只有融入万物构成的共生长的世界中，才能为自己的生命找到依托。他不是为了满足自己的需求而走到这里，他要弥合人类与万物的分离，解除分离导致的压迫感，因此他与万物为伍，共生长，共呼吸。他的理想就是追求多样性的统一，克服"偶然无序的无限压迫"。

人总是通过他创造的事物证明自己，需求总是对人的能力的否定。

如果人是需求者，总之，无论怎么说，人类的灵魂都在流浪中。因为人依赖需求物，就是无，而且如此之多，就是流浪了，这和有无能力无关。人要终止流浪就必须创造永恒存在的经典。

三 个人与世界——圣人不仁

"天地不仁以万物为刍狗"。对于这句古训无论我们做过如何解答，今天我们都要重新认识。

以往的理论都把人当成是需求者。圣人就是满足了人们需求的人，人们因此而幸福。他们认为，人只要解决了自己的需求就是完美和幸福的人。但是个人的能力是有限的，这就需要有人帮助。那些能够主动帮助他人的人可以成为圣人。

人本性残缺，导致人与必然性分离了，人没有了天然的能力，即使是后天的能力形成也是残缺不全的，因此人总是要企盼人或者自己之外的力量。因此有了互帮互助和自我修养的道德论。

这套理论表面看来很完美，可是仔细分析我们就会发现，如果肯定人是需求者，人只有依靠圣人帮助成为自觉和努力满足自己和他人需要的人就会因每个人的能力都有限这个事实，而走向反面。因为，需求是绝对增长的，而人的能力永远是有限的，这就出现了个人单凭自己的能力是无法全面满足个人需要的，即使我们大力发展生产力和互帮互助，也无法满足人们的需要，这就必然在需要满足是人生第一要务的理论支配下，形成彼此争斗的大集团，它们可以是个人团伙，可以是血缘亲朋，可以是经济垄断，可以是地方纵横，可以是阶层阶级，可以是国家联盟。另外，更加明显的是每个人都会因满足的不可预期性、滞后性和概率性而终生充满焦虑，甚至是绝望，即使有圣人帮助。因此这个理论具有不彻底性。

人本性残缺也使人有了另一条非需求的道路。本性残缺导致人与自然环境分离，人除了能力与需求的冲突问题外，还有就是要如何面对"偶然无序的无限压迫"。这个问题至今没有理论家发现，人们直接在能力和需求的矛盾中寻找人类的出路，没有看见"偶然无序的无限压迫"是人类解放的唯一理由和道路。面对这个问题，人类必须共同面对，创造万物，形成世界，这样人类就没有了"能力与必然性的无穷的纠缠"，而且没有了必须战胜必然性的渴望，人类因此走了完全不同于前人的道路。如果人不是需要者而是万物的创造者，那么人就没有了需求如何满足的痛苦，反而有共同创造万物的喜悦和敬仰。

真正的圣人不是使枯萎的稻草获得生命的养分，满足它成长的需要，而是让它重新回归环境获得自己的利益和生命。回归世界才是一视同仁，大家都是如此，没有因祭祀企盼天赐福分而凸显自己贵重的时刻，大家都回归世界的共建者身份。真正的圣人不是让它成为自我满足或满足他人的需求者，而是使它的生命获得创造世界的神圣性，昭示天下的存在，成为影响世界运转不可或缺的生命。这个生命不是自我需求的生命而是影响世界构成和运动的生命。这样，圣人就是使无意义的稻草获得了影响世界的意义，并使世界有了新的含义。促成世界的形成没有任何善恶的含义，因为没有了需求就没有了善恶，世界就是多样性的统一本身。此时，圣人才是真正的圣人，全部世界的自觉创造者，而凡人只是关注个人需求满足的程度的人。实现这一点就必须使稻草回归自己的处境，克服分离，追求与万物的统一。

人们把枯萎的稻草编织成圣殿里祭品，好像使微不足道的稻草有了神圣的形象和生命，但是，用完就不用了，稻草失去了永久的意义。真正的圣人就是使人忘却自己需求的欲望，追随他创生万物的步伐，使卑微在世界共建中都伟大，使一切腐朽都获得新的生命形式，使世界的内涵更加丰富。所以，"圣人不仁"，不对个人施加恩德而满足他们的需要，而是引导他们在日常生活中如同对待"废弃的稻草"一样创生万物。以往的吃、穿、住、行都是凸显了个人的需求性，忽视了它们同时也是创生万物新生命的方式。如果没有人采摘，成熟的菜叶即将结束它的生命里程，还是人使它们的生命获得了新的表现形式，并进入了属于人的世界。真正懂人生的人，不舍一物，化腐朽为神奇，使枯竭的万物不断获得新的生命形式，同时相互影响和照耀，构成了变化多端的生命世界。那些常年摆放在那里的静物，也因它与其他事物的内在关联和相互影响，使环境变化成现有的世界，任何新加入的生命体都使这个世界不断变化自己的呈现形式，万物都获得了宁静、喜悦、敬重和敬仰。

在我们转换万物的生命的形式时，无论它是鲜嫩的，还是枯黄的，我们都要怀着虔诚和敬畏的态度，用仪式完成它们的生命形式的转换，不是以需要者的身份因获得了需求满足而沾沾自喜或傲慢无礼地对待他物，否则你会破坏世界，毁坏自己的灵魂。古老的部族都是如此对待每一天相遇的万物。凡是传统习俗保存完好的人们的每一天都是如此，他们感恩，他们敬畏，他们创生，他们总是和自然界的万物为伍，因此他们宁静和致远，他们生活在一个世界里，没有了环境。他们的幸福是长久的，而不是一时的满足。

是的，我们吃掉了谷物，当我们用虔诚的仪式看见了万物统一，我们就看见了"谷物"拥有的新的生命形式，

新的时代，物质极大丰富了，往来便利，似乎只要有钱就可以购买地球上所有的东西。如果人们还把自己当成需求者，有的人就会被自己的欲望逼疯，无法正常生活。更加重要的是，眼花缭乱的物质种类和极强的生产能力如果只是为了满足人的需求，那么因需求之间具有先后顺序性和彼此排斥性，天然不具有万物统一性，我们充其量得到的是物品有序堆放的空间，不断填满环境空间，使人活动范围日渐减少，没有万物统一后形成的美好的、生机勃勃的世界。人在摆满物品的环境中就会感觉隔离和压抑，人对物，人对人就没有喜悦。物进人退，环境恶化，世界消失。

今天，人们只是看见了万物构成环境，没有看见万物也构成世界。人们看见了有些物品污染环境，没有看见所有物品都在破坏毁灭世界。人类在竭力清除有害物品保护环境，结果是有益物品日益堆积却毁灭了世界，直接毁灭了人的世界，即毁灭了万物之间、人与人之间和人与万物之间的统一性关系。毁灭了世界也就毁灭了人。世界就是以人的关系为核心的多样性统一，是一切与一切的同时存在。

每个人天然都是神圣的，商品经济把人当成需求者，毁掉了人的神圣性。古人因需求满足的艰辛和不确定性而感恩一切所得，并把自己创生的万物当成神灵的恩赐，这一方面使他们敬畏一切所得，把它们看成世界的组成部分，使自己在不自觉中与万物相连构成了一个世界。另一方面使那个时期的人没有看见人的本质就是在创生万物中形成世界关系。人的关系不是获得性的，人的关系只有在构建性中才能形成，并表现为多样性统一的世界关系。今日的个人不需要圣贤拯救，"圣人不仁"，人只有在创生万物中，才能成为圣贤，今人才能得到拯救。每个人在世界中都是圣人。

"天地不仁以万物为刍狗"，就是不考虑任何事物自身的需要，没有贵贱，任何事物都有构成世界的价值和意义，并且永恒处于转化中，都没有被抛弃荒野，因此没有必要考虑任何事物自身的需要。

第二节　个人的感情

幸福的人的内心充满了喜悦，同时，他因创生万物，形成世界，也看见了万物共同作用形成的美好氛围。

一　失望与应然——情感来自应然

情感是飘忽不定的，而情绪是稳定的心态。如何获得永久的喜悦性的情绪呢？这就要懂得应然的局限性，应然是从理想出发。人要懂得从现实出发创造经典而现实的喜悦性。情绪是情感的升华,它具有弥散性,它是从现实出发,克服了情感从理想出发的局限,它使一切所遇都具有了某种色彩。人要想获得幸福就必须懂得情感与情绪的区别,只有使情感时刻可以升华成喜悦的情绪,人生才是永久的幸福。

在人的需求论生活中,总是有一个最佳的逻辑答案,它假设理想条件完全具备的情况下,万事万物应该如何,这就产生了来自应然的情感。我们总是在需求论的意义上理解外部事物和环境,把它们当成满足人的需要的完美的物品,没有看见世界和同时看见那个世界就是我。牛顿力学就是假设在没有阻力的情况下,物体会做匀速运动。事实上,阻力时刻存在,人们只是力求阻力最小,不可能完全没有。牛顿的假设是应然,是为了使人类能够精确把握事物的运动,创造完美的事物,充分满足了人的需要。

如果我们是需求者,无论是接近理想或远离理想,都有得失的计较,都会引发感情强烈波动,使人快乐和痛苦。需求是真实存在的,如果人类只是看见了应然,那么人类只有痛苦和快乐的情感了。

在需求论那里,人们假设了永远无法达到的"应然的外界",渴望有一天人类能够完全满足人类的需求,而幸福满满。这样,人类就陷入了一个永久的轮回,如果是"应然的外界"的接近,那么人就会相当快乐,如果是"应然外界"的远离,人就会绝望。

人类为了得到"应然的外界"而拼搏,人类也因无法完美而绝望。这就是永久的轮回。

一个来自应然的东西,就是人们心目中最完美的东西,它鹤立鸡群,魅力无穷,人只有占用它才能证明人是完美的存在,因此它引发了人的情感的起源和产生。情感就是依赖。

一群临时拼凑的人就是完全依据得失引发的情感而行为,他们忽聚忽散,只是相信某种应然的"共同利益"或"社会理想"而采取了行动,或实现应然,或清除不符合应然的事物。由于现实与应

第四章 经典与个人

然相去甚远，因此人们总是喜尽悲来，或愤怒或绝望。例如，同学聚会就是来自对应然的渴望。聚会自然结束时，也是不理想的事情发生最大值时，也就是应然破灭时。聪明的会议召集人总是在不理想的事情还没有大规模爆发时就突然结束聚会，让人们怀着对应然的迷恋而彼此告别。这样，还会有下次聚会。

那么，什么是情感呢？情感就是在应然吸引下的肯定中的否定。情感是狭隘的，因为它是从应然出发，而不是从现实出发，应然导致人们不会考虑个人的处境，看不见事物的复杂性，为了实现应然，对不是需要的他人和他事都是持否定的态度。这对于满足人的需求是完全正确的。

情感是对外界的依赖。它表现为行为和认知的波动性，即矛盾性和冲突性。它会引发喜悦、争执、犹豫、痛苦、愤怒、躲避、冲突等的混杂出现。

情感是暂时的，因为现实不可能完全符合应然，而且越是追求和接近应然，现实与应然差距就越大，所以，情感就会消失或转移。人们常常有从梦中醒悟的感觉。就哲学意义而言，就会形成虚无主义。

情感不能在现实中追求，它应该是艺术行为，即远离具体的行为，而又吸引了相信这个应然的人们。在艺术的世界里，人们使条件理想化了，远离了现实，直接呈现了应然的面貌，那个虚构的理想。所有的艺术品，都是孤立存在的，只有说不出的自身的美好，如果不是专业解读，旁观者是无法理解的。所以人们收藏它们，而不是供奉。艺术品不是经典。经典面前，无须他人解读，人人明了和喜爱。因为任何经典都是"偶然无序的无限压迫"的解除，是一个世界在人面前的呈现。经典不否定其他事物的存在，而且彼此辉映。

如果一个人感觉他的现实是理想的，那么他就会完全被美好的情感笼罩，热爱一切。有时，人们会忽然就有了这种美好的感觉。

这是假象，只是他被某种暂时的、局部的应然的实现而鼓舞，相信未来会完全实现应然而已。很快，残酷的现实就会打破他对眼前生活的美好感觉，无情地把他抛弃到现实中。

一个情绪化的人是无法与人相处的，他对生活和工作的态度也是忽冷忽热，没有一惯性。但是，他是个热情分子，如果他认为眼前将来一定是理想的，他就会焕发出他的能量。他们适合做一些短平快的事情，没等不理想的现实更多呈现，事情就结束了。

艺术家多数是情绪化的人，他们使人感觉还有个更加美好的生活或瞬间。伟大的政治家才能驾驭情绪化的众人。政治家与艺术家结合就会热情地远离僵化的现实，吐故纳新，推动新时代的来临。

情绪化的人多数不是自私的人，可能是狭隘的人，他们喜欢抱怨。他们被不理想的现实困扰，因此总有怨气。自私的应然者是极度无情的人，他们会歇斯底里，表现为无耻。

如果你是个情绪化的人，你必须懂得应然的内容，同时找个懂你的人，他让你发挥热情。你必须远离一人一事，把自己纳入集体中，因为一人一事都是利益，不是情绪，利益和情绪不能调和。懂你的人就是把你纳入集体中的人。在一个稳定的集体中，你会长期发挥出无穷力量。

应然使人孤独。如果应然和现实结合在一切就是可以追求的现实的理想了，人们就会一直在一起。

最好不要批评追求应然世界的人，你要肯定他的每一次行为的理想性，这样才能让他在摇摆中前进。

经典是我们为了克服分离实现统一而创造的。与情感不同，经典是否定中的肯定，情感的肯定中的否定。在经典中，没有了个人的得失，没有需求最大化的满足，却实现了个人与一切的宏大的统一，因此人的内心是宁静致远的喜悦情绪。这是一种无我的感觉，是永久变动的创造，是美好的时刻呈现。当人们放弃符合"应然"完美，只是为了克服分离而行为，那么人们就有在一起的快乐了。

二　从个人心理疾病到心理健康

如果我们不断追求目标就会气馁，如果我们去共建就会喜悦溢于言表。

（一）心理健康与关系构建

在个人还没有成熟之前他还是个需求者。如果他的需求遇到严重的挫折，那么他就会有行为障碍。

这个需求挫折不仅是能力是否胜任的问题，更根本的是他因此无法获得他人的认可，或者是他认为别人不会认可他。没有人认可，就会打击他的行为的继续，因此就会出现行为表达障碍。

这里的关键是，人的任何行为都不是单独的一个事件，而是借助这个事件实现了人与人关系的多层次的构建和表达。以往的理论只是关注能力和成功，把人的行为当成是事件的持续发生的过程，忽视了任何事件本身都是人与人关系的多层次的构建和表达。离开人与人关系就没有任何事件发生。

正是把人的行为当成是事件的持续发生的过程，忽视了事件本身是人与人关系的问题，缺乏人与人关系的理解和处理的能力的形成和表达，使人无法成熟。一旦遇挫就会产生心理障碍。心理障碍表象是行为障碍，其实质就是人与人关系相处的障碍。

心理障碍的产生反过来会弱化人与人关系的理解和处理的能力的形成和表达。有心理障碍的把人与人关系当成了工具，因此当他人不承认他时，他就会不愉快。他总是渴望他人的认可。关系就是互相关怀，共同面对，克服分离，不是得到什么他人的认可，而是人人同在的喜悦。因此，关系就是内心的信仰。

在利益面前人与人总是分离的，冲突的，和解只是暂时的，人与人之间只有联系，没有关系。联系是从自己出发，各得所需，因此人的心理在利益面前就是不愉快的。人们企图拥有完美解决利益冲突的能力，这是幻想。因此，要么妥协，要么放弃，要么消灭。

因此，利益面前总是让人不愉快。如果只把利益的得失看成人生的目的，那么你就会在重大利益打击面前陷入迷茫和混乱。

心理障碍的解除不能靠宣泄内心的不满来完成，宣泄只是缓解，不会根除。根除就必须使人摆脱能力加满意的逻辑，相信共建加赞美的逻辑。

（二）关系完善与创造经典

人不是需求者，他是环境生命的创造者，美好的环境本身就是他的生命。而把分离的万物统一起来的是人的各种关系的表达，因为关系就是共同面对，共同面对需要表征。关系是世界的本质，万物统一是世界的呈现，即关系的呈现。

他不知道，一切能力和事件都是为了处理好和表达好关系，因此关系是目的。这个目的不是彼此道德上打动他人，而是构建共同的经典。

当我们和某个人有关系时，是因为我们彼此有了创造世界的理想，不是共同合作获利的目标。我们永远没有个人式的冲突，我们永远喜悦地面对眼前的无奈或得失，因为我们表征了我们的共同面对。它克服了分离，没有个人的得失，是共同面对，因此彼此形成了关系。

在共建中就会人人快乐，在赞美中人人看见了关系，我的心中有了归属感。结婚日我们只是表征婚姻关系，没有额外的付出，因此是喜悦的。

如果认可是能力问题，或者是个人态度问题，或者是道德问题，那么这个认可仍旧是个人需求的满足问题，由于人的能力是有限的，所以就没有真正的令人终极满意的认可。人的心理始终都有不愉快的感觉。需求中的人都是依赖者，因此没有终极的肯定，最终都是否定。

要想使人的心理始终愉快人就必须放弃能力加满足的逻辑，追求共建加赞美的逻辑，不论谁在建设经典都是克服分离，建设结果无论如何都是我们的关系的表征,都是我们的喜悦,都是我们的奋斗。因此,个人始终都是快乐。个人因此没有得失问题。一切都是共同的存在。

不要考虑成败,你只能在共建中出现,因此个人就不是需求者了。个人就没有不愉快的心理了。

成熟的人不再关心自己的成败,他关注世界的共在性,共在就是完美的,因为凡是世界的都是完美的。他看见了世界,就会鼓励一切人,因此他有上帝的心态。

成佛的人就是看见了佛陀世界,因此能够鼓励一切人,使他人在任何境遇中都能快乐。让一个人在任何情况下都能快乐,就是把"环境升华成美好世界"当成唯一的理想。

在环境共建中,人只要努力了,就会愉快,这是人成熟的表现。所以,人成熟了就会过共建的生活。

成熟的人懂得从人人关系的角度理解一切。而人人关系只有在面对分离的共建中才能建立。个人满足需求只意味着人与人的联系。任何联系都不是赞美,它只是平等的交易,只是满意或不满意。它只是对事或对物。如果对事情或事物不满意,也就会对当事人不满意。即使是满意的也不是对人的赞美。人依附事情而存在,这就是人的悲哀。在需求中人是不存在的,人是工具,资本盈利的工具。

如果是环境共建了,就没有个人的得失,每个人的行为都是值得赞美的。因为共建使人们的理想成为一致。看到环境一天天美好起来,世界丰富起来,我们的精神是愉悦的。这就是精神享乐。精神享乐是对环境共建的体验,因此是我们共同快乐,不管你是一个人还是一群人,都是在体验共同建设中而获得了精神享乐。

没有个人需求满足式的精神享乐。如果你不懂得他人行为的世界意义,那么你就不会有精神快乐,你只有困惑和惶恐,你只是嫉妒他人的成绩,认为一切人的行为都只是个人行为。

精神活动不是独处中的对世界的冥想和阅读经典书籍。这只是消遣。精神获得需要我们把理想外化成对环境的改造活动，形成关系使一切都表现为世界本身。有利于关系的都是文明行为，反之就是不文明行为。

精神因素不能脱离物质活动而存在。而这个物质活动不是消费活动，因为消费结束，一切都结束了。如果精神活动是独享的冥想和阅读，那么它就会使人远离现实，更加缥缈。精神不能只在阅读中存在，它应该在环境共建中永存。这样，一个人的某种精神就会在客观永存，而且也会因客观永存而在个人心中永存。

如果没有客观永存的精神，即使精神是美好的，也只有遗憾了，因为精神只能悬置在思维中。想起只能是遗憾。这种精神哪里是愉悦呢？

正如，你对他人的友好，对方不去接受，你只能空留遗憾了。如果不去表征就没有了意义。

三　在创造世界中救赎灵魂

灵魂是世界在个人心灵中的内化（定义）。人的灵魂与世界的连接可以通过理性与感性两种方法，核心是确立对世界存在的坚信和共建世界的信仰。

理性是在理论论证中坚信世界的存在和共建世界的可能。感性是在我的经验中用我相信来坚信世界的存在与共同建设世界的可能，相信就是一切。

当我们的灵魂中有了对世界的坚信，我们看见各种分离，根本就没有了得失的存在，更谈不上得失的困扰，一切分离都是共建世界的契机。分离只有在世界当中，才会形成"偶然无序的无限压迫感"。在现实中，分离就是个人的得失，因此我们有了心理困扰。如果这个心理困扰主导了我们的生活，我们的灵魂就会受到干扰，就会失去世界，即失去对世界存在的坚信与共同建设的信仰，我们正常的生活就会被打断，我们的行为就是没有意义的碎片，都是痛苦

第四章 经典与个人

与挣扎，甚至是荒诞、堕落与犯罪。

面对那个过去的得失，不用谈他是多么坚强，其实那不是坚强，而是煎熬。因为面对分离形成的各种现实的得失，绝大多数是失去，因此没有多少是胜利，更多的是失败，因此也就没有什么坚强的胜利。恰恰相反，如果某些失败过于煎熬，达到了崩溃的极限，我们就要崩溃。如果我们没有崩溃，但是煎熬的梦魇要么就会在睡梦中或者在某些情境中不断地突然出现，形成心灵中"偶然无序的无限压迫感"。用"要坚强"去鼓励那个失落的灵魂，就将他与我们正常人分开，让他独自一人在众目睽睽下，步履蹒跚地挣扎过来，以为到了我们这里，他就会好了。即使到了这里，他还要独自生活，现实中各种分离还会让他无数次感受那个"偶然无序的无限压迫"的存在。让他因坚强独自来到我们这里，他是从一个时空走向另一个时空，而时空并没有在思维中消失，过去的时空还在思维中存在。

因此，没有一种勇敢可以拯救一个失落的灵魂。任何灵魂的失落都是失去了一个世界，形成了分离中的得失，且把这个人因分离中的得失导致灵魂扭曲暴露在现实的大众的惊诧的目光中。这无法用坚强拯救。因为，那个具体的过去的得失，已经变成了思维中的"偶然无序的无限压迫"，变成了无法用实证的手法解决的"我"与那个"无限"的关系问题。不是联系，是关系。联系可以用实证的手法解决，关系只能是共同建设一个世界，因为关系只能面对，面对就是共同建设那个世界，在那个世界里分离就不会导致个人得失了（没有个人得失），分离只会形成"偶然无序的无限压迫"。我们只能用共建一个世界来解决这个压迫感，拯救他的灵魂。

不要讲面向过去的不幸要勇敢，一旦那个过去变成思维中的"偶然无序的无限压迫"，就没有一种勇敢可以拯救那个失落的灵魂。这个"偶然无序的无限压迫"使当事人失去了世界。当世界消失了，任何人都会绝望，且永远被那个具体的得失困扰。拯救这个灵魂，需要一个新世界。

帮助、安慰、赞美都是使他再一次回到过去，因为帮助、安慰、赞美的理由来自过去。兴奋过去，一切都会回来，他还要独自面对。

不要对他许愿更美好的未来，那是一种欲求，是更加美好的欲求，因为它的美好，更加突出了过去的不幸。即使实现了那个许愿，灵魂也不会得到彻底的拯救。

不要谴责他的歇斯底里，不要关注这个歇斯底里，因为他不想让更多的人发现他的不幸，那个歇斯底里是他无法把控的。

复仇也不会消除那个"偶然无序的无限压迫"的到来，因为，我们消灭了一个实体化的仇敌，可是"偶然无序的无限压迫"作为可能性还有可能出现，因此它还可能在我们的思维中不断涌现，打扰我们的灵魂。

如果我们懂得了人本性残缺，导致分离永远处处存在。如果我们只是看见了分离中的得失，为了避免一些失去，也为了一些获得，我们就会争夺，就会互害，就会犯罪，就会仇恨，就会灵魂永远被困扰。人类应该懂得，如果我们看见了分离导致的"偶然无序的无限压迫"只有在共建世界中消除，那么面对得失人类就无争夺与困扰。

如果那个伤害你的人不知道还存在这个"偶然无序的无限压迫"，那么你就宽恕他，为他祈福，与他人共同面对一切分离，共同用经典表达世界，把一切得失都纳入到世界中，变成我们的共同的得失，没有了自我，找到归属，就实现了幸福。

坚信世界的存在与信仰世界的共建，我们的灵魂就是高贵的。

第三节　经典生活与快乐

摆脱了商品生产的束缚，人类在经典生活的创造中，快乐就不再是心理上的感觉，快乐就直接呈现在眼前了。

一　商品生产与痛苦

文艺启蒙运动奠定了现代人的快乐观，人们追逐个性解放，个人权利，个人需要，欲求满足。在启蒙家们看来，个人是世界上唯一的存在，他集中了人世间的美好的一切，只要推开中世纪禁欲主义这个巨石，个人的需要得到了充分的满足，那么人就是幸福和快乐。

可是，需求中有得失，有快乐和痛苦。当失去大于得到，或者希望更多的得到时，痛苦就是主流。

因此，300多年来，当人类在商品欲望的满足中一路走来，痛苦和丑恶却与日俱增，贫困和犯罪加剧，局部战争时刻都有引发世界大战的可能。人类根本看不到欲求得到满足后的普遍和永久快乐，人们只是暂时陶醉在满足的麻醉中，根本就没有找到终极的快乐。

即使人们看到了绝望，但是贫困和竞争导致穷人和富人都不敢放下财富的生产和掠夺，而使财富的生产与掠夺更加残酷。因为，没有更多的占有社会财富的人都会陷入更加贫困之中，他们会被变幻莫测的市场洗掠一空，即便是富人也是如此。这样，人类就完全陷入了苦难之中。任何个人如果不去加快自己进步的步伐，就会被群体践踏在脚下。

这其中的奥秘就是商品经济是资本追逐自己利益的经济，它欺骗地鼓吹人是需求者，本意是使人因追求更多的财富满足需求而去给资本家打工。当大量的工人走进工厂，一方面使资本家占有了工人的剩余价值，另一方面劳动者可以使资本家的商品得到销售，使资本家的追求剩余价值的再生产能够持续下去。

这表面看来是件劳资双方都得到好处的事情，应该得到持续的发展。就人类需要生产和消费而言的确如此，是件好事。但是，资本家进行的生产是商品生产，不是产品生产。资本家进行生产的目的不是满足人的需要，而是获得更多的剩余价值。有了更多的剩余价值资本家就会扩大生产的规模，而工人们的工资收入却没有增加

| 下篇　经典与人类存在

多少，因此工资即使逐步增加也不会追上生产扩大的规模，结果就会爆发生产过剩的经济危机，而面对过剩的商品世界，人们的欲望更加强烈了。

失业与欲求同时增加，人间的悲剧更会成倍增长。

资本家的学者们不肯同意马克思的剩余价值学说，他们认为经济危机是人们的购买能力有限的结果，不是资本家剥削工人的结果，因此工人要多劳动，国家给工人多借款，国家用财政赤字的方法刺激生产。结果是为了缓解财政赤字压力，国与国之间展开了激烈的竞争，发达国家利用自己发达的优势，掠夺落后的国家，克服自己国内的危机。而发展中国家越来越穷。

发达国家暂时实现了市场稳定和繁华。但是，如果有一天世界共同发达了，那么发达国家用财政赤字的方法还能继续下去吗？

今天，全世界各国人民都在谋求繁荣和富裕，反抗西方的压迫和掠夺。但是。他们还没有找到终极答案用来对抗西方的理论与行为。人类的希望就是共建世界，形成自身。

二　共建经典与快乐

这里我们看到，西方的经济模式是无法继续的，因为商品闲置得越来越多，之所以被闲置就是因为这些商品无法为资本家赚来更多的财富。而发展中国家如果也是鼓励高消费的生活，即使富裕了又能维系多久呢？

因此发展中国家一方面在摆脱西方掠夺的同时，必须避免走上西方的高消费道路，走一条"环境共建，经典生活"的全新的道路。

"环境共建，经典生活"的道路主张人的快乐是创造世界的快乐，并用创造世界引导个人需求，使每个人都能化腐朽为神奇，在现有的条件下，使万物都有了全新的生命表现形式，并且浑然一体，生机勃勃。快乐为什么长存，是因为创造不是满足需求，而是克服偶然无序的无限压迫，形成经典。因经典归属于所有的人，因此在经典的世界中没有了个人的得失，个人永久地与世界结合在一起，人类有了共建中无限探索的快乐。

这种生活在自动化的大生产背景下，力求个人自力更生，亲力亲为地去生活。生活不再是借助商业社会发达和细化的社会服务体系，以金钱商品交换为手段的纯粹的消费各种商品的生活，而是创造万物经典存在的自助生活。

人们以社区或自然村落为单位，利用现有的历史遗存，尽量减少废弃物品，甚至达到废弃物品零输出，让我们的社区实现全部物品的生命大循环。

今天，民宿运动在中国的大西南悄悄兴起，这给当事人带来了全新的生活方式，实现了新的人生价值。

民宿运动是以旅游业为依托，以回归自然为理念，追逐个人体验式生活。

他们不知道在农村，只有一切都亲力亲为，只有一切都在他的手中获得了新的生命，人才因此是无欲无求的，没有得失的。在凝视和沉思眼前的逐渐活泼起来的万物和自然界时，人们快乐和幸福起来了。那里没有分离，一切浑然一体。

当你只是创造，把需求最小化时，你是自由和快乐的。因为，创造不是强求，而是顺其自然，凸显特色，而又任意组合。这就是"大化自然"。此时，欲求的你是不存在的，因此你没有痛苦。

人的自由不是顺应自然的存活，或者明哲保身，而是"顺应自然，创生世界"，因为我们行为的终极目的是解除思维中的那个"偶然无序的无限压迫"。当你不是需求者时，你就会按照应有的样子创造世界，这就是顺其自然。你感觉自己是自由的。你不会追求高消费，而是在生产中领悟生命，因此没有了贫困感。

人不会躲进小楼，闭门不出，更不会远离喧嚣就会宁静。

人心如果要想达到本真的宁静，就去"顺应自然，创生世界"。

本真无我，就会本真宁静。无我就是不把自己当成需求者，人们以生命互动为最高目标，没有浪费的困惑。

大自然是人类最好的老师。

三 精致与痛苦——精致使人孤傲

以往把人当成需求者，因此幸福就是各种需求的满足。可是，在需求满足中会发生需求不一致而导致的各式分离，因为需要都是个人式的，即使有公共需求，也是归于不同的群体。如何协调需求发展是个很大的问题。人们把协调发展的希望寄托在人们的觉悟的极大提高上，即如果每个人都会把个人修养放在第一位，那么人就不是需求者了，就是个人品行完善者。人类美好就是道德问题了。

如果需求不能及时满足，人们就会焦虑，就无法实现人人快乐的生活。"满足需求"和"道德互助"都不会使人普遍和始终喜悦。因此，建立在二者之上的一切行为都是需求如何满足，都不会使人幸福。

人如果是需要者，就会集各种美好于一身，孤立于万物，人与人之间产生隔阂，同时制造不满足和争斗。它只是对精致的追求。

任何精致都孤立于特定的环境，凸显自己的威严，彰显权力和地位，标识独自的占有。精致就是集各种美好于一身。这样它就同时制造了分离和不幸。

在传统社会，任何美好的事物必须与现有的其他事物融合在一起，才有存在的理由。彼此辉映，更显世界的神圣。任何来访者，在神圣面前都获得了内心的喜悦，因为神圣克服了人与人分离，实现了人人都与神圣的统一，解除了我们每个人的内心的压迫和痛苦。我们都是高贵的。

来到经典面前不是祈求得到什么，因此没有了来日的恐慌。我们只想看见和谐和美好的存在。任何经典都归属于特定环境，是各种事物的统一体，具有不可移动性。因此，你来到这里不是为了得到什么，而是感知自己和美好的世界永远共存。

你在这里看不见来自其他地方的精致的物品，因此没有想要的感觉。这里的一切都归属于它自己，形成了一个生命整体，每个具体的部件都是有着整体的精神的，只有连接在一起才有了永久存在的意义，因此有了鲜活的生命，且因彼此互相映照，而形成了一个万物统一的世界。脱离了这个世界，任何局部都只能是被消费的物品。否则就是废物。

人们在日常消费中，对待每一件物品都如同对待整个世界一样，把它看成世界的化身，小心翼翼地转化它的存在方式，使它始终与万物统一在一起，一刻都不会让它脱离世界这个整体。任何个人的消费都是符合习俗礼仪的，都是生命的转化过程，不是欲望的膨胀，都是维系世界的运转。因此，每个人的行为都给他人带来了世界的再一次整体显现，暂时带来了隐退的那个美好的世界。例如，节日就是暂时带来了隐退的那个美好的世界的到来。还有各种事情，只要我们用克服分离的眼光看待都会是"暂时带来了隐退的那个美好的世界"。如，搬家，求学，等等。

如果我们喜欢各种精美的事物，渴望得到它们，形成精致的生活，那么每个人得到不同的精致物就会彼此加大分离感，形成孤傲的人生。外界就是厌烦与压迫的混合体。精致物都是来自一个外界，必然形成高低之分，占有者也因此有高低之分。

为了得到更多的精致物品，人的一生必然处于忙碌中。更加重要的是精致使我们成为需求者，一个需求者没有人愿意永远帮助他，他的人生没有价值和意义。精致的需求者对外依赖，因此精致的需求者是没有存在的依据的，所以，他的孤傲最终是凄惨的，当他不能持续使自己更加精致时，他就会逐步陷入更加的孤独中，而且遭人唾弃。因为，他一直在用自己的精致否定众人。

第一，精致来自需要，不是日常需要，而是比较的需要，它面对的是因本性残缺导致的"人的需求与必然性的分离"。这个比较不是精神快乐，而是需求的渴望，是"人的需求与必然性的分离"的压迫感。他们把自己当成了需求者。他们始终都没有看见,"人与万物分离"人不仅是需求者,更是克服分离,统一万物,创造世界的创造者。

第二,精致用满足需求的方式解决了分离的压迫感,有了暂时的独有的骄傲,也有了满足后的空虚和无聊。

第三,精致的形成是集中了各种美好于一身,为了获得这些美好的部分,就必须在各地寻找,因此破坏了外界,制造了混乱,导致了更多的分离。

第四,精致是因比较而存在,所以,精致出现时,必然是否定其他一切的,因此没有形成万物统一的世界的可能,他们只是在改造有利于自己需要的环境,且直接或间接地破坏了其他环境。

第五,假如精致实现了统一,由于是遵循必然性的力量,因此只是形成了一个和外界分离的环境。人被必然性支配,人没有了主观能动性,没有了创造性,没有了人本身。

第六,有的人会说满足需要也有创造性行为,因此人是存在的。那么什么是创造呢?**创造就是面向偶然,共同面对,解除压迫,创造经典,形成世界**。改造就是面向必然,形成事物,满足需求,形成环境。我们一直混淆了创造与改造,二者的本质区别就是是否满足需求,满足需求就必然遵循必然性,这只能是对现有事物的改造,形成新的功能体。**需求就是人的行为依赖外界某些事物,并将其分离出来,满足分离者的某些需求,且将之消耗掉(定义)**。

四 经典的喜悦——快乐直接呈现

经典的快乐不同于"环境共建"中的快乐。"环境共建"中的快乐是我心中的快乐,而"经典生活"中的快乐是快乐之中,是处处快乐,是快乐的呈现,是经典之物本身呈现的快乐。它已经不是内在的心理,而是直观的视觉。因此在"经典生活"中万物是统一的,没有了"偶然无序的无限压迫"导致的个人心理的不愉快,而是把这个"偶然无序的无限压迫感"外化成了统一的万物,因此,我就直接处于快乐之中。这种快乐没有得失的困扰,因此是一种喜悦的心态。

人活着是为了喜悦。

人世间的美好的一切在什么条件下可以完全实现?除了实现公有制解除人与人之间的经济上的不平等,大力发展生产力实现物质丰富外,就是如何构建人人喜悦的幸福生活。

在经典面前,人们不是需求者,而是万物统一的建造者。人们考虑如何克服"偶然无序的无限压迫"导致的眼前的分离,解除压迫感,实现统一。如果不是需求者就没有了得失的焦虑。即使遇到了个人的不幸,由于共同面对,个人的不幸就直接转化成共同的事情,因此当事人成了担当人类不幸事件概率的分担者,他的不幸在概率上降低了他人发生此类不幸的可能性,因此就人类而言他是自然灾难的勇敢的担当者,因此不幸不再是个人的不幸而是我们共同的面对。

由于没有什么个人必须努力做到的事情,否则他就会失去,因此不幸不会使他不如人。由于人们想做的事情都是克服了各式分离,不是满足个人需求而排挤了他人,因此,人们会共同努力帮助任何人实现心愿,追求经典,使世界更美好。

不幸只是分离发生在特定人身上的人类事件,因此是对我们共同的压迫,必然共同面对。有了共同面对,就没有了压迫感,我们自然是喜悦的,因为我们是统一的。战士们共同冲锋,就没有了个人的心理胆怯,生与死就不是分离的问题,而是没有了生死问题。

共同面对,就是我们的统一,没有分离,因此我因做事而被赞美,我们都是快乐的。至于那个,我遇到的"偶然无序的无限压迫"则是我存在的证明,没有它我怎么会是万物统一的创造者。不是创造者,我怎么是存在者。

如果人是需求者,那么分离广泛存在,因此有了佛教的"苦海无边"的结论。人的痛苦就是分离本身。需求物和需求者总是分离的，因此才有需求如何满足，且满足了，也是需求物消失了，而需求者仍旧存在，因此被需求物还在，分离还在。如果人是共建者，世界就没有了分离，只有各个"偶然无序的无限压迫"，有了共建的机缘，有了各式的经典，有了人人喜悦的世界。

这如同你去旅游，你看见了各式经典，你是喜悦的。因为就旅游本身而言，旅游资源具有不可移动性，它不归属于任何人，它永久在那里，标识各种要素的统一性，你只是欣赏，不会渴望直接占有它，因此没有分离感，只有物我统一感。任何人在旅游资源面前的感觉都是如此，没有高低之分，得失之感。人人都是喜悦。这就是人们如果心情不好愿意旅游的原因，他看见的美好都是经典之物，不是满足个人需求的精致之物，因此，他没有比别人不如意的感觉，没有比较的痛苦了，只有快乐了，因为经典属于所有的人。对分离的感觉都是一样的，因此面对克服了分离的经典，人们的感觉也是一样的。

偶然意味压迫。如果你是需求者，那么偶然就是分离，这种分离导致的是"偶然无序的无限压迫"。如果你是共建者，偶然导致的分离就是机缘。分离是痛苦的，因为你想得到，你是需求者。分离中追求共建，那么就没有了痛苦。

人追求幸福就是共建经典，因经典归属于大家，因此在经典面前我们有了同类的感觉，任何人的努力都是我们的努力，任何人的价值和意义都是我们的价值和意义，我们的心是统一的。永久的存在就是幸福——想起就有存在感。这就是关系，关系只能在创造经典中存在。人本质也只能在创造经典中存在，因此人本质不是天然就有的，它是创造世界的实践的产物。

得到的都会失去，因此在需求中人不可能幸福。无论我们怎样加大生产能力，怎样提高道德觉悟，我们都是需求者，都有得失，我们都不会幸福。

第四节　经典生活与世界

一　在经典世界中构建共在的熟人世界

熟人世界，是人们共同创造经典生活环境的世界。在经典的社会生活环境中，人们不把关注的重点放在利益上，因此彼此不只是关注个人利益的得失，而且是顾及对方的处境，希望深入了解对方是谁，这一切都是在共同的爱好中实现。

陌生人世界的形成在于世界市场化了，人们往来只是利益交换，没有了共同爱好，人与人之间的交往因此分离了。即使是日常的早晨集市，都是周边的居民常年来买菜，他们与卖菜的小贩是常年打交道的，但是大家买的是菜，彼此关注的是利益的实现，交往的内容不包括对方的内在的素质和职业处境，因为一旦发生纠纷人们只是借眼前利益彼此浅度指责对方的人品，根本不涉及当事人在人们心目中的整个形象，因为在其他方面彼此根本没有往来，也无须关注。人们只是关注彼此的诚信，至于个人理想和困境根本无从谈起，因此人与人之间关系日渐淡薄，成为陌生人。一个人引起另一个人关注的只是他的贫富程度和获取手段的高低，或者说他的社会地位。他的处境也只是借鉴，根本不存在彼此帮助的可能。因此，任何人一旦遇到困境，就根本无法找到倾诉的对象，更找不到能帮助你和了解你的熟人。人们倍感孤独和无助。如果没有共同的爱好，任何人的理想与处境彼此都不会真正地懂得，因此会倍感陌生。

在传统社会，人们一方面互通有无，更加重要的是人们共同维护族人的兴旺，人们为此建立祠堂，在那里把族人统一起来共同商讨族人的兴旺发达。每个人都要呈现自己的热情，积极参与，这里没有局外人。通过争论、教育和帮助，族人的人格日渐健全起来。每个人的处境都会得到关注，因为这是建立族人关系的目的之一，

下篇　经典与人类存在

也是解决各种问题的前提。你得到真心关注，不是因为你是一个有某种权力的人，而是你的理想就是我的理想，因此我通过共同的理想理解了你的处境的残酷程度，我们都不希望理想破灭。事实上，处境的好坏不是纯粹的现实条件，而是对理想的意味。破坏了理想，就意味处境残酷。同样的环境，如果意味有利于另一个理想的实现就是美好的环境。

脱离理想理解环境就是完全按照一般需求的标准来理解了，因此我们就会脱离当事人的内心理想来理解他的处境，看不见当事人的人类价值与意义，只是看见了环境对他需求满足的一般影响，从外在的标准得出脱离当事人理想的感慨。这样当事人要么被人羡慕，要么被人怜悯，甚至是唾弃，或者强行改造。

如果理想不是创造经典世界，那么理想就是个人目标。目标是个人的追求，是想得到什么。理想是使万物美好。使万物美好的最初动机是为了克服分离导致的压迫感，结果是人统一了分离的万物，形成了万物统一的经典世界。这个经典世界意味人类面对"偶然无序的无限压迫"的解除——这就是人人共有的唯一理想，其他都是目标。

如果只是目标，人们只能根据抽象的、平等互利的原则来理解问题的解决。只有创造经典的理想才是，在形式上具体的，且内容上是永恒的。因此，在解决问题时，要想更加重视当事人的处境，为此必须相互了解对方的经典世界，形成熟人关系，这样才能合作发展。更重要的是人们在关注同族人兴旺的事业中获得的荣誉感填补了个人一些尴尬的处境，甚至同族人兴旺的事业并不会使其他同族人觉得那是自己的遗憾，任何人的成绩都反而证明同族全体成员的坚强和高尚——升华各式分离，创造经典世界，那是真正的幸福，它属于全族人，它值得全体族人的尊敬。

族人在一起的根本活动就是协调各种关系，克服各种分离和压迫。例如，纠纷、供需、接送、生死、荣辱，等等。一句话，就是

第四章 经典与个人

让每个族人都生活在族群中，而且看到了我们共同创造的经典生活，同时尊重经典生活。克服分离，追求统一，创造经典，形成世界，这就是熟人关系，我们因经典世界而相互熟知。

在经典生活创造中因为我们有了共同的理想，每个人都是为了这个理想而走到一起的。因此，彼此熟知对方，不是"知己知彼，百战不殆"，不是使自己利益最大化，而是更好地合作共建，同时验证了每个人在独自或集体帮助下，克服了各种自己的困境，优先完成了集体的事业，这呈现了个人人格的伟大和理想的高远。如果我们彼此不了解对方，即使是同样的工作和同样的结果，我们也无法感觉到人格和理想的存在，因此人们只是看见了事情，看不见世界，即看不见每个当事人都与这个事情有永不分离的关系。是人格和理想促成了共同面对，形成了共建的关系，关系就是共建，世界因关系而呈现和形成，因为世界是人的关系的世界，关系表明永远共在，共在了就是关系在，就是世界在，就是人在。没有关系，就没有世界，因此世界不是联系，联系是具体的需求，人不可能面对一切具体，因为具体是有条件的，我们不可能面向一切条件，但是我们可以共同面对一切分离——分离导致的压迫对谁都有同感，形成关系，进入世界，摆脱因联系而形成的环境的困境。而关系只能在创造经典中构建，在创造经典中我们彼此了解对方的人格和理想，同时也塑造彼此的人格和理想。这样你我和事情之间就形成了不可分割的、可以进一步发展的世界。一切都是永恒的生命，即有着影响力的事物。它会直接或间接影响当事人今后的一切行为。

没有了经典的创造，就没有人格和理想，只有技术标准和利益，万物分离的状况仍旧存在，就好比我们看见了一个异域风格的建筑物，我们只是惊讶于它的造型，看见的只是技术标准的高低和益处的有无，我们看不见当事人的人格和理想，看不见这个建造物呈现的世界。它不会纳入我们的世界，只是偶尔的记忆再现。在它们面前，我们的生命没有因此获得更高尚的动力，因为那没有一个美好的世界在召唤。如果我们看得多了，只是欲望的增加和不满意的增长。我们怨恨社会不平等，怨恨命运的无情。我们更加看重规则，以为只要按照规则办事，就能人人都实现自己的目标，获得自己的所需。这就是只看事物，不见世界的原因。看见了分离，看见了统一，没有了个人得失感，才能看见世界，看见人。

只有利益交换，只能按照规则办事，人与人之间比较冷酷无情。人们不会考虑当事人行为的各种不易，根本不会考虑惩罚是否毁灭了一个人的前途，他们只是想加倍得到赔偿。利益把社会分割成彼此没有共同命运的碎片化环境。

规则是僵化的。规则只考虑共性，而且阉割个性，就像企业对待员工一样，必须人人保持一致。这样，个人就不是一个生命体，而是工具，一个符合标准的工具，如果不符合就会受到惩罚。个人必须湮没一切自己的个人境遇的显现，让人们感觉到只是一个职业者，一个合格的职业者。他唯一能够争取到的是个人的合理的利益，其他的一切没有人关注。只是我与他有了利益联系，我们才看见彼此。没有利益联系，对方就是彻底的无，只是某个暂时视觉的对象。

如果人类面对的不是利益而是偶然无序导致的无限压迫，那么人类就会关注每个人的境遇，虽然压迫首先表现为个人的压迫，具有个性，但是任何个人的压迫都同时具有人类性，是我们共同的压迫，只有共同面对压迫，个人才能解决压迫，人人在经典共建中，获得归属感，彼此熟知和敬仰。

一旦人类开始面对偶然而生，个体就成为永久的被关注者，因为我们已经不能脱离他人去解决自己的问题，我们是克服分离，解除压迫，不是得到自己的利益。即使得到利益，也不是完全靠自己。这样，面对分离，我们就会形成共同的理想，培植高尚的人格。

二 筑一道篱笆让万物与我共同获得尊贵

我们为什么总是在人生的最后一站要修一道篱笆墙，让自己在其中安度，寻找最后的归属？这是逃避喧嚣吗？还是减少欲求，躲进一隅抑或这个世界，找到了自我的真的存在？

是呀，人们总会说忙碌一辈子了，其实人们真的需要的只是一个小院，仿佛在说，人的欲求真的不是太多，应该是找几个贴心的灵物就足矣了。

对于这个认识，我总是认为，人们还没有真的懂得人是什么，还是把人当成需求者，只是感觉外面的世界太大，而万物与自己总是太疏远，因此总是想通过找几个贴心的灵物，使自己的灵魂充盈且满足。其实，修一道篱笆墙我们就标识出了一个万物同在的世界，在这个世界里，我与万物都获得了尊贵。

当我们使万物同在时，我们的心灵才没有了纷扰。在院子里，万物和在外边一样都是分离的，但是，我们为什么会感知它们与我们的心是贴近的呢？

因为我们走出院子，总是用需要的眼光看待眼前的事物，没有发现它们的特有的生命，而是把它们分成有用与无用之物，这样，外界事物越多，我们就越感觉疏远，就会感觉"偶然无序的无限压迫感"。就会有得失感，就会快乐或痛苦。因此，我们总是在忙忙碌碌过后，回到家中安慰慌乱的心理。我们回到家中，心情稍微有了好转，这是我们的欲望减少，甚至停息下来。因为，要么我们在睡眠中，要么我们在欣赏中。使我们心灵快乐的原因是我们回到了家中，家中的一切都是我们的，因此没有了得失感，同时也淡化了我们在外界的得失感。如果我们不用有用与无用，富有与贫穷，理解家中的一切时，我们就会开始感知眼前事物的生命（内涵）的美妙，我们就会忽然发现它们都是有生命的妙物。

如果我们用有用与无用，富有与贫穷，理解家中的一切时，我们的内心又会烦恼起来。即使我们修起来一个庭院，栽种了花朵，也不会使心情好起来。如果我们用万物都是有生命的心态来理解眼前的一切，看见的不是有用与无用的分离感，那么你就会看见繁花

下篇　经典与人类存在

爬满篱笆，就会深吸到清晨雾气迷蒙的清新，万物的微鸣。这些都是生命的表现。如果你的爱人也与你同感，你们彼此就会敞开心扉，回归生命最初的状态。美好其实不在于有没有庭院，而在于你是否看见生命的蓬勃。修一道篱笆墙，只是提醒我们，眼前的万物需要你去照顾，否则它们就会枯萎，这样你就感知到了生命的美妙，自己生活的美好。你来到商城，为了工资而工作，你就感知不到万物的生命与你的关系了，你只是焦虑地寻找和等候开工资与完成工作，只是想到你的所得。这样，你就有了分离感，而不是与眼前的一切一体化。一体化就是把眼前的一切都看成有生命的，且需要人类来理解和创造，那么你和它们就永远的快乐了，这无关你和什么在一起，处处都是如此。因此，美好的人生不是到了晚年，找一个庭院，去闻花听鸟，而是一开始就在思维中把与你分离的万物统一起来，感知它们在各种情况下的生命表现，那么我们在哪里都会使自己的灵魂充盈且高贵。一个庭院能使不好的心情变好，不在于庭院本身有什么，而在于你是否能够感知它们与你是统一的。当你不能感知它们与你相统一，即感知它们的生命时，你的思绪就陷入原有的分离中而继续苦恼。同时更加重要的是，你应该使它们经典地存在。

美好的人生不是要一个小院，证明我们的欲求不多，或者是小院能够更好地使我们欲求减少到更少，而是让我们的思维多少看见一些事物的生命，且为它们高兴。如果我们真的懂得了这个真谛，我们不把自己当成需求者，我们岂不是处处都能感知生命的美好吗？万物是否美好在于我们的思绪。

我们总是幻想万物天然是美好的。其实万物与我们是分离的，它们天然地与我们形成了"偶然无序的无限压迫感"。这个感觉让我们时刻烦恼，因为它们在我们之外，用一种不确定的方式与我们对立，这样我们就无法静下心来。修一道篱笆墙，就是在思维中使自己感知万物形成了一个与我统一的世界，这样分离导致的"偶然无序的无限压迫感"就消失了，我们就能够感知我是与万物一体的，一切都是真实的快乐的存在。这样,无论我们是纳凉,读书,品茶,还是冥想,我们看见的都是美好本身。这无关庭院是富丽与简陋,无关庭院是高门与柴门,无关是冬日严寒还是春暖花开,只要我们一起去感知万物与我为一,那么都在心里镌刻下永恒的印迹。万物与我就会呈现成一个世界。

当我们不用需求的眼光看事物,而是把一切都看成世界存在的表征物,那么万物都获得了尊贵。

人本身不存在,人的存在在于创造世界中。而世界的存在需要经典物来表征。当人创造了经典物,并在经典物中感知到了万物的尊贵,人才能懂得人因创造了万物而存在。

让万物获得尊贵,就是让人获得尊贵。让万物存在,就是让人存在。人只有创造了万物共生的世界,人才是创造者,只有创造者才存在,因此人创造了世界,证明了人是创造者,证明了人是存在,即人是世界的存在。

人是世界的存在,人本身不独立存在。

三 三种生活方式

生活方式就是如何面对思维中的分离,让眼前一切没有生命感的分离物,获得永恒的生命与尊严,表征万物与人共在的世界(定义)。经典生活就是克服分离追求统一,是为了面对偶然实现万物统一,即通过表征与直观经典,感知人物共在的世界。

究竟什么样的生活才是人的生活?人类一直在需求论中寻找答案。但是,人的需求是无止境的,人类根本无法最终找到结果。更加重要的是人会因需求导致对外界产生依赖,随着需求的停止,而成为匆匆的过客。

人的思维使人不但看见了需求满足的艰难,而且看见了各种需求面前,是人与需求物的分离,是这种分离导致了思维中出现了"偶然无序的无限压迫"。可是,人类一直忽视了这个问题,没有看

| 下篇　经典与人类存在

见它本身的伟大的秘密。人类总是把偶然看成意外，是混乱，竭力排除影响。人类通过偶然发现了必然，这样在一定范围内控制了一些事物的运行，避免了一些偶然因素的出现，减弱了一些偶然因素的破坏力，形成了独特的以满足需求为主导的生活方式。同时，人类用各种习俗神话描述了人与万物的关系，并赋予了它们各异的生命特征。习俗神话潜在地影响了人们的日常所需，不断地把人的行为与万物联系在一起。一方面统摄人类的生活方式，另一方面赋予了个人的日常生活更高的意义。

　　但是，到了商品经济时期，习俗神话不再统摄人类，人变成了有自己欲求的个体人，他凭借自己的能力去获得所需，一切都不是按照神的意志安排了，人只是为了实现自己的欲求而行为，社会只是欲求实现的场所，个人之间只是暂时的利益联系，独立的原子人诞生了，这样的人如何生活呢？

　　这样的人是商品经济的产物。一方面原子人是法律自由人，这有利于商品生产；另一方面原子自由人是需求者，这既有利于商品生产，也有利于商品销售，最终实现商品利润化。

　　在追逐商品利润的驱使下，人类形成了以市场为运转机制的两种个人生活模式，一个是时尚垃圾型，另一个是仓储富裕型。下面我们分别分析这两种生活方式在人的存在感方面的影响。同时，构建经典神圣型，意味新的生活方式的兴起。

　　（一）时尚垃圾型生活

　　我们知道生活方式就是如何面对思维中的分离感，让眼前一切没有生命感的分离物，获得永恒的生命与尊严，表征万物与人共在的世界（定义）。

　　人因此在生活中肯定了自己，敬重他人，这个理由不是我们通过勤劳，满足了需要，而是使一切分离感升华成共同的创造生命的行为，使日常生活中的点点滴滴都因生机勃勃而值得尊敬。这里没有满足需要的价值，只有共创世界的意义。人使万物获得尊严，人

第四章　经典与个人

才能获得尊严。

但是，商品经济改变了人的生活本意，使人变成了消费者，成了时尚的追求者，人与人在时尚面前都丢失了自己，成为彼此的否定者。时尚垃圾型生活观就是把人看成消费者，而且把美好生活看成时尚性消费，他们注重的是眼前的消费热点，紧跟时尚，生活的美好就是博得他人的赞美的目光与自己在人群中的闪亮。把自己与他人的之间的直接的形象比较看得比较重要，而且把在人群中获得的赞美看成人生成功的标志。一旦时尚过去，不同的时尚物品之间因为没有关联性，无法统一，只能变成废弃的垃圾。不同的时尚物品无法相互说明，而只是互相否定，且分离，这也是一切垃圾的特色。

这种人把时尚消费看成人生成功的标志。他们购买时尚商品，且看重标牌，价位，而且紧跟时尚。他们不是看重物品本身的特色，不是看重特有的生命感，而是看重流行性，因此流行一过就会丢弃这些商品。因为，不同的时尚物品之间没有相互的搭配性，它们就无法同时共同呼应，相互衬托，无法成为一簇协调的观赏群，时尚一过，只能堆积在一起，成为无用的废弃物。因此，追求时尚的生活，并没有使我们的生活演绎出越来越多的不断变化的生命世界，生活也就不是我们创造万物生命，形成生命世界的过程。因此时尚生活就是把人当成时尚的需求者，当成了物品的消费者，万物生命的毁灭者，所以，人没有创造自己的世界，人也就无法形成自己的存在，更无法证明自己的存在。人只是来过。

而且，时尚生活使人不断地在主观上否定自己。一旦自己的条件无法适应时尚的潮流，那么他就会有落伍与消失感。而且时尚会使人不断地焦虑，在新旧比较中不断地徘徊。

时尚生活同时使人类在不断破坏环境的生态系统的完备性的同时，制造了大量不可回收的垃圾，使人的创造与生存空间在急剧地减少。总之，人类的生活能力在萎缩。

下篇　经典与人类存在

时尚生活最可怕的地方是完全的否定性，一切，包括人都是被消费的商品，都是满足特定消费的价值物，人们看见的只是无背景的精致物品，是各种比较的升级，是某种抽象标准的再现，是人不断走向商品的标牌化，即工具化。因为，脱离背景，任何事物与人的存在都是一种抽象的横向比较，都是一种附属性的无力的表白，没有了生命的含义，因为它本身不是分离的联结，而是分离的标志，即把自己与他物、与他人区分开来，只是符合了某种衡量的标准，这个衡量就是分割，就是区别，就是数量的扩张。因为分割就是数量本身，只有统一才是质量。没有背景，即没有质的规定性，运动只是数量，且是人的欲望。

时尚垃圾型生活，它只是游走的数量，它是都市一闪即逝的街景，它也是暂驻的虚幻的年华。因为，这一切都不会融入，都是剥离，因为数量的运动总会中断，在生命的厌恶中中断。生命会厌恶远离，那是需求的分离，同质数量达到一定的界点，就会在思维中自动熔断。因为，思维一旦恐惧于"偶然无序的无限压迫"，同质的数量就是无序的无限，因为它的出现没有质的规定，就是没有背景的，是忽然到来，人的非存在，即思维中人无法把它统一起来，因为思维需要背景，而它是反背景的，所以，思维此时是消失的，人是感觉，感觉物会在另一个感觉物出现时脱离了感觉而消失。

时尚生活因此是贫困的生活，因为思维根本就没有介入，人只是用视觉与触觉来感知事物的有无，引起的是心理波动，一切到来的事物之间无法形成统一性，因此不会导致万物共生的景象，当事人也就不会因创造了生命世界而肯定自己。他不会感觉自己生活的环境越来越经典了，自己的智慧越来越凝聚了。他没有创造万物，他因此也不会因此而得到人们的尊敬，感觉不到自己在这里是存在的。面对眼前的过时的物品，他只有匮乏之感，没有了不断的充盈与厚重。他必须不断地购进新的时尚物品，满足视觉与触觉的需要，否则他无法拯救自己。

他会厌恶眼前的环境，因为一切都是时尚垃圾，但是，他又离不开这些垃圾，那会唤醒他的视觉与触觉，在心理上暂时再一次满足。这样，凌乱就是他的"生活"特色了。人也始终被物品所否定。人们评价他人也是在评价物品，人也只是物品的暂时载体，人没有了自由与尊严，个人随时在物品中沉浮。他们的快乐只是一时的骄傲，而不是永远的自尊与自由，因为另一个更加时尚人物的出现就会瞬间击溃他的内心自信。

怎样理解人与万物的关系，是人的生活的本质，更是人的生命的本质。因此，怎样对待万物就是人的问题的实质。如果我们在视觉上感知万物，人就是需求者。如果人在思维中感知万物，那么你就会移动挪闪万物，让它们随着你的思维不断变化存在的方式，那个只有在思维中感觉到的存在。你会在思维中肯定自己与人类。

一旦坠入时尚垃圾型生活中，人就没有了自我拯救的可能，人就会走向物欲的毁灭中，因为，他们永远也看不见物品之间内在的关系了，那些只是虚荣物，人也只能在欲望中漂移了。他时刻都在毁灭自己与亲人。如果没有了时尚物品的装扮，那么他就是穷困潦倒的形象。即使有外在的打扮的支撑，而他的最终行为一定是怪诞的，内心是混乱与癫狂的。

（二）仓储富裕型生活

不同于年轻人，一般的成年人都向往富裕的生活，不惜为了富裕而起早贪黑，四处奔走，只为了看见家里阔气的情景。

正常情况下，人们大量储蓄是为了保障生活的持续与稳定。动物在冬季都有储藏的本能。因此，储藏是为了防止某种意外的侵袭而做的必要的准备。

但是，在商品经济的刺激下，富裕生活成了生活的本意，人们把物品的富裕看成了幸福的本质。这种生活因占有的财富的不同，把人分成不同的阶层，成为不同阶层的标志，形成了阶层对立。这是分离。人们为了进入与保持某个阶层的生活，而苦恼与煎熬。因

下篇　经典与人类存在

为，这意味你是什么样的人，即是否被人肯定。

在仓储富裕型生活中，应有物品琳琅满目，摆放整齐，最贵重的物品总是摆放在最醒目最尊贵的地方，受到人们的敬拜。购物中心是城市的灵魂，它提高了一线城市的影响力，它也提高了本城市居民的身份和社会地位。失去财富，主人就失去了存在的依据，而且是这些最贵重的物品可以在不同的家庭间移动，它们只是证明自己的尊贵，主人只是侥幸在某个时段拥有了它们，而沾上了喜气。人的尊严可以说，是依附物品而存活。人没有来自内在的价值与意义，即使人是这些最尊贵物品的生产者，但是只有占有者才是尊贵的。所以，在仓储富裕型生活中，是物品决定人，而不是人在自己的作品中直观到了自己的创造本性，人的自由与尊严没有了永久的载体。

人们在物品的消费中不断陶醉，忘记了物品的成因与特有的生命的独立性。把占有与消耗多少看成是一种权力与荣耀，人因此而变得贪婪与无情了。结果使自己的灵魂也游走在不同的富裕场所了。

只有懂得了人不是需求者，才能懂得仓储富裕型生活对人的否定所在。

事实上，仓储富裕型生活不会因人感觉生活是富足的，而满意自己的生活。人们都相信或者希望更富有的生活，因此对眼前是不满意的。另外，彼此会相互否定，都想取代对方，成为这些财富的新主人。因此，人与人之间的感觉是分离与压迫的并存，都有朝不保夕的感觉。甚至会招来灾祸。

仓储富裕型生活由于是家庭成员的共同的生活，所以，会造成家庭内部虚假的自由与尊严。感觉家庭富裕就是美满的象征。他忽视了，家庭内部彼此的财富之争。一旦，他们看见了财富的残酷，人与人之间就是敌对的关系了。

同样，在仓储富裕型生活中，人们也不可能找到自己，人们越是富有就越依赖财富，让财富更多成为他的人生根本目标。人类苦于为财富奔波。一旦死去，财富就归属他人，这个人却永久地消失了。

放大我们的视野，我们就会发现仓储富裕型生活演绎出阶层与社会的不公平，演绎出犯罪与堕落，进一步演绎出人类的毁灭。

在富裕的世界里，没有人类的家园，因为每一个富裕之地都属于那个贪婪者。这个世界是分崩离析的。

在这里，人是渺小的，因为人需要万物养育。在这里人是物欲的，人们比较的就是财富的多少。但，真正的人又是高贵的，因为人一旦发现，人本性残缺，人与万物是分离的，那么人就会为了寻找人与万物的关系，就会走向与万物共生的世界，人因此也伟大起来。人用经典表征了人与万物的关系，人因此永恒存在了。

（三）经典神圣型生活

经典神圣型生活就是摆脱了人是需求者的平庸之地，摆脱了人依赖外界而存活的无奈。与人分离的万物不再是人类思维中的压迫者，而是人类存在的表征者。

每一个物品的产生，尤其是用途与存在的方式都是受人如何升华了思维中"偶然无序的无限压迫"所决定的，因此它们是人的本质与意志的外化，是人的存在与生命的表征。每一个物品因此拥有了属于人的属性与地位，且永久地表征人的存在与价值。在这些物品中，你会永久地发现主人的思绪与理想，等等。每个物品都有了生命的灵气，无论它们是在静立中，还是在运动中。

最重要的是，这里的物品彼此相互说明，彼此影响，没有多余之物，也不是越多越好，一切都是升华了"偶然无序的无限压迫"的世界的表征者，物就是人，人就是物，人与物交融，成为景致，每一个来过的人都是永驻的。

这样的生活就会越来越富足，不是富裕，因此，在升华众多的"偶然无序的无限压迫"中，一切看似没有褡裢的物品，通过人们的思维中对那个"偶然无序的无限压迫"的再现，彼此联结起来了，

| 下篇　经典与人类存在

因为它们都是对"偶然"的升华,尤其是把直观它的人们统一起来了。因此,被直观的每个事物都是圣物,是越来越多的到来者的圣物。在直观它们中,我们感觉到了每个人都是宏大世界的创造者,世界表达了我们内心的想法,我们的心就在世界中,它就是我们人类的本身。

在经典神圣型家庭中,我们能够直观我们祖先留下的经典之物,能够感觉自己的生活中蕴含的历史般的厚重。沉浸在经典生活中,我也日益厚重起来,因此,我们是和先人生活在一起的,同时更加神奇的是未来之"偶然无序的无限压迫"也在眼前了,我们用永远共同面对的决心,展现了将来的美好,让未来来到眼前。

任何个人的经典生活都属于全人类,每个人的经典生活都是敞开的,它拥抱来自四面八方的人们,人们所到之处都感觉到了喜气洋洋,没有我因需要而产生的焦虑与厌烦,处处都是我的生命的载体,我流连忘返,所到之处都是家园。因此,在经典生活面前人类大家族终于形成了。我们打开了民族与地域的隔阂。

在经典生活中,我们忙碌于升华万物,让它们成为人类克服了"偶然无序的无限"的表征者,成为经典的形象,让它们成为人类生命的本身。人们没有了丝毫因需要而产生的贪欲,没有了因需要而产生的分离感,因此在经典的世界里我们是共建的。

任何经典的价值都是无价的,不能用谁需要来理解,因此没有价码,只有无限的影响力。这样,人与人之间就没有了纷争,没有了失落,没有了茫然。

在经典神圣型家庭中没有为富裕而四处忙碌的离散,家人之间是热情、开朗、洒脱与无羁的,没有了因自我的需要而导致的裂痕。每一个经典都解除了人们内心的分离压迫感,且都有同感,这样在经典面前,我们就统一了,因此是喜悦的。同时,经典也表明了我们的共建。因此,我们在经典的世界里是自由与尊贵的,没有了劳累的艰辛,没有了享乐的傲慢。我们成了类人。

在经典的世界里，我们共同面对"偶然无序的无限压迫"，共同用不同的感悟表征它，我们之间没有了分离感，且让我们同在。我们不断面临众多的"偶然"，人间就充满了鲜活的气息。那个经典就代表了我们，我们每个人都成为世界的景致。

四 经典是故乡

某个地方是故乡，不仅是生我养我的地方，更是我创造经典的地方。正是经历岁月，经典的不断涌现，才使故乡情日益浓厚，人们不愿离开，世代定居于此，形成了人类的栖息地。我也是在故乡经典的沐浴下成为故乡人。

任何传世的经典都是集各种偶然的要素于一体，形成了灵动的生命的结果。这些经典就是当地人的生命的根系，把人们牢牢地固定在这里，人们与之共呼吸，共成长，形成了特有的不同地域的人们。人的生命特色就是在某个叫家乡的地方养成的，人们关爱那里的一草一木，揣摩经典的映射。

西湖的魅力对于杭州不仅是饮用水源、灌溉水源和湿地生态系统，更是一幅画，一首诗。没有这些要素形成的经典，就没有西湖，就没有杭州，就没有杭州人。

苏东坡把西湖视为作品，用心去做，用情去唱。因为，那是自然山水的一部分。每一项工程都充分体现了对山水的敬重，对生态的精心爱护。

故乡处处的经典是人和自然相爱相生的结果。人类取其自然，促成自然，因此有了处处人造的大自然的经典。经典就是人与自然共生的度，它是人有灵魂的证明，更是人的灵魂形成的偶然的机缘和表达。动物只是适应了一个必然性构成的自然环境，而人则是要把一切感知到的偶然统一起来，形成生命体，这是人特有的智慧。脱离自然的偶然，人们没有灵魂。

如果人懂得爱护自然，那么人仅是智慧的动物，其实动物也会

下篇　经典与人类存在

爱护自然，因为人类还没有发现肆意破坏环境的动物。人的本性是统一一切偶然的自然要素，形成人工的有生命的自然环境。它不是工程，不是某种自然形态的功能物，而是人感知到的对自我再没有压迫感的感觉物，因为它是有序，它是生命。人的灵性就是统一偶然创造经典，而又不冒犯自然，实现了自然工程与诗情画意的完美结合。林语堂先生说，假如只是空空一片水，没有苏堤那秀美的修眉和彩虹般的仙岛，以画龙点睛增其神韵，那么西湖将望之如何？没有人对自然的再创造，把我心中的分离升华，就没有了人永驻的灵魂，就没有了创造者永驻的栖息地。也就没有了对故乡的眷恋。

今人只是把自然界当成供养之地，人们四处收集精美的自然物，把它们珍藏在一隅，供有钱人玩乐，把人变成了一个欲求不断升级的需求者，灵魂失去了永驻的栖息地。人们开始四处游荡，尽情挖掘享乐，在焦虑和放纵中盲目度日。人与人之间比的是享乐的多少，恨的是他人的骄傲。没有自我灵魂的修炼，空洞了理想，理想也只是指向远方，是对更多的欲望的追求。

人们回避偶然，不与自然为伍，只是寻找享乐的地方，四处游荡。人的灵魂是在面向自然界的偶然，再造自然，创造经典中形成的。而且人的灵魂一定要扎根在那里，和那里的偶然相伴随，那就是人的归属，那就是故乡。

人如果只是直面他人，就会争斗，就会厌烦，因为人本性残缺，我们不可能遇到一个内在完美的人，我们爱的只是自然赋予的他的美。如果没有内在的灵魂和外在的一致，我们人与人之间只有恨与厌烦。更因为，人的外在的自然美如果没有美好灵魂的显露就会引起他人的欲望的侵扰，因此没有彼此关爱，没有创造的理想，只有霸占，因此人与人就是仇敌关系。忠诚、真诚、热诚的美德的形成，总是把一切相遇和相遇的情景结合起来，力求在统一它们的过程中形成的。有了这些就有了相遇者的真爱，才能屡遭劫难而初心不改。人与人只能在环境共建中达成三观一致，情趣相投，态度专一。

中华文化主张，天人合一，道法自然，众生平等，这是中国人始终在与自然的协调中寻找人生的答案的原因。人们对自然不仅是取之有"度"，更是造之有"度"。这样，疏浚就不是把西湖搞成盆景或者蓄水的大池子，而是使之成为鲜活的湖，有生命的再生的湖。人们把生命寄托在山水之间。

如果万物只是满足人需要的功能物，它们脱离了特定的万物互动的时空，就没有了生命的自由空间，就会僵死。人类的智慧就是把偶然感知的万物重新组合形成新的生命体和生命环境，创造出属于人的世界，这个世界与自然的世界息息相关，共同发展。世界就是共生的可伸缩的空间。

有了善待万物的胸怀，即使地处偏僻，几近潦倒，也会气定神闲把酒临风，对月放歌，尽情表达对生命、对大自然的感悟与挚爱。杨明森在《我们与苏东坡，距离是多远？》一文中写道，"苏东坡的《前赤壁赋》《后赤壁赋》《念奴娇赤壁怀古》等著名诗词中，我们看到的则是山间明月，江上清风，目之所及，江山如画"。"被贬和流放，苏东坡先后经历了三次。每一次都是身体的巨大折磨，每一次又都能寄情山水而得到精神解脱。"这种解脱不是简单地看淡，而是再造自然，留下经典，使灵魂永驻。

今人受西方文化的影响，集聚在大都市中，只是忙碌享乐，没有创造经典的机遇和理念，只是生产精致的物品。为了精致物品，不惜毁灭经典，人类成了没有灵魂的浮萍。

第五章　思路设计与经典生活展望

真正的生活就是面对眼前的分离（定义）。正是对这个问题的不同的回答形成了不同的生活理念与方式。如果我们从需求的角度来理解如何面对万物分离，就会形成精致生活观念与方式。**精致生活就是制造各种分离追求必然，寻找最优，满足各种需要，即通过生产与消费，追求与创造精致的生活环境（定义）**。

如果我们从共建论的角度来理解如何面对万物分离，就会形成经典生活观念与方式。**经典是在现有的条件下，共同面对"偶然无序的无限压迫"，用某种象征的手段升华分离，表征物与物、人与物、人与人之间的同在的关系（定义）**。在日常生活中对经典的追求形成了经典生活。经典生活就是升华日常中分离的万物，直观经典，在思维中感知人物共在的世界（定义）。

第一节　思路设计

经典生活的实现需要人类要改变需要论的人生理念，面向分离，走向共建论的理念，重新谱写人类的今天，在即刻找到幸福本身。

一　环境是生命的本真

人的生命不是肉体，它是可以直观的环境化的世界。人创造世界不是满足人肉体与精神的需要，而是表征了人克服了万物分离对人思维的困扰，使人在直观自己的生命世界中获得自由与高贵。

人本性残缺理论认为，人原本没有生命，即便是肉体，也不是

第五章　思路设计与经典生活展望

人的生命，它只是生物体，而且这个生物体在生产力不发达的历史长河中，一直妨碍人类领悟本真的生命是什么。人们形成了肉体和精神两重生命观，并陷入了永恒的冲突中。就个人自身而言，即哪个是主导的困惑；就人与人之间而言，哪个是更加优先的困惑；就个人与社会而言，谁服务谁的困惑。

其实，克服了肉体与精神分离，实现了二者统一才是人的生命本身，不是哪一方面是主导的问题。如果没有统一体，分离的双方彼此都是功能关系，都是分离和压迫。有了统一体，才有了辩证法，才有了生活哲学化和哲学生活化的革命。

而那个统一体是什么呢？它不是实体性的。它是为了解除思维中的二者分离给人造成的压迫感的外化，外化成可以在思维中直观的人自己的世界。

只有感知分离，人才能感知无限，才能感知用有限的事物如何体现分离的无限，且实现统一。这样就实现了"生活哲学化和哲学生活化的革命"。这样人的精神就是哲学对无限的确证，而人的肉体就是人对自身不在的明了。

人只有懂得在肉体中人无法找到自己存在的价值和意义，那么人就明了自身是不在的。哲学只有证明了人面向"偶然无序的无限压迫"而生，那么哲学就确证了人的无限的存在。

在自然界这个"无限的存在"的统一体就是自然界本身，是万事万物的浑然一体。只有浑然一体才会有万事万物之间的大化流行，某个物种就成了地标性的存在，它表明万物是统一的。只不过，这个地标性的存在在自然界是个具有阶段性和区域性的局限，因为自然界是个过程。

人的生命问题是因残缺而导致了人分离于任何环境，形成了"偶然无序的无限压迫"，人在解除压迫中实现了人人与共的统一，形成了万物统一的共在，形成了人的生命。在分离和统一中，产生了如何面对"偶然无序的无限压迫"，表征偶然使之有序，创造证明

· 251 ·

下篇　经典与人类存在

存在的各式经典的生命现象。人已经不是如何满足自己的各式需求了，而是如何统一一切分离解除压迫的问题了，用各式的经典表征了偶然是有序的存在。这个工作占据了他的全部灵魂，升华"偶然无序的无限压迫"就形成了人的生命本身。如果一个自然存在物仅仅是满足了某种功能需求，并不是表征了某个统一，那么它就会对其他成员构成分离与压迫。同理，作为需求者，世间万物对他都成了异己的毁灭力量，无法证明他是存在的，而且恰恰相反，他不存在了，更有利于其他人的获得，除非他的存在仅是工具——只是具有某些存在的意义。因为，人类成员中任何人的面对的分离对全体成员都是压迫，这个压迫既来自功能物本身，也来自对功能物的需求者本身。

　　在功能的世界里能够确定为分离与压迫的，只能是偶然的不确定性，不是必然的功能需求。如果死亡一旦是确定的事实，当事人就会有了释怀之感。所以，确定的某种功能的丧失不会导致分离和压迫感的产生。人生"十事九难全"，一切的事情对于人而言成为偶然的时候，分离与压迫才能产生。战士是面向死亡而生的，死亡是肉体生命的停止，死亡不会阻止战士的行为。必然性的功能需求是自然发生的，如同呼吸一样，没有分离与压迫。只有分离中的思维中的偶然才会成为理论探索的对象，也会成为现实的实践。因为压迫是时刻感知到的不确定性的存在，必须明了和升华，否则人会日夜不安。

　　如何证明人间没有了分离和压迫呢？那就是当我们共同面对就形成了表征一切偶然都相统一的环境时，人与人之间没有了分离感，就有了统一感。这就需要我们共同面对某个偶然导致的分离而生，用象征了、升华了分离的经典之物表征统一的存在。实现和维护这个表征成了支配我们一切行动的力量。这就是人的生命本身——它证明了我们所有人的一切行为都是有价值和意义的，而且人是永恒共同存在的，因为那个表征物是永恒存在的。如果不让某个人从事一系列的象征活动就意味他被逐出了某个社会群体,他只剩下了肉体的生存和行为的功能了。这种逐出导致的无限的分离会毁灭他的精神世界,使他日夜痛苦和绝望。

当他看见了他和他人相统一的经典之物时,他就有了归属的幸福。这个经典之物表明分离的升华和压迫的解除,是我们共建的经典的环境。这个经典的环境具有永久不可移动性,因此是美的本身,是世界,是人的生命。孩子就是爱情与婚姻的结盟,就是二者分离的升华,因此是永久的存在本身。如果单单看见了孩子,我们不知道爱情与婚姻是否同时存在,那么我们就不能确证孩子是永恒的象征。换句话说,永恒都是统一了分离的结果。如果孩子是爱情或婚姻单方面的产物,那么孩子就不是父母永恒的象征,因为父母之间存在着分离的痛苦,孩子只是自然的生育能力的产物,是父母之间的感情的负担。

这里,高贵和解放起初是个人的不安,而后才是生命的解放和高贵中的喜悦。这一切都是在经典中实现的。

孩子是婚姻和爱情相统一的象征。只有二者相统一时,我们才有了生育的高贵和快乐,才能赢得世人皆有同感的永恒的喜悦。反过来,没有孩子,爱情就是爱情,婚姻就是婚姻,它们仅是满足了男女双方的需求。爱情满足了男女双方的感情需求,而婚姻满足了两个人的生活需求,二者之间并没有了一个统一体——孩子,也就是我们共同建设的生命。同理,孩子只有表征了父母的同时存在,孩子才是幸福的。如果父母是分离的,那么孩子的一生都是不幸的,他时刻都能感觉到来自父母之间的分离而导致的压迫。他的原初家庭是不幸的,这个不幸就意味他失去了一片独有的世界。如果没有婚姻,即使父母是相爱而生下了他,日后父母之间没有建立婚姻关系,那么他还是没有了家庭的归属感——共同面对各种分离。如果父母之间没有了爱情,那么他也会为父母的分裂而难过。如果没有了孩子,这个完美的爱情与婚姻就没有了永续的故事,它只是某种功能，不是永久的生命。所以，孩子来到世界，是充满喜悦的，因为他证明了父母的爱情和婚姻之间是圆满的存在。如果爱情与婚姻不统一，孩子就不是体现美好家庭的经典，只是一次生育，甚至是一次不幸的生育。当然，无论怎样都不能歧视孩子。

同理，人的一切行为都是为了克服分离实现统一和表征了统一，对于全体人类才具有合理性，才具有存在性，才能证明人本身的存在。

人类一直误以为人的生命就是围绕我们的需求而展开的。我们认为，人与人之间的一切都是社会分工，都是功能满足，都是对立统一的买卖，问题只是如何实现当事人双方的公平和平衡，使冲突在合理的范围内震荡，使供需永续发展。就个人而言只是物质和精神的平衡，只是防止人类物欲化，防止人类迷失，防止人类邪恶。同时，注重精神生活富足的人才是高贵的。这种人自律、自爱、友好、善良、节俭，拥有许多常人没有的美德。

人本性残缺导致人与外界分离，产生了"偶然无序的无限压迫"。分离与统一是人类生命的根基，这样人就不是需求者了，因为人看见了万事万物与人的分离，并且力求实现人类与它们之间的统一，需求的满足只是日常的普通的自然流程了。面对"偶然无序的无限压迫"，个体之间的互助是无能为力的，因为压迫是无限的。反过来，如果没有了人与万事万物的分离，一切都是自然的流程，人就是动物了。没有了分离就不会有人的意识——对"偶然无序的无限压迫"的感知。人不能消灭分离而生，只能面向分离与共建环境而生。这涉及人为什么是人的根本性问题。

压迫产生的原因是分离物与人之间的不可融洽，只有升华了分离，压迫才能克服。同时，因创造而使人成为人。升华了分离就是不认为分离就是失去——克服分离就是如何做到——不再把万事万物分成有用与无用，更加重要的是不再把人当成需求者，升华分离就是在追求偶然有序中实现了人与万事万物的统一，实现有限与无限的辩证结盟——形成新的世界，使个人由"环境存在"变成"世界存在"。如果万事万物只是一个功能体，不是表征统一性的象征物，那么人就是生活在环境中的自然存在体，人还没有重视偶然的价值和意义，人还不是人。

压迫如果用需求论来理解，那么就是需求如何得到满足，是企盼的焦虑，以为加大生产就能满足需求。即使人的需求得到了满足，分离还是无法克服的，使人同时无法看见人是无限的世界存在，人只是渺小的环境中的自然体。

压迫如果用残缺论来理解，那么就是一切分离需要升华，一切分离只能共同面对，共同面对就没有了一切分离导致的压迫感。共同面对一切分离就形成了经典的环境，就形成了人的生命。即使个人的肉体死亡了，而他却永恒存在。

环境中的分离是具体的分离，有时我们可以用科学的方法解决。但是，由于我们总是要担心分离的出现是偶然的，是不确定的出现，因此分离就是一种永恒的压迫，因此心里就有了如何面对一切分离的思考。一个人无法用科学的方法面对一切分离，只能用象征的把分离统一起来的方法，更加重要的是这个象征，引起了我们的共鸣，有了共同面对的感觉，这样我们就在创造共同面对一切和统一一切的世界，形成了人的本质，证明了人的存在。世界、共创、关系、存在。有了世界证明我们是共同创造的，共同创造形成关系，形成关系有了人的本质，人就是存在的。因此，人是世界的创造者，人在世界创造中存在。

经典生活就是在世界中的生活，也是形成世界的生活，也是人存在的生活。

人们在环境中的生活只能是精致的生活。精致的生活就是追求使用一切最好的材料，打造最先进的器物，拥有一切人间美好，排除一切其他的生活。这种生活厌恶分离，逃避分离，渴望需求的全部的最好的满足。恐怖的是，后来的精致生活会完全否定原有的精

下篇　经典与人类存在

致生活，制造垃圾和不满，制造分离和痛苦，破坏环境，如果实现不了新的精致的生活，就会引发虚无主义。

所以，环境一直被人类当成生存的条件，是利用的对象，无论是自然环境，还是社会环境都是人实现精致生活的条件。环境的一部分成为人类的异己的存在，因为人类一直在寻觅能够完全满足人的需求的理想的净土。因为环境中人是需求者，人依赖环境，没有面对一切的行为，因此只有局部行为，只能有面向局部的利用必须性的改造行为。人与环境一旦无法互动时，人就停止了肉体生命活动，人因此没有了一切，即使有什么，也是面对无穷自然环境的虚无。

如果从需求论而言，的确如此。人的生命是肉体和精神，它具有二重性。为了维系人的生命正常生长，人需要自然和社会两个环境提供养分。为了获取生命养分，人每一天都必须进行物质和精神生产，满足人的维持生命成长的消费需求。人类为了满足需求而焦虑和忙碌。同时，人类也在不断破坏环境，甚至出现了环境危机。

如何从终极意义上解决环境危机，答案是人必须懂得人不是需求者，把人类对环境的需求依赖减少到最低限度，放弃精致生活，追求经典生活，不把享乐和占有看成人生成功的标准，在创造世界中实现人本身的本质与高贵。经典的生活就是使人的一切消耗都必须体现克服分离、追求统一的创造世界的目的，使消耗没有了攀比性，只是个人在克服各式具体分离的必要手段，这样我们就没有了对外界的破坏。这样，每个人的个人日常生活中的一举一动都是神圣的，都是世界存在的表达。

人的生命对于每个人而言都是个体用自己的经典生活表征一切分离的统一性，正是个体之间的联盟形成了个体生命在世界中的持续不断的成长。

在环境需求论看来，衡量生命是否健康的标准一定是客观或主观，或二者统一。客观就是用人人都能遵循的某种标准来衡量个人的健康状况；主观就是用个人感受来衡量个人的健康状况。因此形成了主观主义、客观主义和主观和客观统一的三大标准。

但是，主客统一的基础是个体的肉体生命需求如何满足，因此自然环境和社会环境就成了个人之外的事物，是两个无法统一的必然，因为满足只是必然之间的事情。即使我们个人认为实现了主观和客观的统一，那么人之外的自然环境和社会环境仍旧和个人是无法统一的。这样，人的生命就确定为个体性了。那么美好的人生只能是脱离自然和社会环境的个人的美好了。因此，人也就没有天然的自身的高贵，也就没有天然的永久，更没有天然的无限的和谐了。人就是小写的自我。在宇宙中无足轻重的一粒尘埃。因为，外界无限大，个人能力无限小，如果主客统一在人的需求行为上，那么就是不可能的。

理性主义者们认为，追求纯粹的理论探讨，遵循"应然"，并把它当成是人类最高的生活方式，为了使生命、生活获得宇宙意义。他们认为，有了纯粹的理论生活，人就有了批判、消解、解放的力量，也有了构建、规范的力量。目的是使生命、生活获得意义。他们也知道这会导致理性主义的统治。

在这里，生活的含义，他们认为就是日常需求。日常式的需求具有低俗、僵化的特色。只有理论生活才能打破这种低俗和僵化，因为理论总是开始于"惊异的探索和好奇"，没有任何功利色彩。在这些理论家那里，日常生活和理论探究是冲突的。仿佛普通民众根本不会询问"我是谁？我从哪里来？我到哪里去？"，根本就没有个人式的人生感悟的困扰。仿佛普通民众根本没有对宏大、无限、终极的追问，生活和生命本身只是技术的难题。

他们认为，只有少数衣食无忧的人才会有探索理论的热情，他们只是对惊异的探索和好奇。只有他们才能超越个体性，实现大写的人生。

事实上，是阶级剥削导致了劳动大众的日常需求的低俗和僵化。

下篇　经典与人类存在

人们没有经济自主权，为了糊口耗尽了一切精力，保命和富足是他们每日无法逃避的渴望。但是，理论家们仍旧从高雅的满足物质生活的角度来理解人的精神，用他们竭力达到的行为规范和学识去诋毁低俗和僵化的不圆满的没有世界引领的日常生活。这样，理论家们就得出了一个结论，民众的日常物质和精神生活都是低俗和僵化的。改变的方法，就是用纯粹的理论认识和他们的行为规范引导民众的日常生活。

马克思用生产力发展和无产阶级革命理论来理解人类的解放和高尚，认为解放就是人的异化关系的回归，就是共同建设世界。只有生产力高度发达和消灭了阶级剥削，每个人都不在为日常需求的满足而争夺，人类才能使日常生活摆脱僵化和低俗，在追求万物统一中，人的精神和物质生活才能高度统一，形成自由人联合体的世界。那时，人人都是理论家，人人都是实践者，脑力和体力没有分工。物质与人不再分离，个人的需求得到了自动的满足，人开始面向其他分离，人开始了真正地创造自己的劳动，人才能找回自己。人不是环境的需求者，而是世界的创造者。

我想，那时人类不仅有对"惊异的探索和好奇"，而且真正懂得日常生活中"偶然无序的无限压迫"的意义，并且为了万物有序而把生活和工作相统一，即我们的一举一动都是在表达世界的存在。

那时，理论探索不是纯粹的理论和爱好，而是升华偶然实现生活和生命的融合，即创造经典本身。

人的高贵、永久和自由是在升华偶然中实现生活和生命的融合，即创造经典本身中实现的。这样，个人的生命就是经典环境本身，个人实现了自己，那个永恒的运动体。

在需求论那里，人高贵、永久和自由不在于客观存在的生命本身，而在于道德行为。人只有面对他者时，才有高贵、永久和自由是否存在的问题。而这个面对就是是否全身心地对待另一个不能自我满足的人。而且，善待他人是十分有限，更多是精神的意义。因此，高贵、永久和和谐也仅是鼓励个体有奉献精神和勇敢行为的理想，而不是事实。这种生活依赖人们的确认，需要不同的个人不断地评判彼此的行为，才知道是否高贵、永久和自由，美好的生活其实只存活在个体的认知中。而且，为了追求对他人而产生的高贵、永久和自由的认知现象，追求者就会损坏自己生活的健康，制造了另一个需要他人奉献的弱者。

在需求论的环境里，人如此尴尬，只能用不屈服来证明自己。生活需要面对无奈，克服孤独，顽强生存。或者用理论家们的话说，即便如此，也要追求情趣的高雅，人格的独立，精神的理性，胸怀的宽广。正如贝多芬那样，"我要扼住命运的喉咙"，抗拒命运的压迫。注定了悲壮，但愿没有痛苦和孤独。

二 简单也许是通往经典的道路

经典就是在特定的条件下实现万物的统一。

由于生存艰难，人类被奢靡、权力诱骗，习惯了大量堆积财物，结果是一方面环境凌乱，另一方面又拼命工作，疲于奔命，因此，根本没有静下来，领会事物的精妙，呈现它们的精华，把它们统一成一个属于自己的特有的世界，使自己的心灵有了永久的家的生活。

简单也许是通往经典生活的个人和社会道路。让多余的事物回归它本有的世界，不要滞留在异域空间，阻碍这里的世界的形成和显现，只是慢慢腐烂，没有了构成世界的应有的价值和意义。

信仰就是我们对待生活和工作中万事万物以及人们的某种方式。2016年9月14日我在长春东岭北街欧亚商城门前的路上看见了一对老夫妇用绳子和木棍把两辆老人车连接成一个整体，利用一辆车的动力出行了。

他们没有废弃这两辆车，买一辆可以乘坐两位老人的电动车，而是让这两辆车有了全新的联动的运动方式。我不得不说，他们因为爱和简单的创造，让这个世界某些闲置的事物有了联动的新生命，他们的生活态度和方式因此成就了街头的一道风采，让老人的生活不会因一辆车而成为困难，让更多的人在观瞧中感到了恩爱，感到了对万物的热爱。有的人也许用节俭，或更灰暗的心态来理解，流下敬佩或同情的眼泪，可是在我看来，人不是需求者，不要为了追求更多的需求而劳累，把在满足需求中而享乐当成理所当然的事情。不要把幸福简单地理解成就是少付出多享乐，付出多了就是生活不优越，就是社会落后和不公正，就是生活环境恶劣，没有得到应有的幸运和帮助。

在我看来，我们的幸福不取决于物的多寡，人的地位和能力的高低，事情的大小，风的顺逆，苦乐的有无，只在于我们如何对待所遇、所需、所为。

道德奉献、法律平等、环境共建，三个不同的对待万事万物的方式决定了人类的究竟。

人不是需求者，人不是天性高贵，而是因本性残缺导致与外界分离，必须解决如何面对偶然压迫的问题，让物服从人的需求还是统一物我，这是两种不同的克服分离的道路。让物服从人的需求，就是通过发展科学和生产，防范一些，利用一些，结果是人类发现即使我们能发现一切必然性和利用一切必然性，越来越富足，我们也无法解决人活着的价值和意义，人只是一个自然的流程，没有了神圣性，而且科学和生产越发达，人的活动空间就越小，人就被自然规定，而没有了人对人的影响和敬拜。

统一物我的道路就是不承认人是需求者，人探知万物就是为了克服分离，统一物我。什么是物我统一呢？物我分离就是我失去了一个归属我的环境，一切与我游离导致未知的压迫，即我不知道它如何存在，因此我的世界根本无法构建。我要把它们纳入一个有序的世界中，整个世界预示一切都是统一的。如果用科学的方法统一根本没有希望，因此这个统一就是如何克服一切与我游离而导致未知的压迫的分离感。

第五章 思路设计与经典生活展望

其实，我是有限的，我无法面对无限，压迫只是证明我的有限能力的存在，如果我的能力是无限的，压迫就消除了，可是我的能力是有限的，似乎没有答案了。我的能力是有限的，因此面对压迫我是失败者，如果我不是失败者，那么压迫感就消失了。如何实现我不是失败者的目标呢？另外，万物知道我是失败者吗？显而易见，万物不会知道人是失败者，因为万物是无意识的。知道我是失败者的只有我和他人。我知道我是失败者，因为我没有满足我的需求。在没有满足我的需求方面我是失败者。可是，我面对万物，我根本不是需求者，因此我也不是失败者。可是，压迫究竟是什么呢？就是无序。如果我使万物有序了压迫就消失了。

可是，我一个人根本无法使万物有序呀！而且人类也无法使万物有序呀！是呀！如此从自然的角度来理解的确如此。可是，人本性残缺表明人类已经脱离了自然性呀，因此万物对人而言就不是自然存在，只是思维中的无序存在。看来，问题就是如何让万物在思维中有序了，并用万物来表征。

我们通过环境共建，证明我们共同面对无序，就建立了属于人类的我们的有序的世界。我们是无法消灭无序的，只是面对了无序，况且无序是无限的。我们有序了，我们就不怕万物的无序了，而且恰恰相反正是万物无序地不断地到来，有序的人类社会才有了不断的活力。

共建，就把我纳入到社会中。共建不是共同满足需求，而是共建环境。在环境共建中就没有了你我的分离。如果是需求的满足，因需求具有个人性，因此人人在满足自己需求时即使是互利的，还会与更多的人发生利益对立的，分离还是存在的。

在环境共建中，因每个人所处的环境是不一样的，如何证明我们是共建的呢？

经典属于人类，因此把环境建成经典就达到了环境共建的目的，也就使万物有序了，使我们有序了。更加重要的是人有了价值和意义。

为了进入世界，面对世界，人类必须节俭生活，把自己从繁重繁杂的欲求中解放出来，首先消除物欲的压迫，人类才能心明眼亮，看见世界，建设世界，找到幸福。

有人认为，给生活做减法，即使收入很低，也活得很开心。这是不是说，没有了额外的负担就开心呢？那么人活着还有其他什么吗？

生活不是通过孤情寡欲净化心灵，与世界无争，不是在心灵中直接求得幸福。也许可以这样，但是那只是一个人的幸福，对其他人只是启示，没有直接持续的帮助，这种人无法形成推动社会进步的力量。人更没有创造经典，形成世界。

美好的生活更不是，我感觉刚刚好就可以了，那只是摆脱了自己的内外负担，而对于人类没有了任何剩余和积累，那么社会如何整体进步呢？

更加重要的是，自己的生活如果一旦对社会发展没有了促进，仅是从社会中平等地，或最低限度地获得必需品，那么你就事实上与社会隔绝了，你仅是某个活法，你的离去对社会的发展不会有任何遗憾。这样的人就没有了社会生命，哪怕你有一群追随者。你的存在是短暂的，狭隘的。

其实，人的活力源自你能感知和构建世界，哪怕是偏颇的。因为那也许是一条人类还没有看清的真正的道路。当我们看见了自己的世界意义时，我们才有了活力。逃避只能加深坠落，使人痛苦加剧。当你是快乐的，你一定是介入的。

他的妈妈就不喜欢他，因为他没有使家族更有活力。他只是安慰了貌似的同类人。

他的活力在于旅游、读书和给杂志社写独特的旅游感悟，他因此无意识中共创世界，因此他不孤单，反而感觉到自己存在的独特的世界价值和意义。换句话讲，世界在某个地方离不开他。也许他并不懂得这个道理。

节俭不是他活力的根本，只是在时间方面保障了他的独特的生活持续可能。很多人都被物累，就是消费得太多，因此没有自己的闲暇时间了。没有旅游、读书和给杂志社写独特的旅游感悟，脱离了世界，他就是行尸走肉了。

感觉不到世界需要你，你就会孤单。

和一个人在一起交往也是如此，你不能融入他的世界，你就会孤单。

世界是需要他的，这种需要不是制造新闻趣事，而是一种生活。生活的简单不是极简主义。极简主义只是强调物品的最少化，而且关键的是仅仅把它们当成了功能物。生活不是简单问题，而是用"最小的价值消耗创造最大的意义人生"问题，就是用万物与人同在的方式表达人生的鲜活与广博，使人有了自由与尊贵。

三　社会发展是结构不是质量

西方市场经济注重质量，商家因此获得高额利润，而忽视经济结构，社会因此日益衰败，失去了多样性统一的社会活力，人们看到的只是综合市场的繁荣，而社会角色缺乏多样性，没有为各种素养的人提供进一步展现自我的空间，形成社会共建的局面。

个人和企业家都认为发展就是个人收入和消费水平，而消费水平就是质量和数量，而消费的前提又是个人或社会收入水平的高低，因此一个国家或地区也就只能保留了几个高利润的企业了，而无法在这几个高利润企业就业的人们只能离开这个城市了，否则就只能过贫穷的生活了，当然一部分市民可以通过服务业谋生，也可以进入政府机构。

把发展当成消费水平，而消费水平就是质量和数量的发展观，表面看来没有什么不妥，好像这说明消费水平发展了，大众的生活就提高了。把社会消费水平提高直接等同大众生活水平的提高，是

下篇　经典与人类存在

直线思维，它完全忽视了在社会消费水平和大众生活水平之间有个桥梁，这个桥梁就是个人收入。没有与理想化的社会消费水平相匹配的个人收入，个人的生活就无法达到理想化的社会消费水平。而要实现这个理想化的收入，就必须有实现理想化收入的就业。可是，一个社会能够提供理想化收入的工作岗位不是很多的，因此不能够提供理想化收入的工作岗位和没有理想收入的个人都被淘汰了，企业破产，个人贫困。这个城市就没有了活力，这些居民就没有了体面的生活，即使这种体面的生活本身并不等于人生幸福。

在谈论美国和中国的国运时，我们习惯性地认为中国商品数量大，但是质量不如美国，因此美国在很长时期内都会领先，甚至会日益强大。而中国的追赶之路一定很漫长，将会长期落后美国。

他们都看到了经济发展，却没有看到社会发展。经济发展看收入，社会发展看结构。而经济发展依赖社会发展，符合社会发展需要的经济发展才能发展下去，而且能够促进社会发展。

单一的经济发展只是提高了社会消费水平，它并不同时意味居民的实际消费水平就提高了，因为实际消费水平的提高依赖居民的实际收入水平。

情况也许恰恰相反，单一的经济发展就长期而言，只能使居民的生活普遍下降，除非是服务型的大城市，依赖宏大的流动人口和服务业为居民提供了广泛的就业机会。因为企业和商家都追求高额的利润回报，利润低的企业和服务行业纷纷消失了，能够盈利的企业和商家越来越少，因此有较高收入的居民人数也就越来越少。

所以，单一追求经济发展必然走向高利润的经济道路，必然导致社会就业机会的减少，民众生活逐步降低，社会归属感减弱，缺乏人生价值和意义，人无法成为社会历史的创造者，只是一个乞讨者，要么依赖福利救济，要么自生自灭。

理想的社会经济不能用消费水平高低来衡量，而是能够广泛提供各种就业角色，为广大的居民提供获得收入的机会，同时也提供发挥自己才干的机会，在共同创造美好城市的同时，实现了归属感的建立。做到人人都工作，人人有归属。

因此利润较高的经济活动必须收归国有，让社会财富服务社会环境的经典化建设的需要，国民消费水平应该符合习俗经典，不应该以时尚为主导。人民美化自己的生活居住环境，让它成为景致。人们在深入塑造自己的生活居住环境的经典化中理解自己生活的质量和数量，让质量和数量服务世代不断完善的生活居住环境，人们因自己爱经典生活而获得彼此的尊敬，避免了消费攀比中的彼此羡慕、嫉妒和恨。

四　环境共建是人类财富的终极生长点

（一）商业利润与生活贫困

我们习惯把财富理解成有用的物品，而且具有储藏性。那么，这些物品为什么会通过人类的劳动而产生呢？财富是因为消费需求而产生的吗？在商品时代，一切财富都是用来交换的劳动产品，它是因能够带来利润而产生的。利润多的产品被大量生产，而利润低或没有利润的产品终止了生产。可见，利润生产是商品时代人类财富的终极生长点。

这种利润生产模式只是片面地发展了利润，即只是生产能够带来利润的商品，人们复杂的物品需求被简单化了，而且表征世界统一的物品退出了生活领域，市场日渐繁荣，而个人生活世界日渐单调与趋同。人们只是在两个极端选择物品，物美价廉与精美昂贵。前者满足了大众消费，后者满足了个人傲慢。

人类不再通过物品消费证明自己是类的存在，而仅是商品生存活动的依附者和载体。人类丧失了自己存活的灵魂和理由。人的生活就是富有与贫困的现象化的两极对立。表面看来生产就是为了追求普遍的富有的生活，可是社会财富在大量增长，而大众贫困也在更快地增长。可见，社会财富的增长并不是满足了大众的需求，而是剥夺了大众的需求，因为一切商品生产是为了追求更多的利润。

有人认为，消灭商品经济就是为了让生产满足大众的全面的消费需求。这是错误的认识。例如，发达国家的大众的消费已经得到了全面的满足，可是个人却感觉活着的价值和意义在丢失，即人们只是在消费琳琅满目的商品，却失去了自己和社会的融合性。庞大的社会日益陌生化，人们并不懂得周边的一切物品应该包含人的生命含义，它们不只是视觉的外在的和谐，人类在它们之外不只是用各种感官感知它们，因此人们不懂得它们在社会结构中如何相互影响而形成了一个彼此依存的生命世界。它们存在的理由不是高贵地形成了生命世界，而只是低贱地满足了人的肉体需求和感官需求。因此，个体精美是衡量一切的最高标准。美丽富有的慈善达人与非洲骨瘦如柴的儿童的画面组合总是那么夺人眼球，这是精美与贫乏的对比，让人想到富裕多么珍贵，善良只是如何帮助他们摆脱贫困，能够生活富裕。人们考虑的都是现象，即如何由贫困达到富裕，由富裕达到更加富裕，达到那个眼前美丽富有的慈善达人的富裕。因此，更多的年轻人离开了落后地区，进入了能够解决温饱的大城市，追逐少数美丽富有的慈善达人的富裕生活。

这样，落后地区因没有了年轻人更加落后；在大城市找不到稳定的较高收入的工作，出现了稳定增长的贫民阶层。这只是把落后地区的贫困转移到了城市。前者的贫困只是饥饿，而后者的贫困则是欲望；前者是渴望，后者是绝望；前者是守住底线，活出尊严；后者是不顾一切，只求眼前。

人类的物品的增长点，必须摆脱商品利润的驱使，同时摆脱虚假的需求增长的认识。两个摆脱才能使人类找到本真的生活。

（二）经典生活与人人富足

人消耗和生产物品不同于动物之处就是不仅满足了个体的需求，而是创造了一个世界。人的一切生产和消费行为在非商品化的农耕时期是完全遵循习俗进行的，它体现了人的各式社会关系，即把一切都统一成一个不断变化运动的生命的整体。人的行为不是孤独的个人行为，也不是奉献他人的道德行为，而是创生万物的环境行为。人每日的生产与消耗都在证明人与物的高贵和人与人的尊严。人们战战兢兢地敬畏万物之间的转化，并把每一次消耗都升华成世界的表征，人人与物物因此是相敬的。

这个不断变化运动的生命的整体，它的活力来自物体本身的特性和相互作用，来自于对人本性残缺导致的万物分离后的统一性的追求。人类的活动是建立在偶然性基础之上的，因此人必须发挥主观能动性，面对分离，统一万物，成为世界的存在。这样的人，不是个体的需求者，他的生产和消费已经不是个体式的了，而是环境化的生命行为，即不是以占有多少精美为衡量的标准，而是以能够协调多少为己任。人们看到的是一个因他而呈现的完美的世界，人们在赞美世界的同时而赞美他。

商品时代，人们赞美的是一个完美的个人外表形象和完美的场所的组合，不是结合，因为商品时代一切都可买卖，因此只有消费组合，没有了生命结合。这时个人的内在更多的是获取财富的能力，而不是赏析与构建多少事物的能力。换句话说，一个穷专家不是人们的偶像，充其量是极少数受益人的道德模范。如果你因某种技术或机缘而成为巨富，那么你就是大众的偶像了，不管你是否从中受益，是否认可自己的生活。

如果人类的物质财富的生产来自环境共建，那么人与人之间就没有了商品竞争导致的万物功能化，没有了市场消费而导致的贫富区别，没有物种毁灭，没有了浪费，没有了攀比，人类用极小的生产就能够满足人们各具特色的生活，更加惊喜的是我们每个人的生活都是日新月异的，人人相敬的。

五 完备的服务体系消灭了人情和个性

个人日常活动能力的衰退，是人类的不幸。

（一）服务完备与人人隔离

商品时代导致人情冷漠，出现了陌生人现象，人与人隔离，孤独寂寞普遍发生。帕特南研究，在20世纪晚期，美国人的社会参与程度出现了断崖式的下跌。这一变化是如此突然、彻底和出乎人的预料。单薄、肤浅、浅尝辄止的交往方式逐渐取代了深厚、凝重、表现良好的社会联系。以地域为基础的社会资本逐渐被以功能为基础的社会资本取代。人们吝啬时间和金钱，不再像过去那样善待和信任陌生人。对具体的公共事务，人们喜欢指手画脚，而不是参与到事件中去。现代社会对人类最大的威胁是人们不参与，宁可一个人打保龄球，刷微信，也不愿意走到人群中去。社会资本的流逝把人与人分割开来。这是亟待解决的难题。

人类一直把自己当成需求者，因此在生产力不发达的年代，人们在特定的区域工作和生活，物质相对匮乏，日常所需的满足需要借助身边熟悉的人群的相互帮助来实现。因此彼此关爱，互通有无，人情走动，亲近朋友成为生活的主要旋律。

没有完备的服务体系，事事必须亲力亲为，只有自己身体力行地创造美好的生活环境，你才能生活美满。为了弥补个人能力和精力的有限性，因此彼此主动参与到对方的生命中就成了人们交往的主要方式。娱乐只是完成某件事情的奖赏，而不是主要目的。因此不是消费物品而是共建环境使那个时期的人们团结起来了。没有亲朋好友的共同参与，任何重大的家族活动都无法开展和完成。

生产力发达了，人们的收入普遍提高了，商业服务体系日益完善起来。为了更多的收入，在严密的社会分工中，每个人都耗尽了每一天的精力，不可能对自己的日常生活需求事事亲为了，人们只能依赖社会分工中形成的服务体系了，放松心情恢复体力。人们只能在度假、娱乐中交友，而这需要有闲暇时间。看来只有把家务完全交给愿意提高高质量服务的商业系统，才能把自己的时间从繁重和日复一日的家务中解放出来。这样，人的参与程度在急剧下降，只是情趣相投的人们在一起娱乐了。但是，成熟的、丰富多彩的商家的娱乐项目很快就取代了来自个人之间的交往娱乐，因为每个人的娱乐能力都是十分有限的。

如果人是需求者，那么人们的快乐只能是得到最完美的事物，而不是参与中创新的快乐。金钱、购买、精致、快乐，四者之间构成了无缝隙对接。因此孤独的个人原子就形成了围绕商品的重复的周期运动。单位—市场—住房，三点连线，形成了个人原子运动轨迹。在这个轨迹中个人的一切需要都得到了最佳满足。个人对个人就没有了满足需要而互助的任何可能。陌生与分离在蔓延。

整个社会构建了一个围绕商品旋转的功能体，中心是最精致的商品，而最有钱的人就生活在那里。粗糙的商品和穷人生活在边缘地带。

虽然今天的人类个体之间的交往比以往任何时代更频繁和密集了，但是皆是为了利益交换——消费和工作，而且这个利益交换因为商业服务体系的提供的便利，使个人之间完全失去了个性交往的可能，人们只是光鲜的外表和内在的赤裸裸的利益互换，根本没有了对对方的了解和欣赏，更谈不上帮助和追随。人对人构成了压迫。

利益交换具有不可兼得、此多彼少的冲突性。它只是暂时的交换，各取所需，无法为了客观世界的美好而展开紧密合作共同建设，因此每个人都在跟对方争夺获取的速度和数量，彼此的每一次行为都是对对方的否定，是对世界的破坏。

为了利益只能制造精致的商品，不可能创造经典的世界。商品生产者为了获取更多利润，就必须使商品集各种美好于一身，结果为了获取这些美好的要素，商家就不会顾及世界的协调和经典，随意破坏外界万物的存在方式，导致生产与破坏并存，消费与污染并进，隔阂与交往并立，贪婪与绝望并生。商品的社会已经没有了人类生息之地。

个人与商品之间因金钱而同一了，而人与人之间因没有了需要而分离了。这个分离就传统社会生活而言是不能接受的，可是又是顺理成章的，既然人们只是把人当成需求者，为了需求而参与到彼此的生活中，而今天有了更好满足需求的商业服务体系，那么人与人之间因没有了需要而分离就理所当然的了。

看来，回到人与人因互助式而亲近的时代是完全不可能的了，因为人们不可能放弃完备的商业服务体系而去通过互助实现日常重大需求的满足，原因是现代人类的需求复杂多变，单凭个人之间的互助已经无法完成。

如何找回人类彼此团结互爱的时代呢？这就需要我们抛开人是需要者的理论，懂得我们来自哪里，要去哪里。

（二）经典生活与共同欣赏

人本性残缺论告诉我们，人只有创造经典才能深入挖掘万物之间的关系，提升自我修养，彼此密切合作，因为任何经典都是特定环境的变化发展的继续，是客观世界的主观再现和升华，是人为了克服各式分离的统一性行为，因此创造经典就是外在创造我们，内在创造个人，它是世界和我的同时丰富和发展，是我们在一起。当然只有为了我们在一起才有经典的创造，只有经典创造才能有我们在一起。

任何经典都是为了克服分离而产生的，它表达了我们的共同理想，因此任何经典的完成都证明了我们的同时存在。

现代社会人人分离，人物分离，彼此陌生压迫，恰是人类环境共建的大好契机。万物联网就是环境经典化。

其实人的工作和生活本身就是经典化的过程，它使工作和生活一天天美好起来。人们的个性和关系也丰富起来了。

人本性残缺导致万物在人的面前是天然无序的，所以每天人们都要打扫卫生，整理内务。同时，陌生人之间如果文化背景不同，在事物面前也有个预先混乱和如何达成共识的问题。这一切既需要个人修养，也需要文化凝聚，而且更需要修养和文化共推进。没有个人修养和社会文化共推进，就不会有经典的工作和生活。反过来，个人修养和社会文化凝聚需要在共建经典中完成。当商品经济充斥一切领域时，分工合作就成为根本原则，为了顺利实现各自利益最大化，人们建立了利益交换标准，达成了如何分割世界万物的标准。人们只需按照标准行事根本不会顾及其他，其他只是被利用的对象，而不是我们追求的根本。这样社会文化和个人修养日渐消失，整个人类社会日渐苍白，人与人交往日渐乏味，人们无法静下心来发现独特的事物，更没有能力把它纳入世界使之成为经典。雷同，雷同，处处是雷同，因为追求利润最大化就会把利润最大的商品到处推广，这会造成雷同。

完备的服务体系似乎告诉人们一切都可以获得，一切都可以消费。人们没有了对生命成长的不易和精妙的领悟，唯我消费独尊，没有了敬畏，就没有了自我努力和创造的神圣之感，人只有得失的急躁和狂喜。人此时，无法担当万物之灵的美誉，只是吞噬万物的魔鬼。人不是得之不易而珍惜万物，感恩前辈和上苍的恩赐。人要看到万物原本就有生命，看到人和万物的生命的成长不易，人要善待万物。人要用配得上的神圣方式去创造经典和善待自己。

在消耗面前，人不能因为有了强大的工具就可以随意对待大自然。不仅是自然会报复人类，更加重要的是大自然始终都是人类的老师，我们必须效法自然，才能找到人类自己的生命智慧，否则人只是一个贪婪的怪物，连动物都不如。人就会自己蔑视自己。如果人找不到尊严，面对无限的外界人就会因茫然而自我否定。当我们都善待万物，创造经典，那么人人都同时获得尊严。

人不是需求者，也不是消费者，人是人生，人生是经典生命环境的创造的瞬间。人要和一切共生，这样才能升华分离。在升华分离中，人才是人。如果不去升华分离，而是克服分离，只是获取了需求物，万物还在我之外，压迫我们。而且，人人都是需求者，人与人之间也是分离和压迫的关系，人活着就是被压迫了。

人的感情不是来自感激，而是来自敬畏。感激总是亏欠，这是不健康的感情。感情应该使当事人双方都获得尊严和敬重。不是不要感激，不是不要帮助，我们要的不是居高临下的同情，而是敬仰与同行，这种帮助是志同道合，是经典中的共建。任何人的困难如果都服从经典共建的世界，那么一切人的困难都是我们与当事人共建的机会。

如果用金钱联结起来的服务体系替代了环境共建，那么人与人之间就分成了三六九等，因为人们获得财富的能力是各不相同的。

环境共建，创造经典，是人类的必由之路。

六　生活由需求到设计的转变

我们是否迎来了共建的时代？

在物质匮乏的时代，设计由需要决定。当物质丰裕了，设计本身就从需求的束缚中解放出来，获得了自己的生命，并真的表达了人的生命活动的世界。

需求论的产生是由物质匮乏决定的。这样，世界是分裂的，因为需求不能兼得。

当需求决定设计时，设计的物品之间是分离的，人也因占有不同的物品而区分开来，这个世界因此在物质与精神两个方面都是分离的，人类为了获得更多的物品而争斗，因为占有了才能满足需求，更加重要的是你因此才能摆脱因需求不能充分满足而去超负荷地劳动，没有了属于自我的闲暇时间，去构建自己的经典世界。

我们不能从人性贪婪来理解人们的争斗行为。如果把人自己从物资匮乏中解放出来，有了充足的物资，就有了属于自我的闲暇时间，就可以去构建自己的经典世界，这样人就不会去争斗了。

人们把需求分成使用功能需求、审美功能需求、道德价值需求三个方面，并用三个方面理解设计。在需求论设计者看来，人与周边世界的对象性关系，是以需要为基础的，因为人的生命方式和性

第五章　思路设计与经典生活展望

质,就表现在人特有的生命需求以及满足这些需求的方式上。只有满足了人的使用功能需求,人才会有审美功能需求、道德价值需求的出现。而且,后两者也不是共建世界,只是满足了人的需求。

这种把人的行为只是当成需求满足的行为,必然把人与外界区分开来,统一也是在满足了人的需求的同时的局部统一,更广泛的外部和人是对立的。这样,人的设计行为就是需求压迫下的行为,具有极其狭隘性,人没有了广阔的视野和设计。而且人的需求不但各不相同,而且根本不能兼顾,所以,就哲学意义而言,从需求理解设计就是没有克服人与人之间的分离和压迫。而这一切的根源都来自商业活动。

商业文明是追求利润文明,没有利润,商业活动就停止了。为了追求利润就必须引导和迎合需求消费。需求必须是消费性的,否则需求就不会再生。只有需求再生,某种商品才会重复生产,才会确保利润稳定获得,资本家的个人利益才会有了长期保障。不会再生的一次性消费需求,就会导致高成本,就不会形成供需稳定的商品交换市场,就不会形成商品经济。需求,稳定的需求,把人当成需求者,演变成需求者,这是商品经济成立的前提。

事实上,人类的需求都是共建的行为,只是到了商品经济时代,需求才支配人类,人才依赖物而存活,而不是共建世界而存在。这样,人类就经历了神化的存在、物的存活和世界性存在三个发展时期。

需求最初是人的最真实的生存需要,但是需要的艰辛使人类的祖先们把需求神话了,并且和万物的成长联系在一起,恐惧任何不敬的言行会把神的保佑与谷物生长隔离开来,这会导致歉收。因此任何满足人类需求的行为都演变成了万物统一的行为,这就是习俗的本意。这样,人就脱离了单一的动物式的需求,而进化成自己世界的设计者。反过来,这种设计决定了需求的性质和表现形式,成为一种创造对象性的行为,即克服各式分离,实现统一。人成为拥

下篇　经典与人类存在

有世界的特有的存在。这种存在使人看见了人类本身的高贵和意义，人不再是因自然需求而蜷居一隅的动物，人看见了世界而且改造了世界。

只不过，早期的人类的世界是自然生长出来的神化的世界，人依赖外界而存在。这样的世界还是需求的自然反映，因此各民族的神灵都是需求自然化的反映，形成了各种功能神。人的高贵在于某些人能够"替天行道"，不再把自己理解成单一的需求者，而是如神一样能造福人间。在圣贤之人那里，一切需求都是符合社会礼仪的，是礼仪的表达，而不是如时尚一样是自我需求的选择和满足。因此摆脱任意性、随机性、情绪性和个人性，人们总是在特定的情况下去行为，因为人的行为是神灵支配下的世界行为，它必须服从节令，集体也只是在自然的时空中的人们的自然的集聚，没有利益属性，只是淳朴的互助共建的行为感情。

但是，商业文明再一次把人变成了社会性动物，人们依赖商品而存活，就像动物依赖食物而存活一样，人蜕化成自发的消费者，人们用消费的性质和方式衡量每一人的社会性。广泛的社会性就是广泛的消费性。人们不但大量消费，而且四处寻找精致的消费品，借此提高自己的社会地位和荣誉，就如同动物世界中荣耀永远属于强者一样，人类社会把荣耀给了占有财富最多的人，理由是人是需求者，最能满足自己需求的人是最幸福的人。

事实上，人是否幸福不在于财富的多寡，而在于归属感的强弱。有了归属感，人就自由，他就能够与他人共同创造世界，他不会以占有多少为荣耀，而以共同建设为幸福，因为分离消失了，无限的统一出现了，人有了神圣的感觉，人在创生万物。

在商业时代，人们用装饰、炫耀和奢侈建立了等级的利益联系，人的价值和神圣性被物欲和财富湮没了。自然神化的世界蜕变成市场，神化行为蜕变成商品交换。人的精神蜕变成感官刺激，人的喜怒变成了得失。人彻底地动物化了。

第五章　思路设计与经典生活展望

如果我们在"思"中看不见世界，那么我们只能感觉到自然的世界，刺激感应性就成为人类一切思维和行动的基础，人就如同动物一样是需求者了。原本实践是人类一切思维和行动的基础，当我们看不见世界时实践就被刺激感应性取代了。人已经真的看不见世界，原本世界就不是看的，而是思的。在思中也看不见世界了，因为没有了思。

为什么会是这样呢？

大工业导致的商业行为能够满足个体的一切需求行为，因此人类没有了万物分离的感觉，好像有需求必满足。这样，人就在需求与满足的线性联结中寻找着人生的答案。一切偶然的联结都是对需求与满足的线性联结的扰乱，因此被清除了，它们没有丝毫的价值和意义。这样朴素的"天道即人道"的认识就被湮没了。人没有了统一万物的使命和神圣，人只是利益的生产、消费和争夺者。

历史是在曲折中前进的。在曲折中，总是有着强大的历史进步的一面。这个进步的一面在工业设计中就是由"所有价值"到"存在价值"的转变。

在20世纪90年代新兴的中产阶级已经成为社会的主体力量。他们对社会生活的理解，不是求同而是求异，追求个性化、多样化，追求不同于别人的生活乃至物品。那种大批量生产的规格化、标准化的产品不再受欢迎。人们不再为追求同样性而大量购买，放弃对物的依赖的"所有价值"观，堆积大量的同样品牌和款式的各类商品的家庭减少了，人们不再是渴望占有一切社会财富。今天，人们注重对物的支配，以及某物特有的存在感。这样，"设计就不是单一产品的设计和销售最大化，而是产品组合与使用环境、使用方式、精神感受诸多层面的综合设计"[①]。个人在日常生活中开始追求"存

[①] 李砚祖：《器物的情致：产品艺术设计》，中国人民大学出版社2017年版，第110页。

下篇　经典与人类存在

在价值"。人们开始生活在属于自己的生活环境里，这里是特定的世界，还不是开放的有了社会性归属的共同的世界。但是，这是摆脱需求控制导致的人的存活状态向人的共建世界的存在状态的转变的桥梁。有了特有的环境，并在此基础上明白了人的生命是创造经典中的世界形成，那么人就由存活转变成了存在，人就由需求者变成了共建者。

当人们开始把自己拥有的产品当成某种特有的存在物的时候，人们已经萌芽地懂得生命的自我存在。当人们把不同的生命个体联结成特有的环境时，建设世界的萌芽行为已经出现在家庭日常生活中了。但是，人们对待外界只是一种环境保护意识，还没有人与环境生命同体的感觉，还没有在经典共建中懂得人类个体间的生命是一体化的。环境，无论自然环境还是社会环境，对人而言，还是与人对立的供需关系。因为人们还没有懂得升华分离才是人的生命所在，因此环境还没有经典化，即没有人化。

环境经典化不是主客统一，不是人的某种需求得到了满足。环境经典化是人升华了某种分离，形成了万物统一，是人的生命的形成。美不是某种使用价值，因此美不是依赖某种客观属性而存在，也不是需求的满足，因此美也不是依赖某种主观属性而存在。美就是统一，就是人的生命本身。

环境经典化的设计就是美的生命的设计，是世界本身的设计，它是建立在统一基础上的"思"，我们用"思"看见了这种统一的世界的存在，我们用"思"看见了人本身。

因此，美的生命的设计不会引起人的欲求。大卫像不是裸体，是令人敬仰的肉体的力量和坚定，也是人的力量和坚定，是我们的力量和坚定，是通过力量和坚定统一的世界，即人的生命的存在。在大卫像面前，任何时代的任何个人都是存在的，是的，我们相信自己是存在的。

今天，商品的设计过于凸显自己的功能性，而且集各种功能最大化，结果，设计品之间是分离的，没有了天然的联结和联结的必要。因为，商业设计就是使某件作品鹤立鸡群，凸显自己。审美价值与使用价值、经济价值是联系在一起的，且服务后者。

经典的环境设计首先满足了人类克服分离的目的，其次也具有满足某种功效需求的能力，具有双重目的性。前者体现世界性，后者体现日常性，是世界与个人的统一。例如，南方多雨多河，潮湿闷热，人们在建桥的时候搭建了过廊，形成了南方特有的廊桥。廊桥集过河、避雨、遮阳、美化、休闲多种功能于一身，同时又把各种要素集合在一起，克服了空间分离、人际分离、景我分离，形成了特有的经典环境，而且它归属于任何到来的人，把人们联系在一起，形成了天下一家的世界。

古人通过某种装饰使单一的功能物具有了经典的环境性，同时又体现了这个环境内含的世界。

第二节　经典生活展望

经典生活是共建的生活，经典生活是使人成为人的生活。因此，人人都受尊重，美好的一切时刻就在眼前。人们通过仪式把人们从日常的凡庸中唤醒，看见了自己与万物同在的世界。我不在美好之外，我就在美好之中，我就是美好的创造者与本身。我在集体中，因是共同面对偶然，所以，我是独特的经典创造者。日常的烦琐与混乱，不是我的烦恼，那是我创造世界的依据。在经典面前我们与他人共同感知日常生活内在的美好。

一　由敬佩到喜欢的滑落

（一）共创经典与人人尧舜

在偶然的世界里，每个人都要面对大量的偶然的困扰，必须自己竭尽气力，因此当事人能够获得敬佩。人们看重的不是你有多优

下篇　经典与人类存在

越或完美，看重的是你多么努力和坚强。在荒野中生存，勇敢地战胜一切的人是人们的楷模。人们喜欢《鲁滨孙漂流记》，喜欢《海底两万里》，喜欢《老人与海》，人们喜欢一切奋斗的事业和人物。那时的社会没有发达的服务体系，物质还比较匮乏，更多的荒凉之地等待开发，人们必须共同去开发，因共同开发每个人都有了勇气，必须和一切实现统一，不求回报，这样就把艰苦奋斗当成了一种个人美德。人类彼此赞美，彼此喜悦，万物都表现出来了美好的氛围。

可是，商业出于营利的目的把人类引向了消费的道路，人们自然忘记了人类的本性是必须面对"偶然无序的无限压迫"而生的。因为人类的思维使每个成员都必须证明自己存在的价值和意义，必须面向一切，创造经典，这就需要他是奋斗者。即使是万能的神也要通过创造他者来证明自己的存在，况且人本性残缺导致一切天然的分离与压迫，单单是为了解除陌生感和压迫感，人就必须用万物表征我是和一切联结在一起的。其实这个联结一旦不是为了满足人的需求，它就是通过经典构建关系形成了人的生命世界的行为，人因此而证明自己的勇气和智慧，超越了自己并获得敬仰。

在日益完备的服务体系面前，人们得到一切都十分容易，这样就可以使自己日益精致了。精致的物品把一切背后的困难是如何克服的都掩盖了，因为商家只是提供精致本身，没有人知道和关注为了这个精致的作品，劳作者付出了多少艰辛，人们只是喜欢这个似乎十分容易得到的精致的产品了。

这样，人人都追求精致，人人都渴望成为精致者，人人都渴望他人喜欢自己。人们以为被人喜欢是最幸福的事情了。个人自身成了存在者，而没有了存在。

（二）形成精致与喜欢之痛

可是精致是相对的，是可以比较的，是喜欢者决定的，这样被喜欢的作品或人就不是自己把握自己的命运了，一切仍旧处于分离的状态。被喜欢者是一种功用，它是有时效性的，时效期一过就会失宠,就会分离,没有永久的存在性。

所以,喜欢与不被喜欢始终是冲突的,是一种同时的痛。

人们在喜欢的预期中始终是焦虑的,如果遭到重大打击,那么生活就是抑郁的。这时,他担忧喜欢的事物,害怕失去。

喜欢还是占有的冲动,因为你是喜欢精致,只有占有精致才能表明占有者是强者,才能在精致者面前有了优越感。在没有占有之前,欲求者是焦虑的,有的人是自感卑贱,有的人是自感无敌,因此冲动时刻存在,悲剧时刻发生。嫉妒,情杀,无论为什么发生都是对精致占有欲求的冲动的结果。一旦精致被占有或毁灭,当事人就坠入冷静和空无之中。精致之感消失了,一切归于平淡。很快,乏味就占据了一切。

占有本身对占有者而言就是焦虑。整个过程都是焦虑。因为占有是一种功能的使用,分离所以就时刻存在。使用时,他焦虑的是如何能够最大化,因为你不可能占有了一切精致。

所以,越是占有更多精致的人,随着时间推移,就越加痛苦,一是渴望更大的精致的占有,一是担心原有精致的失去,这是担心自己失去他人的喜欢,失去在他人喜欢中的优越感。女人害怕衰老的容颜就是这个时代的伤痛。在古代衰老是历史的留痕,是内涵的丰富,是敬仰,是特有世界的存在。今天,在消费的时代衰老意味能力的衰退,是在某个节点的戛然退场。

如果他真的不断在流逝自己原有的精致,那么他就会阻止或消灭其他精致的产生,变态地证明自己是可以决定其他精致的命运的。这样,他就获得了绝望的狞笑。世界在毁灭中。因为,他知道他不可能真的占有精致,他的生活已经腐朽,他在用时间陪葬腐朽。

在满世界的精致中,痛苦也是无所不在的。痛苦与精致是一对孪兄弟。人类不能通过生产和占有精致而幸福。精致本身就是集各种美好于一身,它形成自己的过程就是与万物分离的过程,万物始终是偶然的存在,这样压迫和陌生就始终存在。

| 下篇　经典与人类存在

　　占有精致的人不可能是创造者，即使这个精致品是他精心打造的，也不是在创造什么。创造都是生命本身的直接呈现，它是融入更大生命世界的运动，它形成的是世界。打造是剔除更多的偶然因素，只是保留必要的必然，形成某种特定的功能，而且比已有的同类功能物更强大，它要从世界中脱离出来，凸显自己的独特，证明自己最好，借此否定一切其他存在物，包括世界本身，这就是精致。

　　因此，精致的占有者们注定了自我毁灭的滑落。他们不是创造者。

　　人们计较抽象的标准和规则，用这些标准和规则去打造精品。因为符合标准的更有市场价值，使某些人能更多占有社会财富。这使每个人都内心愤愤不平，竭尽全力证明自己更加优秀。现代竞技运动就是如此。每个竞技者都是自己领域的佼佼者，但是他们与世界是分离的。世人懂得他的技艺，他却不懂得世人的生活。他们面对生活是迷茫的，因为他不知道如何融入世界。这样，他们只能更加疯狂地投入精品的打造中，反而离世界越来越远。他们越是感觉自己优秀，他们就越是感觉世道不公——他没有机会单凭自己某方面的精致而去占有或形成更多的精致，他只能甚至蔑视缺乏精致的世界，导致自己孤独无助。

　　传统的敬佩是在各自基本生活中如何面对"偶然无序的无限压迫"中赢得的，而且人人如此。今天，生活必需品通过完备的服务体系已经可以具备了，日常生活的满足是极其容易的事情，无法通过日常必需品的求得而获得敬佩，恰恰相反，无法满足自己日常需要的人是被人怀疑的。

二　眼前最好

　　精致的生活总是指向未来，经典使我们感知眼前的一切都是美好的，人因此没有了期盼的不安。

　　经典世界内含一切，因此世界不是过程，它没有过去、现在和未来，它只有眼前。要想解除分离的压迫，就必须面向一切分离，因此我们面向了一切，因此我们只有眼前的世界。其中包括眼前的我们。

环境因得失而存在，因需求而存在，所以环境有好坏之分，环境有过去、现在和未来之别，因为未来的环境总要好于今天和过去。人因各自的需求而奔波，也因相互需要有限而彼此无比热爱。

创造经典就会使人间眼前最好，包括人们一起创造的世界。

(一) 功能指向未来

人是实践的存在。实践具有物质现实性。物质现实性以眼前为真实的存在。因为未来不是物质性的，只是理想性的。实践中的物质只能是关系，因为关系对于人而言使人存在，所以关系就是人的现实性，就是人的物质。而关系，总是人的关系，是你、我、他都在一起共建的关系。如果单单看见实践的物质性，没有看见背后的关系，就是只是看见了环境，没有看见世界。实践要创造物质的世界，人们通过物质的世界，看见关系的世界，即现实性的世界。现实性就是实现性的关系，而人只有有了关系才是现实的。万物依赖关系而统一和呈现。如果是需要只是有用的对象在那里，其他的都不会存在，甚至是有害物，因此在需要面前不会有万物同在的世界。联系只是指向一部分，或者是特定的什么，联系不会使世界呈现。

我们谈物质第一性就是说，一切存在都有依据。依据有主观和客观区别。精神是主观的，物质是客观的。使事物真实存在的都是客观的。人的物质性是关系性，人存在的依据是关系。关系表明了人的创造性，因为只有关系才表明人是面向一切，因此人是创造的，人是创造的，人因创造世界而存在。

人面向一切是因为人要解除压迫。解除压迫就需要共同面对一切压迫，不能一个一个地解决，同时人与人之间也是共同面对的，因此彼此都有联系了。不论分离发生在过去、现在还是未来，分离对人都会产生压迫感，所以人必须同时共同面对一切分离，无论分离在过去、现在还是未来，都要面对，因此这个面对是整体性的，也是共同的,是没有时空的区别,即只是现在。如果过去的分离不能面对,或未来的分离不能面对,那么分离导致的压迫就会存在,人就会痛苦,所以必须面对一切,当面对一切就会出现世界,就会出现创造,就会出现人,就会出现我们,还有过去的人和现在的人,即人本身的存在。就会形成关系,就会形成人。

联系是具体的不能面向一切。虽然宇宙是一个普遍联系的整体,但是联系的条件性使这个整体变成了一个运动的过程,形成了过去、现在和未来。宇宙的整体性并不能使一切同时存在。换句话说,宇宙的整体性不是一切性,它是辩证的过程性。没有能够生活在未来的事物。包括人也不能生活在未来。

但是,人必须把未来的分离拿到眼前,解除它的压迫。如果人恐惧于未来的分离,那么人就无法有今天美好的生活。如何消除对未来的分离的恐惧,那就是共同面对一切,形成了内含无限可能的行为的关系,因为分离的压迫对任何人都是一样的,所以共同面对就是内含无限可能的行为的人人共在的面对,就是关系。在共同面对中我们没有了个人式的得失,因此没有了分离的恐惧。

世界没有过去和未来,因为它是眼前的人们克服过去、现在和未来中的分离,它就是眼前万物的统一。问题只是前进性的统一,还是倒退性的分解。因此,好与坏只是眼前正在进行的实践本身。所以,人的美好只是眼前的实践本身。只有我们完全否认眼前的世界的统一性的时候,用环境需求论来理解一切,才会有未来的美好,否则眼前最好。因为,有了经典,眼前就解决了过去、现在与未来的分离感,人只在眼前。

所以,实践不是创造某个功能物,而是创造统一一切分离的世界。

人类一直把未来出现的事物当成最好的,因为人们都把事物当成了满足人们需要的功能物,没有看到人们不是需要它们,而是用它们表达统一。

如果它们只是被需要的功能物，那么当然最能满足人需要的事物一定在未来的某个时刻才会出现，它一定比眼前的事物更好。因为，在人类的不懈努力下，任何功能物都会更加完美。这样，完美总是在未来招手，人类必须面向未来，不断否定眼前。

如果，人类的一切行为就是克服分离，解除压迫，统一万物，那么眼前就是最好的了。人在这种行为中是存在的，且永存。

（二）环境共建与眼前美好

在追求克服分离统一万物中，我们希望即刻克服分离实现统一，因为分离与压迫时刻不能忍受。其实我们不可能也不需要在自然意义上消除了分离实现了统一，构造了运动的生命，而是为了解除分离的压迫感，只需用现有的条件表征了我们是共同面对的，没有了个人的得失感，得失都变成共同的建设，分离和压迫感就消失了。这样，真实的统一只是眼前我们共同的努力和结果了。我们无须未来和天堂。眼前的努力和结果就是最完美的统一。因为，只有共同面对的才是最好的统一。

未来不在眼前，因此我们永远看不到那个时候的功能性统一的世界，我们不会因为相信未来万物的功能性统一是今天发展的结果，就会感觉眼前就是美好的，或者就对眼前很满意，或者对未来就满意。因此我们相信分离在过去、现在和未来都是存在的。相信未来，错过了创造眼前的世界的美好，只是不断地焦虑地更换环境。相信未来，是把未来当成了人的需求的全面满足——未来是个完美的功能体。这样的未来一旦实现，会让人死亡。

我们的眼前一定是最美好的。因为实践是物质性的，物质性只能是眼前的存在，它不能以未来的形式存在。这个物质性不是功能性的，功能性是不完美的，完美的是表达式的，是我们共同面对的表达，是关系的表达，实践的物质性就是关系的表达性。这样，表达性的实践物质性也只能是眼前的万物统一，不能是未来的万物统一。人需要的是世界的完美，不是万物的功能。如果无论什么情况我们都能面对，那么我们就有了世界，有了关系，有了世界的完美。

实践是个人克服分离用多样性表达人类统一和世界存在的状态。实践形成的经典，表明了我们共同面向一切，形成了关系，形成了世界。实践中创造的经典是个人与人类的统一，是个人活动呈现出来的人类活动，是个人活动的经典化，因此也是个人活动的世界化和人类化。

就人的心灵而言，人们能够把万物统一的最好的表现只是眼前了，眼前的就是最好的，人的心灵才是美好且平静的。这个万物统一是象征性的，它象征我们共建，共在，与万物一体同在。幻想未来的美好，只会让眼前的我更加痛苦。

眼前的就是最好的，那是依据我们是用万物表征统一的理想，克服了包含在过去、现在和未来的分离。任何构建统一的行为都是眼前的行为，任何统一万物的结果都必须是眼前的结果，如果是未来的结果就表明眼前的世界不是统一的，还有未来和现实的分离，个人就有压迫感和烦恼。

因为统一就是克服分离的结果本身，未来还存在就意味现在和未来是分离的，关系性又使得统一行为变成了眼前的行为。因为我们要消除过去与未来与现在的分离，这个眼前的行为使统一就在眼前了，而且人们眼前一定会用最好的行为——经典——呈现统一，不会把最好的统一行为留存在未来，而使眼前的统一行为无法实现。所以，眼前就是最好的。那个即刻表达了我们之间没有分离和压迫的就是现在，就是美好。

我们没有太多的时间苦苦询问未来的美好在哪里，即使有未来的美好，我们此刻也不在那里。

我们说眼前的世界就是最好的，是依据我们要统一万物，克服分离产生的压迫，而不是使某个事物最好，或者得到一个最好的事物。

某个事物最好只能在未来，因为它只是以自身最好为标准。一个事物的最好只能在未来。它是发展的过程，因为它要把自身最美好的要素充分发挥出来，使自身呈现为某种完备的功能，这需要时间。因此某物的美好一定在未来某个时刻。

如果是统一万物，那么眼前就是美好的了。因为，眼前就在统一中。在未来统一万物是没有止境的，因为分离无论在过去还是未来都是压迫的，都是没有止境的。

也许有人会说，统一会在未来呈现。其实，那是环境中的统一，而世界的指向就在眼前，未来只是环境的指向，也是环境统一体的不断变更。有了结果，旧环境统一体被打破了，即刻进入新的统一体中。在自然界，分离与统一同时存在。因为物质的运动是不灭的，它不是以这种统一的形式出现，就是以那种统一的形式出现。自然界不可能消除分离，分离与统一时刻存在。而在人的世界中，是没有分离的，因为共同面对的关系消除了分离导致的压迫，一切都是关系的表达物，都统一在关系的基础上了。如果我们破坏了关系，那么我们就直接面对分离了。没有了关系，如果统一再一次出现，这时分离与统一是自然存在的，此时，人就消失了。

没有共同面对，没有经典的形成，就没有统一，就没有世界与人的存在。没有统一，人的世界中的一切都是毁灭。所以，人的世界的形成和毁灭都是瞬间的，都是主观思维与客观关系问题。

人类社会，因人本性残缺人与外界万物时刻处于分离状态，共同面对，形成经典，实现统一是时刻的克服思维中压迫感的需要，统一不是时刻的事实存在。一刻的分离就是一刻的压迫和痛苦。

人们用统一万物的心态，共同面对时，完全的统一就产生了。这个统一不是人与万物不再分离，而是分离的压迫感消失了，我们因此而共同创造表达了共同面对的经典，是万物表达我与万物的统一，即使某个事物产生了分离，但是共同面对了，这个分离反而是激励我们的因素。因此，在世界中，眼前的一切物质性的行为都是我与万物统一的标志。即使局部是混乱的，但是我已经努力使混乱结束，努力本身就意味统一是存在的。

人与万物统一不是物理意义上的，而是象征意义的，它是共同面对的象征，因此是统一的表达。人类用习俗仪式表征了共同面对和万物统一。这种表征是表征了我们关系的统一，关系统一了我们就统一了。

即使是物理意义上的统一，眼前也是最好的，因此眼前的统一就是最好的统一，眼前的统一表达了我们共在。未来的统一一切的统一永远都不会出现。

如果我们盖房子，还没有封顶，那么眼前的一切是不是最好的统一呢？答案是肯定的。因为，如果眼前一切没有实现最好的统一，仍旧没有统一，这说明没有继续建造的必要，那么房屋就没有了封顶的可能，它说明现有的工作是不合格的。其实，在盖房的时候，我们时刻都感觉到我们的世界是没有分离和压迫的，房屋与我的理想是统一的，我们都能想到一起，感知美好的即刻存在，即使房屋没有盖好也是如此，因此盖房子是一件喜事。如果从自然界的角度理解，没有一座房屋是完美的，但是进入到世界中，眼前的房屋就是最美好的，因为它就是我们共建的经典，没有分离与压迫。

经典是指在现有的条件下的克服了分离实现了统一的最佳表达，而且是让人的身心愉悦的。精致是利用人类各个最佳要素而打造顶级化标准化产品。精致只有一个，经典处处存在。

三　仪式是敬拜构成世界的节点

在最隆重的春节构成世界的一切节点都出现了，人们通过各种仪式依次敬拜，把世界呈现为一切节点的共在。它们是神灵、祖先、同胞、万物，当然这一切都有具体的形象。例如，灶王爷。此时，人们完整地看见了世界。在节日里，往日里各种忙碌的人们回来了，人们找到了我们，找到了我们共同的生活，共同的世界，找到了归属。

在仪式中，我们注意到人不仅是精致的个体，更是经典的宏大存在，此时我们共同徐徐呈现世界。当我们只熟知我们的术语就会失去对于宏观全面认识的能力，迷失人生方向，迷失人的善恶评判能力。通过仪式使在场的人们的心灵以无言的沟通而共鸣，在仪式中人的心灵得到净化，人从感性的漂浮中，固定到理性的审视中，这一切都是因为经典把一切偶然相连，这是在特定的条件下举行，因此，它被赋予了神圣性，万众一心具有了无穷的同行能力。随着仪式的进展，世界缓缓地展开了自己的面貌，人们也逐渐由恐惧、敬畏转化成忘我的喜悦。因为，经典直接呈现美好。

　　在仪式的每一年的重复中，世界在我们心中因理性的思考和逻辑的推导，而日益完善了。

　　在仪式中，我们需要借助语言重新定义一切具体的事物，任何仅仅是新奇、有趣的美的外部形象和悦目的事物要么被改造，要么被淘汰，一切都不再有消费的价值，只有表征的意义，岁月磨掉的是它的存在形式，它本身的意义却永存。平日里，普通的器物和场所都有了神圣性。

　　有了仪式，时尚和新闻暂时退场，一个人的事情不再被当作新闻来报道，而是具有了经典的世界意义。任何事情的发生都不会使人恐慌，因为我们要共同面对，而且把它看成我们必须共同解决的事情，不再把一个人的事情当成是他的偶然的不幸，即使他因此丧失了相应的由他自己直接把握的美好生活，因为我们共同生活，我们一起找回丢失。

　　在仪式中时空被超越，一切都同时呈现，没有了空间的隔离也就没有了时间的碾压，一切都在一起，人们不再关注数量，而是关注结构和位置，这样才有世界。

　　在仪式中，压迫升华成美好，平日里的"偶然无序的无限压迫"消失了，一片祥和。

　　世界没有了废弃之物，一切都是必须的存在，人们因仪式而彼此熟知，那些有深度的人受到尊敬。人们拒绝一切无用的多余之物的出现，世界是"澄明"的，没有垃圾堆积。人人都是喜悦的。

在节日的仪式中，人们再一次理顺了一切，使混乱消解。行动是节日里仪式的伟大灵魂，人们欢快地忙碌起来了，还有万物的歌声。

平日里你的言行无关大局，在节日的仪式中，你的言行都在影响世界的神圣性，你有了净化的机会，你关注一切的存在，你的存在也得到一切的关注。你感觉自己是神圣的，世界属于你一个人，也属于我们大家。在仪式中，我们共同关注一些话题，我们的注意力被集中，冲突和隔离消失了。我们重新分析和解释生活，达到相互认同，天下所有的事情都被重新快速审核通过，历史被回顾，我们每个人都被推向崇高的位置。在仪式中，我们看到了无形的、遥远的、内在的和抽象的世界，人被表现出来。我们通过理解懂得了世界是存在的。在仪式中，我们同时看到了人生的开始、过程和结束。

在过度娱乐的世界，一切都被人为地隔离，人们不追求逻辑、理性和秩序。一切无须交流和连贯的秩序。不断刺激感官，人们不用深度思考，就会被下一个刺激所吸引，人始终是观众，他不在场，也找不到自己来的意义，他们只是时尚消费的支付者。应接不暇的电视广告已经告知了一切，人们一直旁观，跟自己的未来毫不相关的美丽图片，却不知道岁月悄悄地消失了，人的自我生存能力在减退。

在神圣的仪式中，我们不是得到了想要得到的东西，而是懂得了世界应该具备的东西是什么，世界应该怎样构成，个人因此在成长与完善自己，并成为社会历史的人。

四　用日常饮食标识理念的哲学家们

饮食在哲学家的眼里应该是世界观的一种表现，因此饮食不再单单是个人的喜好了，即使他们还没有懂得饮食只有标识经典才能永久地存在。时尚性的饮食,即刻就会消失。

是否可以进一步说,以往的东西方哲学家们都把人当成了需求者,因此在饮食问题上,他们还没有自觉地认识到饮食是世界某种存在的证明,而只是某种理念的表达呢?

犬儒主义的代表人物第欧根尼主张饮食要"回到最初的野蛮状态",过简单生活,因为"万物在万物中,处处如此。面包里有人肉,草里有面包"。拒绝用火烹制肉类,要生吃食物。他生吃章鱼,希望自己死后能成为野兽的食物,实现自然循环。通过他的言行,我们可以认为他是自然需求论者,遵循自然循环的原则,相信自然界必然性的力量,因此反对后天的人类在需求满足方面的更多努力。他们认为靠摘食果木、喝泉水就是最好的生活了。这就不会奇怪为什么,第欧根尼反对把普罗米修斯当成文明的象征,因为犬儒主义拒绝用火烹制肉类,主张生吃食物。

看来,犬儒主义也只是回答了人如何让肉体活着的问题,而世界只是自然循环本身。难怪黑格尔谈到犬儒学派否定地说,"他们不配任何哲学思考"。没有关于人的世界本身的思维,只有自然观念,把人看成自然的存在,看来还不具备成为哲学家的基本的资格。

文明人卢梭同样喜欢自然朴素的生活。他认为火是文明的象征,因为火能给视觉、嗅觉带来舒适,热使人体舒服。他主张人类要顺应自然,生产水果和蔬菜。他十分武断地认为"可以肯定地说,喜欢吃肉的通常比别人更加残酷和凶暴",而食用蔬菜使人温和。他十分推崇奶制品,"奶制品和糖是性的自然味道,象征纯真与温和,是性的可爱点缀"。由于人是需求者,主张人类平等获取所需的卢梭只是看到了各种食物对人的感觉和性情的影响。我们是否也可以说,他同时暗示了肉类象征了人与人之间的残暴关系,而蔬菜意味人人和谐?当然没有。因为在他看来过度吃肉只是影响性情,他还没有考虑吃肉是否表征彼此的关系。他也只是从需求的角度理解食物,没有懂得饮食本身也是世界存在的一种表征。

| 下篇　经典与人类存在

　　在西方哲学家的眼里世界是由预先存在的理念演化出来的，世界的完美就是完美地体现了理念，因此一切意外都是要避免的。当盘中的食物被切得很凌乱，失去规则，康德就会大喊："要形式呀，要精准的形式啊。"康德很爱喝酒，一方面借助酒力刺激想象力，另一方面填补寂寞的单身生活。"通过身体来刺激想象力的方法"在康德看来醉酒是最容易做到的了。他每天中午都喝一杯葡萄酒，却反对喝啤酒，他说啤酒是"慢性毒药，能致人死亡"。醉酒可以让康德逃离粗俗的外界，"忘却似乎一开始就存在于生命本身的负担"，逃避现实也许是理性哲学家们的通病，因为只有必然的理性是完美的，其他都是要被改造或被抛弃。看来康德是痛恨偶然的。康德把各种酒的功效作了区别，烧酒造成沉默，葡萄酒让人兴奋，啤酒只是胀肚。喝酒"可以让人微醺快乐，但是不同之处，狂饮啤酒更容易把人闭塞在梦里，喝啤酒的方式往往使人很粗鲁，而喝葡萄酒是快乐的、喧嚣的，有一种精神层面的唠叨"。人如果是需求者，万物的存在对于人的主观而言只是体现了某些精神，这些精神使人对外界有了不同的体验，这些体验因人而异，主客仍旧对立，而真实的人却迷失了。

　　尼采认为饮食态度能够影响人的进化，必须使人吃肉，这样能培养"智力高而情感丰富的人"。他认为德国人的饮食缺乏柔韧、清淡、细腻的特色，是德国家庭主妇制造了一个肥腻、粗俗的德国，"女人用恐惧的无知完成了这项任务"。现代人什么都想吃，"现代人想消化很多东西，甚至要消化一切，人将一切抱负放在其上"。而"什么都吃的人不是最精细的种类"。在尼采的饮食理论中，饮食只是培养了人的品性，饮食还不是人创造的世界的表现形式，因为世界始终都是外在于人类的对象，世界是需要抗争的苦难，只有酒神精神才能证明人的存在，而这个精神只属于少数超人。

　　现代西方哲学都用个性日常需要的丰富性证明个人的存在，还没有去证明人类和世界存在的问题，因为人类和世界天然存在。日常消费的多样性与个性化的证明，满足了市场经济需要在社会交往中确立个人主体的地位，使个人利益彼此独立，自己对自己负责的要求。使人与人之间的利益平等交换原则得到了理论认知证明。

市场经济中需求之间的残酷竞争性就是苦难的世界本身，这个世界是永恒的，因此资本家才能永恒赚钱，而且永恒是不证自明的，否则你就会怀疑资本家存在的合理性，个人也只是用疯狂的消费证明了资本主义社会的合理性。个体只有用某种不屈的精神抗争它，才能证明自己的存在，问题不在于结果如何，而在于是否有了这种抗争的精神，因为世界本身就是苦难的，人只能面对匮乏而生。这符合市场经济自信增长理论，只要个人相信生活水平需要不断提高，就会不断投入自己的一切资源，甚至透支未来，这样即使导致经济出现过剩危机，也会有恢复的可能。因为在市场竞争中，人变成了需求者，具有了拯救社会的意义，要获得需求的满足就必须全力投入竞争，永不言败。如果没有日常需求的欲望，那么市场就会停止运转。

所以，整个世界都是堆积的商品，一切都是等待消费的物品，没有了表征世界存在的经典之物，存留的都是精致的物品，流动的只是有利润的商品。人们的分离感在加剧。

在现代市场经济发展的同时，世界市场一体化的进程日益突出，整体状况具有了更多的优先性，鼓励消费的市场价值观对世界整体的建设具有了更多的反面性和破坏性。而人与人之间的利益交往日益规范，更多强调整体外在的纪律，分离与压迫感在日益增强。人们渴望再一次回到寂静的野外生活。这种观点，预示人类思维能力的颓废。

如果人就是日常生活的需求者，个性也只能在市场自由的经济交往中保存了。可是今天，高消费对世界整体的建设具有了更多的反面性和破坏性，而在发达国家普通个人的日常需求满足因社会福利而具有了充分的保障，他们自觉自愿地遵守社会规则，只是感觉

下篇　经典与人类存在

个性没有充分发挥，因为人们是面对需求的必然性而存活的。

人不是需求者，世界也不是社会。就历史长河而言，当人们的日常需求得到了社会的保障时，社会退隐，世界开始显现，个人开始成为世界的创造者。社会是利益共同体，世界是关系共同体。

在资本主义社会，社会被资本取代，社会资本化，人因服务资本利润增长的需要而变成了需求者，因此个人必须依附资本才能存活。同时，为了满足成为需求者的工人生活水平的提高，政府就要提供社会福利制度的保障，个人的生活就有了自主性，逐步脱离了资本的摆布，资本就会退出历史舞台。具体表现是工人最低工资制度的确立，即使工厂利润亏损，也要保障工人的最低工资收入。最低工资制度一方面保障了工人的工资收入，另一方面也导致某些不盈利的行业退出了发达资本主义国家的市场。现代发达的资本主义国家盈利的企业都是利用不平等的国际贸易规则通过获取海外贸易利润实现的，并且随着广大第三世界国家的科技进步，这种不平等的国际贸易规则在逐步被打破，这就倒逼发达的资本主义国家逐步放弃了商品生产，资本逐步逃离生产领域，工人逐步减少，社会福利水平逐步减少，社会管理能力减弱，高福利支撑下的需求行为越来越不具有历史的合理性。一方面，市民和政府会开展福利斗争，力求维持原有的生活水平。另一方面，全社会也在积极探讨什么是合理的社会生活，反思原有的高福利生活是否合理，终极反思："人是需求者？还是世界的创造者？"

这样，世界关系共同体就会显现。人们的行为遵循"用最小的价值消耗创造最大的人生意义"的原则。人的一切日常生活和工作都不单是为了满足个人的兴趣和需要，而且是通过创造经典的行为使之世界化了，因为任何行为一旦经典环境化就是我们的经典，表达的是关系，存在的是世界。

一切的消费都不是据为己有的摧毁，而是表征。萨特在《存在和虚无》把吸烟看成一种实践仪式，将肢体动作戏剧化、仪式化，也是"融入身体的摧毁性反应。烟丝是'据为己有'的存在的象征，因为随着呼吸的节奏，它被一种'持续摧毁'的方式摧毁，经过我的身体，固体消费成了烟雾，这种象征方式表现出变化"。萨特说这就是整个人类的牺牲的游戏，"整个世界一种据为己有的摧毁"。萨特无法在他的理论中改变这种摧毁，因为他的理论潜在地认为人是需求者，因此人必须摧毁才能满足需求。这是萨特理论的无奈。

如果人不是需求者，人因本性残缺，而与外界分离，那么为了克服分离人就成了世界的创造者，一切的消费都不是据为己有的摧毁了，它只是表征。

人与人之间共同面对，没有了分离，人间就是天堂，我们就生活在这里。可惜，因消费，每个人都要独自面对，我们的生活只能是支离破碎的了。

五　处处美好属于我

（一）需求的完美与需求的痛苦

任何需求论者都希望拥有一切完美的事物，享乐它们，这样反证自己是完美的，社会也是完美的。

如果世界以功能性的形式存在，那么个人的美好就是占有式的。他的美好就是以占有能力的大小和财富多少为标准。由于世界对于个人具有无限多的可能性，因此他也就不可能通过占有的方式实现自己完美。世界只能是商品与垃圾。

另外，在功能化的世界面前由于每个人的能力都有很大的差异，相比较就没有了完美的个人，个人表现出来的存在的形式都是不完美的。

如果人人都把自己的完美理解成占有外界的完美性，攀比与竞争就是普遍的行为了。相互否定，这反而使个人不完美加剧。

占有外界式的完美观念以占有外界为完美的标准，这就会导致人类对环境的破坏。人们就会过度生产和储存，甚至过度消费。这样，人类就没有了完美的世界。

所以，世界不能功能化，只能生命化。

（二）环境经典与个人完美

在生命化的世界面前，人人共建，处处美好，人人美好。

如果世界生命化了人类就会协调一切存在，就会处处美好。

由于人的行为都是使环境美好，那么任何美好的环境都属于每个人了。美好的环境不是以占有的方式属于个人，而是以希望和理想的方式属于人们，以创生万物的方式属于人，同时以感知的方式属于所有的人。

这样就没有了不美好的个人，因为人人都是生命世界的创造者，世界美好了当然它的创造者也就是美好的。

人本性残缺得以克服和升华。在美好的环境面前，人人都会感觉自己的生活是完美的，人们以环境的完美为完美，把完美的环境当成自身的完美。因为环境就是他的希望，就是他的分离和压迫的解除。

环境的生命化源于人的一切行为都是为了克服分离，克服了分离，外界就呈现出完美的世界本身。

分离的压迫感使人类感觉处处不协调，人类没有美好的感觉，人类只有用多样性的万物表达统一，这种压迫感一旦消失，人们就会直接感知世界的美好。

即使在局部出现了客观的混乱和无助，但是人们会共同努力，使当事人不会感觉自己被社会抛弃或成为失败者，因此当事人会勇敢而乐观地面对眼前的局面，证明自己是世界的建设者，美好的世界仍旧属于自己。

人人都会愉快地在各种环境中共同生活，把美好奉献给每个人。

我完美不是比他人占有了更多的完美，而是我感知到了我们共建的环境的完美，而这个完美的环境属于我们每个人，因为我们都是共建者。因此我们都是完美的，并且和完美的环境统一在一起。

可以说，世界完美了，我天然就是完美的。

这里的关键是我们都是世界建设者，这和需求没有任何关系。

这样，人们观察我的时候，不会苛求于我有什么优点和能力，更不会用某些流行的标准衡量我。我纯洁、愉快、清澈的外表就表明我已经和完美的世界统一了。我的身心是统一，因此呈现出了完美。

我的完美更因为代表了世界的某个完美，它不需要个人能力突出，与众不同，特立独行，只需要我克服了分离而有了喜悦的面孔，那个能代表属于人类的完美的世界的面孔。这个面孔无欲无求，因此是纯洁、愉快、清澈的。

这样，整个世界都是无欲无求的，因此是美好的。

在万物统一中，人与物就是完美的。人只有使万物美好才能使自己美好。

人们把自身的美好呈现给世界了，世界就是完美的。

六 拒绝机器人打理每日亲理生活中的混乱

在数字技术、生物技术和智能技术发展的今天，传统的人文主义理想遭到了前所未有的挑战。在网络技术面前，人自己逐渐丧失了主体能动性。而真正运转的是那些算法和智能，人类已经退场，取而代之的是越来越攫取主导地位的智能设备。是回到传统社会，还是被智能机器取代，还是人机结合形成"赛博格式的后人类"，这是人类面临的新选择。有些人希望走出人类世，放弃传统理性人的神话，实现有机体和智能体的结盟，走向赛博格式的后人类主义。恐怖的智能设备更了解每个人的性格和倾向，并按照机器学习的算法，将一切生活活动都调整成为我们最需要的模式，人类自己的思维在蜕化。我们以为是自己用手滑开手机界面，是自己在选择节目，其实是大数据推送给了我们最喜欢的节目。因此，我们不禁要问，是人在选择，还是智能机在替人类选择？那么人是否还是自己的主

| 下篇　经典与人类存在

体？在智能生活中，各种数据、算法、智能正在成功地接手着一切，人只是在观看屏幕和智能环境为我们制造的幻象，人是傀儡。

　　这里，我们要追问一个问题，人类为什么会发明智能机？答案是为了更高效、精准、全面地满足人的需求。事实上，智能机做到了这一点。问题的负面就是智能机还否定了人为自己决策的必要，人没有了"智慧之灵"的称号，人的尊贵与自由消失了。

　　看来，问题的本质是如何在利用智能机高效、精准、全面地满足人的需求的同时，保障人的自由与尊贵，即保留人类创造世界的智慧。因此，我们首先懂得人不是需求者的道理。人如果是需求者，那么人就必然是追求高效精准全面地满足人的需求。每个人都是需求者，就会展开竞争，追求精致的生活，就必然不断扩大对智能机的依赖程度。

　　人依赖智能机的原理在于，人是需求者，那么需求的满足就必然依赖客观的必然性，人与智能机都受必然性支配，算法就是找到这个最大的必然性，因此才有了高效、精准、全面地满足人的需求的可能。换句话说，人是需求者，那么人无论依赖自己的理性创造什么，都必然诉求高效、精准、全面地满足人的需求。因此，人是需求者，就必然最终导致智能机支配人的时代来临，即使人实现了人机一体的"赛博格式的后人类"也难免算法支配这个"赛博格式的后人类"。所以，问题不是智能机的出现，而是利用智能机服务什么样的人类，继续围绕一个需求者谈论智能机与人类的关系就不会找到答案。

　　如果人不是需求者，而是万物生命的再造者，那么人类面对的就不是必然性的需求而是"偶然无序的无限压迫"的解除。算法只能通过人类日常的需求爱好最快推出最佳答案供人类选择，因此它的思维原理就是如何满足人的需求。但是，"偶然无序的无限压迫"是人面对日常混乱得失的思维中的感觉，这种感觉内含的无限不具有必然性，是思维中的偶然的不确定性，人无法用必然性实证的手

第五章　思路设计与经典生活展望

法解决这个压迫感，因此无法借助算法找到答案，因为它是偶然不确定的无限，算法是确定的有限，是必然。所以，解除智能机对人类的支配，就是使人面向"偶然无序的无限压迫"而生，直视日常生活中万物的混乱，用象征的手法使它们构成一个有序的世界。这样人类就会在创造世界中获得自由与尊贵。同时在社会管理中，我们可以继续使用算法，实现高效、精准、全面地满足人们的社会需求。

善待眼前的万事万物，用表征的手法使它们由混乱变成有序，形成生机勃勃的个性世界，这样人类的智慧就会不断发展，人就会获得真正的自由与尊严。

启蒙运动，倡导人是理性的人，人凭借理性的力量变成了一个利用理性满足各种需求的能力者。人因此摆脱了对神灵和贵族的依赖，获得了政治自由与尊严。人类开始相信为了满足需求只要掌握理性的力量就会实现。因此科学与技术开始兴起。到了今天，出现了网络与大数据。后果是智能机技术越是发达，人就越是失去了自由与尊严，人的选择性却越来越少，智能机逐步取代了人类的智慧活动。看来人的自由与尊严无法在需求的满足如何实现中达到，人不是自食其力就会有自由与尊严。这种自由与尊严受必然性限制，人最终是无法达成自由与尊严的，只能被智能机取代。因此，启蒙运动只是实现了人的政治解放，人本身如何从自然界与社会的必然性中解放出来成为一个新的历史解放任务。

人为什么会在自食其力中寻找自由与尊严呢？因为新兴的资产阶级被贵族剥削与压榨，没有了人身自由与尊严。贵族不劳动却享有政治自由与尊严。而资产阶级只有倡导劳动中人人平等的新的政治观点，才能获得自由与尊严。资产阶级政治革命使资产阶级获得了政治自由与尊严。但是，在资产阶级拼命满足自己对利润的追求中逐步变成了一个需求者，变成了依靠科学与技术控制必然性获取利润的需求者，这样，在资本逐利的运动中，人类完全变成了资本获利的工具，人的一切行为只是为了更好地满足人的日常生活需要

· 297 ·

| 下篇　经典与人类存在

与享乐，人类开始把需求满足的程度看成幸福本身，即自由与尊严本身。人类开始忘记了自己是世界的创造者，不是需求者。

人的自由与高贵只能在日常生活的混乱中寻找。我们的每一天活动都在同时制造大量的混乱，尤其是日常个人生活。这些混乱也导致人与人之间认知的混乱，人人产生了分离压迫感。这些混乱如果借用算法通过技术实证手法解决，那么人就会丧失自己的自主性，逐步被智能机取代。因此，人必须要直面"偶然无序的无限压迫"创造经典，在经典中直观世界与关系，获得人的自由与尊贵。

如果你是需求者，那么你的日常混乱就会由智能机打理，日常混乱不会出现了，人类存在的最后一个理由也消失了。

经典生活就是面对各种分离而生，人使一切都变成表征世界存在的机缘，人因此也表达了自己的主观能动性，人成为人。

在经典生活中一切都是分离与统一的循环。看似在重复生活，但是，每一次都是如何再统一的创新过程。相同的一些要素在不同的时节、场合并不规则地到场，造成了大量的突然与意外的变故，使我们的日子时刻都是变化的，就像你和一群疯孩子在过家家，不知道下一秒会发生什么一样，美好的生活就是这样惊喜与惊讶不断。可是，我们忘记了家庭在人类生命中的重要地位，家已经越来越简单了，甚至它只是一个晚上回来休息的地方。打开灯，脱掉衣服，关掉灯，上床。这就是在家的基本活动。如果乱了，雇个钟点工。家是完全被必然智能机把控了。

在家里，人只是随着智能机运动的无思维的有机体而已。在单位，在路上，在商城，在饭店，也是如此。而且，越来越多的年轻人对异性没有了兴趣。生活的重点就是用自己的手指滑开手机页面，浏览一系列的由大数据根据个人偏好推送的美好的答案。个人的视野越来越窄。

现代人只有在家才能找回自己。古人没有完备的社会生活服务体系，也没有社会管理体系，家与外界的万物直接相见。因此，个

第五章　思路设计与经典生活展望

人天然地就要面对分离的万物而生，所以古人的文明程度一定高于今天的每个人。今天，一切都是必然的智能机运动，人与一切都是暂时的需求联系，没有了广泛的交往的必要与兴趣。我们的今人更先进了，在几十分钟内就可以毁灭地球。在几天内就会让一种病毒在全球开始蔓延。我们一天内就能把全球股市搞成崩溃。但是，我们更加疏远了，更加彼此不能接受了。我们的心理压力更大了，几乎每个人都有让自己崩溃的缘由，只是就差最后一根稻草压死自己。我们不懂得分离是人类崩溃的根源，物质匮乏会纷争与隔阂，但不会崩溃。哪怕是爆发了泯灭人性的战争，人类的内心还是有生的欲求，总有一方是正义的。当然我们要祈求和平，反对战争。今天的人类是没有了对人自身的坚信，人变成了虚无主义者或者是科技狂人。因为，人类一直在需求中寻找答案，而且把一切都变成了满足人需求的物品。结果是没有了人本身。

　　家庭生活就是按部就班的经典再现。美好的生活就是一切都留有时间的痕迹，一切来过的都在那里，让新的主人开始和它们永无休止的对话。在真的生活里，没有一个因素是陪伴的角色，它们都是在恰当的时刻显露出来，成为最尊贵的。我们也因这些尊贵的物品而感觉到了我们与主人的共建关系，我们因此也在那里，即使主人不在家也是如此感觉。在琐碎的日常生活中感觉自由与尊贵。

　　如果我们失去生活中的混乱，人类终究要失去社会。只有面对生活混乱的万物，每日与它们共同重新经典地生活，我们才能找回自己。只有用生活中混乱的万物标识人思维中的有序，使它们成为经典，生活才永远属于我们。有了生活，人类就会永存！

参考文献

《马克思恩格斯选集》，人民出版社2012年版。

列宁：《哲学笔记》，人民出版社1974年版。

陈秉公：《主体人类学原理："主体人类学"概念提出及知识体系构建》，中国社会科学出版社2012年版。

程波：《西方现代性的文化起源》，社会科学文献出版社2020年版。

[法]阿诺尔德·范热内普：《过渡礼仪》，商务印书馆2010年版。

[美]维克多·弗兰克尔：《活出生命的意义》，吕娜译，华夏出版社2010年版。

[法]A. J. 格雷马斯：《论意义——符号学论文集》，百花文艺出版社2005年版。

高清海：《思想解放与人的解放》，黑龙江教育出版社2004年版。

[德]海德格尔：《后形而上学思想》，商务印书馆1996年版。

[德]黑格尔：《逻辑学》，商务印书馆2006年版。

贺来：《有尊严的生活何以可能》，中国社会科学出版社2013年版。

[德]康德：《纯粹理性批判》，中国人民大学出版社2004年版。

[英]伯特兰·罗素：《西方的智慧》，文化艺术出版社1997年版。

李秀林、王于、李淮春主编：《辩证唯物主义和历史唯物主义原理》，中国人民大学出版社2004年版。

李砚祖：《器物的情致：产品艺术设计》，中国人民大学出版社

2017年版。

孙正聿：《哲学：思想前提的批判》，中国社会科学出版社2016年版。

孙正聿：《哲学观研究》，北京大学出版社2020年版。

孙正聿：《哲学通论》，复旦大学出版社2007年版。

吴宏政：《先验思辨逻辑》，人民出版社2015年版。

［英］休谟：《论人性》（上、下），商务印书馆1980年版。

杨洪兴：《归属幸福论》，吉林大学出版社2014年版。

杨魁森等著：《哲学与生活世界》，中国社会科学出版社2014年版。

朱光潜：《西方美学史》，人民出版社1992年版。

后 记

《经典生活论》是《归属幸福论》引导下的理论具体化。

感谢我的工作单位吉林大学马克思主义学院资助了本书的出版费用。

感恩我的博士导师杨玉教授的培养与教诲。

感谢吉林大学马克思主义学院吴宏政院长大力支持此书的出版事宜，并为此做了具体的推荐与沟通工作，使本书顺利出版。

感谢吴宏政教授第一时间欣然答应为本书写序，并从哲学史的角度引导读者阅读此书。

感谢责任编辑朱华彬老师为此书的出版所做的大量的工作。

由于作者水平有限，难免有不妥当之处，敬请专家与读者批评指正。

杨洪兴
2021 年 8 月 28 日于中国长春